AF328946

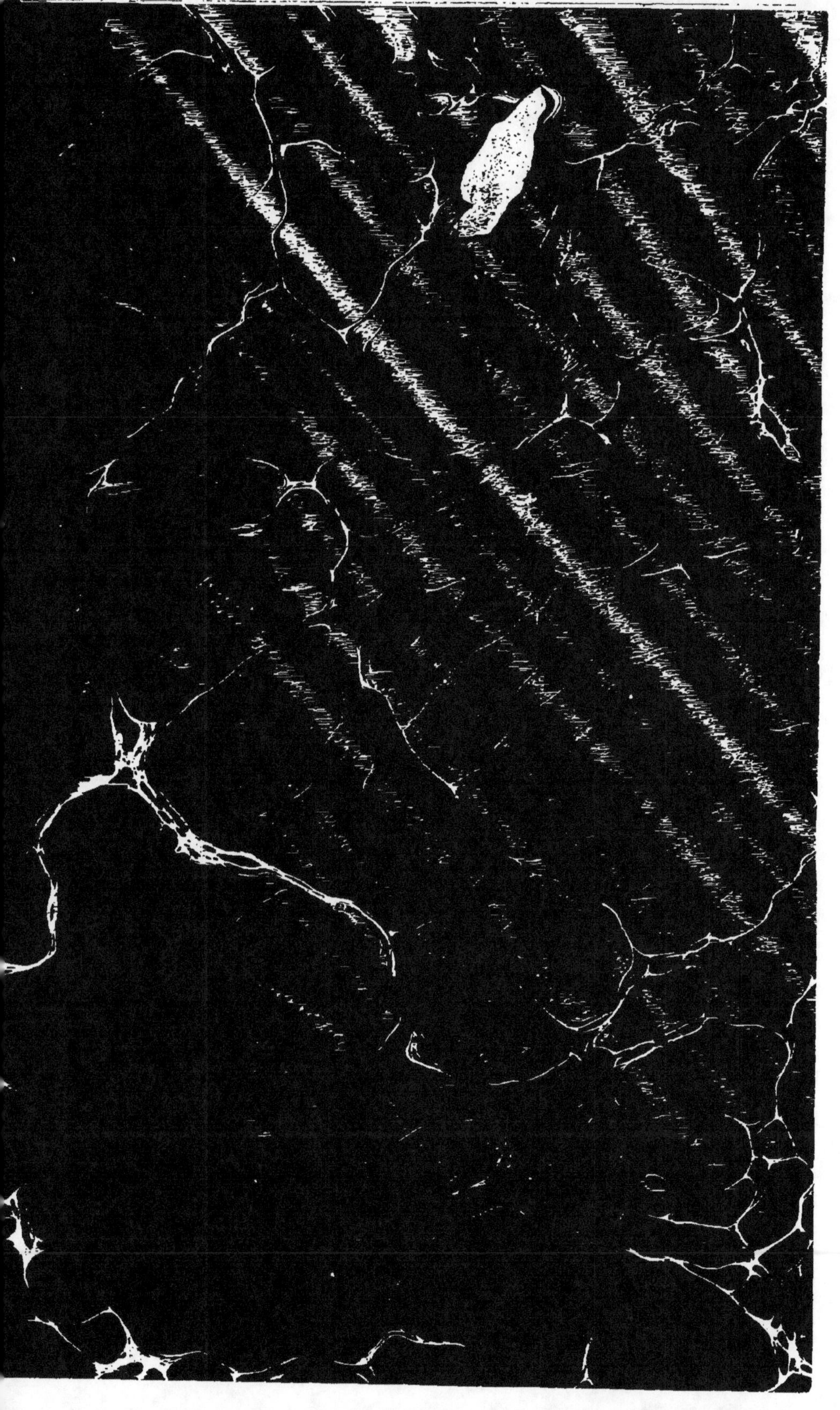

L. $\frac{45}{10}$.

HISTOIRE

DE

FRANCE.

PARIS, IMPRIMERIE DE BÉTHUNE ET PLON,
RUE DE VAUGIRARD, 36.

HISTOIRE

DE

L'ESTAT DE FRANCE,

TANT DE LA RÉPUBLIQUE QUE DE LA RELIGION,

SOUS LE RÈGNE DE FRANÇOIS II;

PAR RÉGNIER, SIEUR DE LA PLANCHE.

PUBLIÉE PAR M. ÉD. MENNECHET.

TOME SECOND.

PARIS,

TECHENER, LIBRAIRE,

12, PLACE DU LOUVRE.

—

1836.

HISTOIRE

DE

L'ESTAT DE FRANCE,

TANT DE LA RÉPUBLIQUE QUE DE LA RELIGION,

SOUS LE RÈGNE DE FRANÇOIS II.

Il a cy devant esté fait mention comme Montbrun aprés l'appointement fait avec la Motte Gondrin, avoit esté contraint de reprendre les armes et lever gens pour sa seureté. Dequoy ceux de Guise advertis envoyèrent lettres du roy en Dauphiné, du 17 de août, par lesquelles ils luy faisoyent dire qu'il estoit marry d'avoir plustost usé de miséricorde envers ceux qui sous prétexte de religion avoyent pris les armes, que de rigueur de justice, d'autant que cela ne les avoit nullement retenus, mais plustost empirez, puis que aucuns de ses sujets de Dauphiné et des environs, gens séditieux et de nature turbulens, abusant de sa grace et pardon, se seroyent de nouveau oubliez plus que jamais, et eslevez en armes jusques au nombre de sept à huit cens hommes, sous la conduite d'un nommé Montbrun, et autres ses complices, lesquels ayant ja occupé la ville de Malosseve au Comtat de Venisse, et de l'obéissance du pape, y faisoyent et exerçoyent une manifeste sédition, port d'armes et rébellion, feignans toutesfois et desguisans telles choses, sous le prétexte de la religion nouvelle qu'ils alléguoyent y vouloir maintenir, tendans néantmoins tousjours à se distraire et séparer de l'obéissance dudit seigneur, et esmouvans contre luy ses loyaux sujets. Aquoy désirant pourvoir, et vaincu de la pertinacité et opiniâtreté de ces séditieux et rebelles, le mauvais portement desquels il ne pouvoit plus endurer, et voulant empescher que ce feu ne s'allumast plus avant, mesmement sur les terres de l'Eglise, de laquelle il estoit le premier fils : considérant aussi la proximité de voisinage, que ladite ville avoit avec celles du gouvernement de luy la Motte, il luy commandoit d'incontinent lever gens, et faire assembler toutes les forces tant de pied que de cheval estant en garnison, ou autrement en Dauphiné, avec ceux de la noblesse qu'il trouveroit propres à luy aider, pour de là se transporter au Comtat, et autres lieux, où il pourroit affronter Montbrun, et luy courir sus de tout son pouvoir, rompre ses forces, le déchasser desdites terres papales et autres, où il se pourroit retirer. Et pour ce faire, prendre l'artillerie et munition où bon luy sembleroit. Bref, de chastier Montbrun et ceux qu'il pourroit prendre, en sorte que ce fust exemple aux autres, cas avenant qu'ils ne désistassent après la première sommation.

Ceste commission reçeue, la Motte Gondrin fit toute diligence de lever gens pour aller trouver Montbrun, comme aussi le vice-légat luy envoya ses forces : ce qui cuyda du commencement retarder l'entreprinse dont il sera tantost parlé : mais en fin tourna à l'avantage de ceux qui la conduisoyent, d'autant que les gens de guerre eurent par ce moyen plus de liberté d'aller et venir en armes, qu'ils n'eussent eu autrement en temps de paix.

Ceste entreprinse estoit de s'emparer de la ville de Lyon, grande et opulente, comme chacun sait, afin de donner courage aux princes, et y convoquer tous ceux qui désiroyent l'estat du royaume estre remis sus, et d'amener les usurpateurs d'iceluy à la raison, à laquelle il estoit plus que notoire que d'eux-mesmes ils ne se submettroyent jamais. Et fut ceste entreprinse dressée par le sieur de Maligny le jeune, lequel s'estant acheminé en Provence pour faire gens, avoit bien dressé le tout, que l'entreprinse se devoit mettre à exécution le cinquiesme de septembre, quand voicy arriver un pacquet du roy de Navarre, mandant expressément, qu'on eust à délaisser ceste entreprinse, dont il avoit esté nouvellement adverty. La raison estoit fondée (disoit-il) sur les lettres qu'il avoit eues de quelque grand seigneur, qui le supplioit que sur toutes choses il se gardast bien de se saisir de villes, ni de s'en emparer d'aucunes, de peur de donner couleur au faux blasme que luy rejettoyent ses adversaires de se vouloir faire roy de France, sous ombre d'en quereller le gouvernement : mais qu'il prist la campagne le plustost que faire se pourroit, et qu'il trouveroit assez d'autres retraites, sans s'amuser à celle de Lyon qui estoit trop loin.

Or convient-il noter que ces lettres avoyent esté envoyées long-temps auparavant l'assemblée de Fontainebleau et la convocation et publication des estats généraux, en laquelle on désiroit sur toutes choses que le roy de Navarre et son frère se trouvassent, fust en grande ou petite compagnie, espérant chacun de leur faire avoir dèslors la raison de leurs ennemis. Mais on n'avoit peu gaigner ce point sur le roy de Navarre. Cela fut cause que plusieurs voyant que les princes ne pouvoyent plus rien entreprendre par armes, sans se mettre en leur tort évident, d'autant que la convocation des estats avoit esté arrestée en ladite assemblée, retirèrent leur espingle du jeu, et s'avisèrent d'autres moyens, pour se maintenir quoy qu'il en advinst.

Le roy de Navarre considérant bien tard la faute qu'il

avoit faite, de n'avoir creu le conseil du connestable, qui avoit de sa part assez de forces en main, sans qu'il fust besoin de mettre le royaume en armes, ou en plus grand danger, demeura fort irrésolu. Car d'un costé il craignoit encourir un grand danger s'il quittoit tout, et d'estre tellement abandonné de ses amis, que ses ennemis eussent bon marché de luy et de son frère. D'autre costé, il ne voyoit point de moyen de mettre ses entreprinses à fin, puis qu'il estoit du tout arresté par ceste convocation d'estats laquelle il prévoyoit devoir estre, par la force de ses adversaires, tournée en un moyen tout contraire à ce que ses serviteurs et amis en espéroyent. Parquoy sa conclusion fut de temporiser jusques au temps de l'assemblée d'iceux, concluant toutesfois, que si cependant il estoit pressé par ses ennemis, alors il se mettroit en campagne pour leur aller au devant, pour quoy faire il assembleroit gens peu à peu. Voylà pourquoy il ne voulut descourager ceux qui estoyent à Lyon, ny aussi les pousser à suyvre l'entreprinse plus avant, ains escrivit à Maligny que luy et toutes ses forces s'acheminassent droit à Limoges, où il se rangeroit avec les siennes.

Maligny qui avoit, comme dit a esté, acheminé toutes choses si heureusement et secrettement que nul ne l'avoit aperceu, non pas seulement soupçonné, entra en un merveilleux ennuy et pensement, ne sachant que juger de ceux qui estoyent auprès du roy de Navarre, pour voir si soudains et estranges changemens ès choses de telle importance. Et ce qui plus le tourmentoit, c'estoit qu'il avoit jà en la ville une bonne partie des capitaines et principaux gentilshommes qui luy faisoyent besoin, et que les soldats arrivoyent file à file, les uns par une et les autres par l'autre porte, en sorte qu'on ne pouvoit reculer sans danger manifeste d'estre descouvert et pris. Et de vray, il avoit pourveu de si longue main à ceste afaire, que les deux mil soldats qui partoyent de Provence et Languedoc à certains jours et heures, ne se rencontroyent nullement plus de trois à trois, ou de quatre à quatre, ains leurs traites estoyent si bien ordonnées et départies que comme une troupe avoit disné ou couché en un lieu, les autres y arrivoyent sans bruit, et feignans ne s'entreconnoistre, joint qu'ils ne portoyent que l'espée et la dague. Maligny donc jugeoit qu'à les renvoyer comme ils estoyent venus, il y alloit d'un long temps, et encor ne se pourroit-il faire sans grand désordre et sans estre descouverts et prins ou mis en pièces, s'allans jeter aux filets de la Motte Gondrin. De les envoyer en Gascogne ou Limousin, il y avoit encor moins d'ordre, tant pour n'avoir rien préparé pour tenir la campagne, que pource qu'il faloit passer des pays montaigneux et fort rudes, où ils seroyent bien tost rencontrez et défaits par ceux qui estoyent despartis par les provinces à la dévotion de ceux de Guise. Et quant à les envoyer à la file, il y avoit encor moins de raison, pource qu'ils n'auroyent leurs logis ainsi préparez comme à leur arrivée. Davantage il ne leur estoit possible de marcher avec armes descouvertes, et s'ils fussent arrivez là tous nuds, c'estoit autant de gens inutiles. En ces extrémitez il garda ces lettres sept ou huit jours, et consultant en soy-mesme ce qu'il avoit à faire pour le plus expédient, finalement il conclud de contremander les bandes. Mais sur cela voulant ramasser en un lieu toutes les armes qu'il avoit départies par la ville, pour puis après se retirer, il luy advint une merveilleuse adventure, qui fut cause de le faire mettre en grand danger. Car faisant porter en une certaine maison, prochaine de celle où il logeoit, soixante corselets, le porte-faix qu'on laissa entrer dans la salle assez indiscrètement et inconsidérément, apperceut qu'on les arrangeoit comme si on les eust préparez pour un combat, et observant plusieurs hommes à lui inconnus, et qui portoyent

mines de soldats, se douta de quelque chose. Or comme
telle manière de gens espient volontiers les maisons, ou
pour desrober, ou pour rapporter ce qu'ils voyent, ce gaigne-
denier pensant profiter quelque chose, alla sur le soir
advertir le capitaine de la ville de tout ce qu'il avoit veu, y
adjoustant tellement du sien, que l'autre fust esmeu d'en
aller advertir le gouverneur, qui luy commanda de prendre
les trois cens arquebusiers de la ville et toutes les forces qu'il
pourroit pour aller savoir que c'estoit.

Or y avoit-il en ceste maison trente ou quarante soldats
logez, lesquels se voyant rudement assaillis, environ les neuf
à dix heures du soir, sans autre sommation ne commandement d'ouvrir de par le roy, se mirent en telle défense qu'ils
repoussèrent vivement le capitaine et ses gens, de façon
qu'ils disoyent n'avoir jamais esté à telles nopces. Maligny
qui estoit là auprès, adverty que ses gens estoyent assaillis,
encor qu'il eust conclud ne passer outre, mais se retirer et
renvoyer ses gens à la file, se voyant provoqué et attiré au
combat, et ne voulant perdre ses hommes, qui autrement
eussent esté et luy aussi en danger, sort avec douze ou
quinze gentils-hommes, et donne au dos de ces citadins de
telle roideur, que combien qu'ils fussent trente contre un,
si est-ce que le plus vaillant le gaigna au pied, et se retirant sur le pont de la Saône, ses deux troupes jointes ensemble qui estoyent d'environ cinquante ou soixante hommes, les poursuivoyent de si près qu'ils furent contraints
d'abandonner le pont, et d'en laisser Maligny le maistre,
comme aussi de toute la ville entre le Rhône et la Saône,
les habitans de laquelle eurent tel effroy, que nul ne sortit
pour aller au secours de leur capitaine, encore qu'il deman-
dast à haute voix force pour le roy ; ains chascun demeura
en l'enclos de ses murailles, jusques an lendemain de haute
heure. En tout cest effort, il n'y eut que trois hommes tuez

du costé de la ville, entre lesquels le capitaine du guet y demeura. Les autres estoyent admonestez de se retirer paisiblement en leurs maisons, avec promesse qu'ils n'auroyent
nul mal.

Cest heureux succès donna volonté à Maligny de para-
chever son entreprinse, de laquelle il s'estoit départy à regret. Que si on luy en faisoit reproche, il avoit pour excuse
d'avoir esté attiré au combat, ainsi qu'il troussoit bagage
pour se retirer. Partant il envoya par toutes les maisons où
il avoit gens, et aussi vers tous ceux qui luy avoyent promis secours, les priant de sortir avec les armes. Mais pource
qu'auparavant il n'avoit donné le mot du guet ny aucun signal, et qu'on estimoit l'entreprinse rompue, nul de tous
ses gens n'osa sortir, ny seulement mettre le nez à la fenestre, de crainte d'une fausse alarme, et que les ennemis
ayans descouvert l'entreprise, les voulussent massacrer au
sortir des logis : joint aussi que l'on avoit peu départi d'armes, et que la pluspart estoyent jà embalées. Toutesfois Maligny jugea cela estre provenu à faute de cœur, et
qu'il se faisoit mauvais fier à gens de ville pour exécuter
une telle si grande entreprinse. Ayant donc longuement batu
le pavé, et craignant le jour venu d'estre chargé, si d'aventure on descouvroit qu'il eust si petit nombre de gens,
chascun se retira en son logis pour se rafraischir, remettant
les principaux capitaines et gentils-hommes de se trouver le
lendemain au matin chez Maligny, afin d'adviser ce que ils
auroyent à faire. Mais quand il se trouva à part, et qu'il
eut de plus près pensé et ruminé au déportement des citadins, desquels il attendoit secours, le petit nombre d'hommes qu'il avoit, comme aussi d'avoir contremandé les gens
qui luy venoyent, ne reconnoissant que danger apparent
pour luy et les siens, voire, de mettre en ruine et désolation toute la ville, il se retira secrettement par la rivière,

et donna charge au capitaine Castelnau d'advertir les autres
de se retirer, en sorte que le matin venu ne se trouva que
le nid en son logis. Cela fit que les gentils-hommes et soldats ne s'estant peu rallier jusques à dix, chacun pensa à se
sauver, après toutesfois que les plus advisez eurent mis au
feu tous les papiers que Maligny avoit laissez en sa chambre, et par lesquels on eust peu descouvrir toute l'entreprinse, ceux de la ville qui y favorisoyent, et les seigneurs
et gentils-hommes et capitaines qui avoyent exploité ce que
dessus. A cela s'accordoit le commandement fait par l'abbé
de Chavigny parent du mareschal Sainct-André, de la maison d'Achon, et lieutenant pour le roy, en l'absence dudit
mareschal, au gouvernement de Lyonnois, à savoir d'ouvrir
les portes, et n'empescher l'issue à personne du monde. Et
de vray, ce moyne nullement expérimenté au fait de la
guerre, et moins encores aux afaires politiques, et establi en
ceste charge plustost à la faveur de son parent, que pour
aucune bonne partie ne vertu qui fust en luy, s'étonna si
fort, et eut si grand peur de faire vacquer des bénéfices que
son Mecenas luy avoit baillez en garde, qu'il se laissa aisément
persuader par les citadins et italiens, qui craignoyent perdre leurs biens, de faire voye large, et dresser un pont d'or.
Car pour un soldat qu'ils avoyent aperceu à travers les
verrières et fenestres, ils en imaginoyent cent, de telle sorte
qu'il ne resta en la ville de ce party, sinon ceux qui y
voulurent demeurer, après avoir eu loisir de trois jours
pour faire leur retraite. Voylà comme ceste grande et haute
entreprinse, conduite si accortement qu'elle avoit esté à
demy exécutée, fut abandonnée. Et n'y a doute, que si Maligny eust poursuyvi et tenu bon estant secondé des siens,
les habitans eussent prins tel parti qu'il eust voulu, sans
autre résistance.

Après donc que Savigny fut revenu à soy-mesme, qu'il

sceut que rien ne paroissoit, et qu'il n'y avoit nul danger, il envoya quérir la Motte Gondrin et Maugiron, lesquels venus il sortit de sa tanière, et accompagné de trois cens harquebusiers et de ceux de la ville qu'il estimoit luy estre plus loyaux, il ne fut question que d'aller visiter les lieux, et renforcer les gardes des portes, de peur qu'aucun eschappast. Ainsi leur colère se passa sur les maisons des absens, qui furent pillées et saccagées : mais pour cela ils ne pouvoyent rien descouvrir, ne savoir quoy ne comment cela estoit advenu, d'autant que presque tous ceux qui s'estoyent ingérez de ces afaires s'estoyent retirez, quand ils prindrent par soupçon un gantier, ainsi qu'il alloit raudant autour de la ville pour se sauver, dont il avoit esté assez pressé et importuné trois ou quatre jours auparavant, mais il n'en avoit tenu compte, tant il se tenoit seur de son baston. Cestuy-cy pris s'effraya de telle sorte, qu'encor qu'il apperceust que les gardes de la porte sainct Sébastien ne demandassent qu'une pièce d'argent, comme plusieurs fois il estoit eschappé à ce prix allant et venant pour autres afaires, qu'il commença d'en conter des vieux jusques aux nouveaux. Il s'en trouva en la compagnie qui eussent bien voulu qu'il se fust teu : mais ils furent enfin contraints pour la crainte de leurs compagnons, de le mener au gouverneur et luy réciter ce qu'ils avoyent entendu : dequoy il receut une aise incroyable. Lors luy ayant promis la vie sauve, le gantier dit plus qu'il n'en savoit, accusant tous ceux qu'il connoissoit de l'entreprinse, de manière que plusieurs furent contraints se retirer pour éviter la furie.

Sur ces entrefaites arriva à Lyon un nommé la Brosse qui pensoit y trouver son maistre, ainsi qu'on luy avoit assigné le jour. Estant reconnu, il fut prins et mis prisonnier par soupçon : et pource qu'il ne vouloit rien confesser, Tourveon, lieutenant criminel, luy fit donner la gehenne et

question ordinaire et extraordinaire, telle que jamais homme
ne receut la pareille sans mourir, combien qu'il n'y eust
aucunes charges ni informations contre luy. Et de ceste colère, à la simple accusation du gantier fourrier des bandes,
et sans autre forme ne figure de procès, trois hommes de
la ville furent pendus sur le champ, pour avoir logé des
soldats, disoit-il.

La Motte Gondrin et Maugiron avec leur suite usèrent
de grandes menaces et bravades contre ceux de la ville,
mesmement contre les suspects de l'Évangile : et sur cela
ces seigneurs despeschèrent à la cour, faisant entendre tout
ce qui estoit passé, et qu'ils avoyent peu apprendre du gantier, disant que quant à la Brosse, il avoit si bonne bouche
qu'on n'avoit rien peu tirer de luy. Or s'attendoyent-ils
qu'on leur mandast de ruiner tout, et qu'avec ce simple
mandement ils se feroyent riches. Mais le mareschal Sainct-
André, qui estoit gouverneur en chef, et fait à ce leurre,
en vouloit avoir sa part. Afin donc que ce voyage ne luy
fust refusé, il donna à entendre à ceux de Guise qu'il connoissoit la Brosse, qui savoit beaucoup des afaires du roy
de Navarre et du prince son frère, en sorte que si on le
laissoit aller à Lyon, il espéroit n'en revenir jamais sans apporter suffisantes charges et informations contre lesdits seigneurs pour leur faire procès, ce qui viendroit le mieux du
monde à l'entrée des estats. Car le prince les voulant accuser, comme il disoit l'avoir certainement entendu, se trouveroit luy-mesme atteint de crime de lèse majesté, qui seroit le meilleur et plus prompt moyen de le faire mourir,
sans que pour cela il en avinst aucun trouble au royaume,
les choses estant ainsi faites en sa présence, du consentement des trois estats.

Ceux de Guise estonnez à merveilles, et aises tout ensemble d'ouyr réciter de si grandes choses, et considérans que

ces issues estoyent de mesme que celles de l'entreprinse de
Amboyse, commencèrent à bien espérer de leurs afaires, et
prindrent de là occasion de rasseurer la royne mère, disant
que puisque Dieu avoit esté ainsi contraire aux protestans
d'Allemagne en leurs guerres, et de nouveau contre les huguenots, qui estoyent de mesme farine, elle aussi devoit tenir pour tout certain, qu'elle auroit une fin heureuse de
leurs entreprinses. Ayant donc meurement poisé les remonstrances et raisons du mareschal Sainct-André, ils jugèrent
qu'il estoit tres requis et nécessaire, qu'il allast à Lyon pour
donner ordre à toutes choses. Ce que ladite dame leur accorda :
mais il ne luy fut rien tant recommandé que de mettre
peine d'avoir informations et charges suffisantes contre les
princes. Et afin que ledit mareschal ne demeurast trop
longuement, lettres furent despeschées aux juges de
Lyon pour leur recommander ceste afaire, et les presser de
préparer des preuves contre ces princes, avec grandes promesses de récompense de leurs services. Savigny aussi fut
gratifié, et furent mandées par la mesme despesche à la
Motte Gondrin lettres du roy du 22 septembre, par lesquelles il trouvoit fort bon ce qu'il estoit demeuré à Lyon
en attendant l'arrivée dudit mareschal, afin de contenir le
peuple en repos, et prendre résolution avec luy à son arrivée sur tant d'afaires qui se présentoyent ordinairement.
Et pour ce que ledit mareschal s'en alloit pleinement informé de son intention, sa majesté vouloit qu'il luy obéist
comme à luy mesme. Et où sa présence ne pourroit plus de
rien servir à la seureté de la ville, ledit Seigneur entendoit
qu'il se retirast en Dauphiné, pour tousjours avoir l'œil à
descouvrir ce qu'on voudroit faire. Et mesmement veiller
ce malheureux Montbrun, lequel à ce qu'il avoit entendu
par les lettres dudit la Motte, et celles du sieur de Suze escrites au duc de Guise son oncle, s'estoit resveillé, et avec

trois ou quatre cens hommes, qui s'estoyent ralliez avec luy, avoit pris le lieu d'Orpierre. Mais puis qu'il persévéroit en son opiniastreté, il le faloit chastier selon sa témérité, et qu'on regardast tous moyens de luy mettre la main sur le collet, donnant une si bonne et roide estraite à ceux qui le suyvoyent et favorisoyent, que cela fust cause d'intimider les autres. Cependant il advertissoit ledit de Suze d'y prendre garde de son costé, et de s'aider de ses voisins et amis : car aussi ledit Seigneur s'asseuroit qu'il n'avoit faute ni de moyens ni de bonne volonté.

Nous avons dit au commencement de ce règne, comme les deniers provenans des confirmations des offices furent donnez à la royne mère à telle condition que d'autres y auroyent leur part. Et pource que l'argent ne venoit si diligemment qu'on désiroit, lettres patentes furent expédiées pour les venir confermer dans un mois, sous peine que faisant autrement l'exercice desdits offices seroit défendu aux officiers, leurs gages retenus, et eux punis en outre comme infracteurs des ordonnances royaux.

Le mareschal Sainct-André estant arrivé à Lyon mit toute peine d'accomplir sa charge, à quoy nous le laisserons travailler, pour déduire cependant les actions de la Motte Gondrin, après qu'il eut conféré avec luy de ce qu'ils avoyent à faire.

Estant donc retiré en son gouvernement, luy et le sieur de Suze se mettent en campagne, avec plus grandes forces qu'auparavant, lesquelles jointes avec celles du pape ils entreprinrent d'aller surprendre Montbrun : lequel estant à leur arrivée à Moulans à trois lieues près de luy, ne leur voulut donner la peine de passer outre, ains leur vint au devant. Or n'avoit-il que trois ou quatre cens hommes, toutesfois se confiant de leur vaillance, et de la situation et adresse du pays qui est de soy fort montueux et difficile, il s'asseuroit de donner beaucoup d'afaires à l'ennemy. Ayant doncques adverti ses troupes qu'il n'estoit lors question de combattre pour l'honneur, ni pour acquérir richesses , mais pour la vie, sans espoir de composition et grace, avec un si félon ennemy, homme sans foy, sans religion , sans honnesteté, et qui les avoit jà trompez tant de fois : et les trouvant dispos pour le combat, il les départit en trois embuscades en lieux où la Motte devoit nécessairement passer, et d'où ils pouvoyent secourir les uns les autres, et se rallier sans perte d'hommes , et leur commanda expressément de ne se descouvrir ni charger, qu'ils n'eussent son signal : car il espéroit pour sa dernière main , donner ordre qu'il seroit à jamais mémoire de ceste rencontre, d'autant que tenant la cavalerie enclose dans ses embusches et combattue dans un valon d'une rivière et ravines d'eaux qui couroyent assez impétueusement, il s'asseuroit qu'il n'en eschapperoit aucun. Voylà, dy-je, comme il s'attendoit d'avoir sa raison de tant d'outrages à luy faits, après la foy jurée et promise si solennellement. Mais quand ce vint à l'arrivée de ceste cavallerie, les jeunes gens qui estoyent en l'une des embuscades n'eurent la patience d'attendre le signal de leur capitaine; ains craignans que ces premiers eschappassent, commencèrent à tirer si asprement que leurs adversaires tomboyent en l'eau dru comme mouches. Ce qu'avant veu la Motte Gondrin qui estoit sur le derrière, il se retira hastivement en la plaine , attendant ses gens qui fuyoyent en merveilleux désordre. Et dit-on que si ces jeunes hommes eussent eu patience, nul n'en fust allé dire des nouvelles à ses compagnons , tant les embuscades estoyent bien ordonnées à propos. Montbrun en fut fort marry, car il espéroit que cest effort luy donneroit loisir de pourvoir à ses afaires pour se retirer. Toutesfois il ne perdit courage. Mais, suyvant la victoire , s'en vint ranger en bataille à la plaine où

estoit la Motte Gondrin, lequel ensemble sa compagnie estoyent encore espris de telle frayeur qu'ils luy en donnèrent tout loisir. Là se dressèrent plusieurs escarmouches
d'une part et d'autre, cependant que chacun se rangeoit en
bataille, où les gens de la Motte avoyent toujours du pire:
car en sa présence on tuoit de ses soldats, on les prenoit
prisonniers, on les despouilloit et désarmoit. Les uns estoyent relaschez avec serment de ne jamais combattre les
enfans de Dieu : les autres juroyent y avoir esté attrainez
comme par force. Et combien que la Motte Gondrin eust
rangé ses batailles, et qu'ils fussent cent contre un, et que
Montbrun n'eust que trente ou quarante chevaux en sa compagnie assez mal en ordre, si est-ce qu'il ne fut jamais
chargé. Ains la Motte se retirant fit au mieux qu'il peut,
quittant le champ à l'ennemy et à sa petite troupe, qui le
suyvit plus d'une lieue, et les pressa de si près que les chefs
n'en receurent que déshonneur. Ce que l'on trouva fort estrange estre advenu à Gondrin viel soldat, et lequel par les
armes avoit fait autant de preuves de sa personne qu'homme
de son temps : se vantant de petit compagnon d'estre venu
aux degrés d'honneur où il estoit, à savoir de chevalier de
l'ordre, capitaine de cinquante lances et lieutenant du roy
en ce gouvernement de Dauphiné. Mais sa lascheté estoit
ouvertement accusée en ce que premièrement par ses hazards
et stratagèmes, puis par ses rapines et rançonnemens, il
avoit amassé de grandes richesses desquelles il se faschoit
quitter la possession, et hazarder ses vieux jours contre
tels desespérez, chose qui advient coustumièrement à ceux
qui préfèrent les gains et richesses déshonnestes à leur honneur. Et de vray il ne se trouva jamais un tel Arabe. On
dit aussi qu'il n'avoit aucune envie de ruiner du tout Montbrun, parce qu'il luy servoit d'une vache à laict. Car par
ce moyen il acrochoit souvent du pape bonnes sommes de

deniers, qu'il n'eust pas eues autrement : aussi ne faisoit-il rien si la croix n'alloit devant.

Or pour retourner à Montbrun, considérant qu'il n'avoit aucuns vivres ni espérance de secours, veu que l'entreprinse de Lyon estoit rompue, et toutes choses désolées à l'entour de luy, de sorte qu'en fin ses ennemis le pourroyent aisément accabler : connoissant aussi l'effroy des ennemis estre tel qu'il ne seroit aucunement poursuivi ni espié, il donna congé à ses gens, qui eurent tout loisir de retourner en leurs maisons, ayant de sa part résolu de se retirer et abandonner son bien à la merci de l'ennemi, laquelle conclusion prise, il s'accompagna d'un jeune advocat de Grenoble Matthieu Dautrine (1), lequel pour l'avoir jusques alors connu fidèle et affectionné à sa querelle, il préféra à tous autres, et luy promit qu'il auroit toujours part à son bien voire jusques au dernier denier. Mais quand Matthieu le vit au chemin de Merindol, pour de là se retirer en Allemaigne, outre le danger des chemins il l'estima homme perdu et sans recours. Parquoy il conclud en soy-mesme de le faire prendre à la première occasion, afin de non seulement éviter le danger de mort, mais aussi trouver le moyen de se faire riche, comme il avoit tenté tous hazards pour avoir des biens que les voyes ordinaires luy avoyent jusques alors deniez.

Estant donc arrivez en Provence en une petite ville appelée le Busquet, Dautrine s'accoste de quelques gens qu'il connut adversaires de l'Evangile, par l'inquisition qu'ils luy faisoyent de Montbrun, leur dit qu'il estoit là, et leur demanda secours pour le prendre, ce qu'ils luy promettent et courent aux armes. Cependant Matthieu commence à s'escrier tout haut : Force pour le roy, pour appréhender

____

(1) De Thou le nomme Mathieu d'Antoine, et La Planche tantôt Dautrine, tantôt d'Autrine.

ce malheureux Montbrun , capitaine des Huguenots. Et se
voyant suyvi , vient sauter au colet de son maistre , s'attachant à une grosse chaîne d'or qu'il avoit pendue au col ,
laquelle luy demeura entre les mains. Montbrun estonné
de se voir trahi et assailli de celuy auquel il se fioit le plus,
le terrasse , et se sauvant par une fenestre delogeant à travers champs , trouve un paysan auquel il change sa juppe
de velours à la sienne de toile , et en cest équipage gagne
Merindol. Sa femme en ce tumulte, après avoir esté entiè-
ment pillée et saccagée de tout l'or, l'argent , bagues et chaî-
nes qu'elle emportoit pour ses nécessitez , par ce mesme
traistre et ses compagnons , trouva moyen d'aller après son
mary en habit de femme de village , de sorte que tous deux
se rencontrèrent. Dautrine sentant Montbrun eschappé ,
afin d'avoir le plus de son bien qu'il pourroit , s'avoue à la
Motte Gondrin , et ainsi s'estant approprié les chevaux ,
mullets , armes , habillemens et vaisselle d'argent d'iceluy ,
s'en vient rendre à Gondrin , luy baille les moyens de pouvoir surprendre Montbrun au passage de Savoye , et luy raconte tout ce qu'il sait de ses afaires , comme aussi de celuy
des princes. Et encore qu'il n'en parlast que par conjectures , pour n'avoir bougé du pays , si s'attendoit-on bien
qu'il serviroit d'un bon et seur tesmoin , comme aussi il en
donnoit grande espérance , estant homme accort et rusé ,
bref tel que ceux desquels on avoit à faire pour dresser le
paquet des princes.

Alexandre Guyotin cependant, voyant l'issue de ses afaires se porter mal , ainsi que Montbrun prenoit le chemin de
Merindol , print celuy de Savoye pour gagner le pays des
Ligues. Mais estant près de Grenoble , il fut arresté par
soupçon pour ministre de Montbrun , et mis ès mains du
Vi-baillif, lequel le garda songneusement. Estant monstré
à Dautrine , il dit que c'estoit celuy qui avoit esmeu et mis

les armes au poing de ceux du Comtat de Venisse : mais non-obstant cela estant Guyotin homme advisé et versé en telles matières, ce juge ni ses assistans ne pouvoyent mordre sur luy, en sorte que par faute de tesmoins son procès demeura pendu au croc, attendant la volonté du duc de Guise, lequel commanda qu'on le gardast afin de le confronter aux princes. Ce qui fut fait, encore que ledit juge eust lettres pour juger telles gens sans appel, et qu'en vertu d'icelles il en eust jà fait brancher plusieurs.

La Motte Gondrin ayant eu quelque gage de fidélité de Dantrine, luy bailla gens pour aller aguetter Montbrun au passage. Enquoy il se porta si finement qu'il le cuida surprendre et sa femme aussi, les ayant rencontrez un jour de marché sur les frontières de Dauphiné et Savoye, desguisez en boulangers, et portans du pain dans des paniers en une ville là prochaine. Matthieu reconut ladite dame, et regarda attentivement le mary, le remarquant par la balafre qu'il avoit à travers la joue. Mais soit qu'il fust esmeu de honte ou de compassion, ou bien touché d'aveuglement ou esblouissement, comme il advient souvent en telles extrémitez, tant y a qu'il leur fit place. Aussi Montbrun contrefaisoit si naifvement le paysan, que la balafre par laquelle il estoit désigné ne fut apperceue d'aucun de la compagnie qui les suyvit assez longuement. Voylà comme il se sauva miraculeusement ès terres de Genève et de Berne, combien qu'il fust poursuyvi sur tous autres.

Or pour retourner au mareschal Sainct-André, il n'est croyable quelle diligence il faisoit de vérifier l'entreprinse de Lyon avoir esté faite par le commandement des princes : en quoy les juges n'espargnoyent leurs peines, et pareillement à luy adresser et pratiquer des faux tesmoins à la façon de parler du gantier, afin de fortifier les preuves que l'on espéroit aussi bien faire tomber sur tout le corps de la

ville, comme coulpables et consentans à la conspiration :
puis voyans que les charges du gantier n'estoyent assez con-
cluantes à leur gré, ils usèrent de telles menaces contre luy
et le traitèrent si rudement, qu'il se sumit à tout faire et
tout dire, tant il avoit grand'envie de sauver sa vie.

En ce mesme temps, les deux frères de Changy furent
pris en leur maison de Dauphiné par la diligence de Sainct-
Chaumont leur cousin germain, desquels, estant accusez
du faict de Lyon, on espéroit tirer beaucoup de preuves,
d'autant qu'ils faisoyent profession de la religion, et qu'ils
estoyent gens d'esprit et de menées : mais on n'en sceut rien
tirer, combien qu'on leur eust récolté et confronté plusieurs tesmoins, lesquels ceux-ci monstroyent estre faux, et
attiltrez par M. le mareschal et ceux de Guise, pour avoir
leur bien. Quant à leur religion, ils ne la dissimulèrent
point : mais ils maintindrent que ce que l'on leur objectoit
plus outre, estoit purement calomnieux : toutesfois on les
garda bien estroittement, et leur fit-on de piteux traitemens.

Quant à la Borde, combien qu'on l'eust gehenné outre
mesure, et qu'on l'eust presque desmembré sans qu'on y
eust rien profité, si est-ce que le mareschal estimant qu'on
l'eust espargné, et qu'il luy pourroit faire chanter autre langage, le fit remettre en sa présence sur la question : mais
après avoir veu la manière de laquelle il avoit esté traité,
et qu'il n'y avoit membre ni os sur son corps qui ne fussent
disloquez et outrageusement tirez, il changea d'opinion, et
fut contraint de dire qu'il n'eust jamais pensé un homme
pouvoir tant souffrir sans mort, et que la Borde estoit loyal
serviteur de son maistre, s'il en fut oncques. Or disoit-il
cela, pour autant qu'on ne l'avoit peu faire condescendre
à rien dire contre son maistre pour menaces de mort cruelle
et promesse de biens qu'on luy eust sceu faire : car on y

avoit employé toutes sortes de gens qui le pouvoyent persuader de racheter sa vie au prix de la mort du prince , qui jà estoit tenu pour mort et du tout ruiné. Sainct-André aussi y avoit employé tous ses sens , de sorte qu'il y perdoit toute espérance et n'avoit-on autre response de luy , sinon que son maistre estoit prince vertueux et sage , lequel pour mourir ne voudroit avoir rien attenté contre le roy et son Estat.

Les bruits de ces cruels tourmens envers les prisonniers furent expressement semez par la ville pour espouvanter les plus grands , et ajoustoit-on que l'on en feroit autant aux principaux de la ville, d'autant qu'ils se trouvoyent chargez de la conspiration, et que le corps de la ville y avoit donné consentement. Ce fait, Sainct-André commanda à un de ses serviteurs auquel il se fioit le plus , de leur tenir propos secrettement , et de les asseurer de la bonne volonté du mareschal en leur endroict. Or avoit-il à faire d'argent , parquoy il les prioit très-instamment de luy vouloir prester cent mil escus , (ce prest estoit à dire donner) et il les exempteroit de la calamité en laquelle ils alloyent entrer, si on ne luy accordoit sa demande. Mais il ne se trouva un seul qui luy voulust bailler le liard à cette condition , d'autant qu'ils se sentoyent nets de toute accusation , et n'y avoit en la ville , à dire le vray , que certains hommes de moyenne et petite condition, qui eussent donné consentement à ceste entreprinse, encore ne leur parloit-on que de loger gens pour trois ou quatre jours, afin de les faire ensemble partir et armer pour aller trouver les princes, qui vouloyent oster les tyrans d'auprès du roy.

Le mareschal n'ayant rien profité de ce costé-là , vient de cent mille escus à quatre vingts , de quatre vingts à soixante , de soixante à quarante , de quarante à trente , de trente à dix mil escus : mais autant gaigna-il au grand

qu'au petit. Parquoy on recourut aux maisons privées des
plus suspects de la religion, les aucuns desquels estoyent
absens, les autres tenoyent bon, sans toutesfois vouloir
rien desgainer. Dequoy le mareschal conceut un tel despit
qu'il se délibéra de faire du pis qu'il pourroit. Cependant il
les menaça de faire deux citadelles, de les munir, et y
mettre garnison aux despens des citadins, et davantage de
faire un fort au milieu du pont de la Saône, afin qu'ils ne
se peussent secourir les uns les autres, pensant par là
amener ces gens à raison. Et de fait il commença à faire besongner sur ledit pont, et au lieu où on avoit délibéré de
faire la maison de ville. Et afin de passer plus avant, ceux
de Guise luy envoyèrent lettres patentes du roy, contenant
un pouvoir bien ample, où récit estant fait bien au long
des esmotions survenues en tout le royaume par les menées
des rebelles : de la grace et faveur dont on avoit usé envers
eux : de la conclusion prise en l'assemblée naguère faite
à Fontainebleau ; le roy se plaignoit de ce que plus il usoit
de bénignité, plus ces meschans mutins s'eslevoyent, en
sorte qu'il voyoit ordinairement leur mauvais courage s'ac-
croistre pour subvertir tout l'estat du royaume, et le mettre
en proye. Que toutes ces choses, disoit-il, le contrai-
gnoyent de pourvoir au repos public, en chastiant rudement
les meschans qui s'estoyent eslevez en Dauphiné, Provence
et Languedoc contre lui, et sa justice. Et que néantmoins
on y verroit reluire sa clémence envers ceux qui se voudroyent réduire. Il vouloit donc que le mareschal se trans-
portast esdits pays avec toutes les forces qu'il verroit estre
nécessaires pour réprimer les séditieux, comme ennemis de
luy et son royaume, faire ouverture des villes et chasteaux
avec le canon, mettre en pièces tous ceux qui résisteront à
son authorité, raser leurs lieux et maisons, et celles où se
seroyent faites les assemblées et conventicules, et celles

aussi esquelles les prédicans auront logé, ou esté receus et recueillis, défendant de jamais les réédifier. Que si les séditieux s'eslevoyent, il pourroit mander les forces circonvoisines des gens d'ordonnance, l'arrière-ban et légionnaires, à ce que la force luy demourast : pourroit aussi mettre garnison où il luy sembleroit bon, et contraindre les habitans de leur fournir de vivre pour eux et leurs chevaux. Finalement les rebelles retirez et rompus, il estoit dit qu'il feroit venir tous les gens de justice et autres gentils-hommes qui luy sembleroit bon, pour s'enquérir des moyens de surprendre les assemblées et conventicules, avec leurs ministres et prédicans, afin de leur estre fait sommaire procès extraordinaire et sans appel, par un maistre des requestes pour ce envoyé. Que s'il se trouvoit des officiers dudit Seigneur y ayant adhéré, favorisé ou connivé par notoire négligence, ils seroyent suspendus ou privez de leurs offices. Et semblablement contre les villes qui avoyent délinqué il seroit procédé par mulctes, amendes honorables, pécuniaires et suspensions de leurs priviléges, et aussi contre les habitans particuliers d'icelles, et leur osteroit les armes selon qu'il le trouvera bon. Et en fin qu'il ordonneroit des deniers pour le payement des gens de guerre, de l'artillerie et autres frais nécessaires.

Telles et pareilles lettres furent aussi expédiées au duc d'Aumale, aux mareschaux de Brissac et de Termes, auxquels le reste du royaume estoit départi pour y aller faire le carnage qui sera dit en son lieu.

Ceux de Guise, ayant entendu le retour des bandes d'Escosse sorties suyvant le traicté de paix, duquel nous avons fait mention, les joignirent aux vieilles bandes venues de Piedmont, Metz et Picardie pour leur garde, avec douze cens hommes d'armes, réservez outre le département cy-dessus. Ce fait ils firent une despesche du roy au Navarrois, par laquelle

le prince de Condé estoit chargé d'avoir entrepris contre
l'estat dudit Seigneur, et de s'estre voulu emparer des meilleures villes du royaume pour se faire roy. Ce que ledit Seigneur ne pouvoit aisément croire : toutesfois pour en avoir
le cœur net, ledit Seigneur prioit le roy de Navarre de le luy
envoyer en bonne et seure garde : sinon qu'il seroit luy-
mesme contraint de l'aller quérir avec si bonne compagnie ,
que la force luy en demoureroit.

Le roy de Navarre respond : ne pouvoir croire son frère
avoir entrepris contre sa personne ni estat, comme aussi
n'en avoit-il nulle occasion : mais que plustost il voudroit
hazarder la vie et les biens pour les conserver contre ceux
qui seroyent si téméraires de l'entreprendre : et ne faisoit
doute que ses haineux et ennemis qu'il avoit près de sa personne , ne luy eussent presté ceste charité par leurs fausses
calomnies et accusations. Que s'ils se vouloyent rendre parties, et qu'il pensast trouver la justice ouverte à la cour,
il connoissoit l'innocence de son frère si grande, que luy-
mesme ne feroit difficulté de l'y mener, et iroyent en si petite compagnie qu'on auroit occasion de croire toute autre
chose de luy, encore que, graces à Dieu, il eust tant d'amis
que s'il les vouloit employer, il espéroit bien ne tomber à
la merci de ses ennemis qu'il savoit préparer leurs forces
sous le nom et authorité dudit Seigneur. Que s'il y avoit
gens en ce royaume qui eussent entrepris sur son estat et
authorité , il espéroit bien démonstrer que c'estoyent tels
imposteurs mesmes qui rejettoyent leurs crimes sur les innocens : n'ayant tous les princes de son sang rien plus cher
en ce monde, ni tant recommandé que la conservation de
sa couronne, laquelle ne pouvoit estre esbranlée ne trans-
férée que ce ne fust à leur ruine et subversion entière,
comme estant après luy et ses frères les plus proches et
apparens héritiers du royaume. Partant il supplioit ledit

Sieur de ne recevoir légèrement aucune mauvaise et sinistre opinion de ses plus proches parens et serviteurs très-affectionnez.

Le prince de Condé escrivit aussi bien au long au roy, se défendant de toutes les calomnies qu'on luy avoit imposées, desquelles il désiroit sur toutes choses s'aller justifier, pourveu que ses accusateurs se voulussent rendre parties, et que l'authorité qu'ils avoyent embrassée leur fust ostée. Car il ne s'attendoit pas de voir aucune bonne justice administrée au royaume pendant que ceux-là gouverneroyent.

Après que ceux de Guise eurent veu ceste response, ils pensèrent que le meilleur seroit de les attirer en leurs filets par belles promesses, que d'y aller de force et avec douteuse issue. Parquoy autre despesche fut promptement faite, par laquelle le roy manda qu'ils pourront aller devers luy en toute seureté, et s'en retourner quand bon leur semblera, les asseurant en parolle de roy, qu'il ne seroit attenté en leurs personnes en aucune manière, qu'il entendroit paisiblement leurs remonstrances et justifications sans qu'ils entrassent en prison, ou qu'on leur fist procès : et que seulement il vouloit avoir response de sa bouche sur les poincts dont on chargeoit ledit seigneur prince, et qu'il ne pouvoit aucunement croire : bref, qu'ils seroyent recueillis selon leur estat et dignité, voire qu'on leur bailleroit le rang qui leur appartenoit au maniement des afaires, afin d'avoir leur conseil et advis pour rendre toutes choses bien policées. Et quant à la religion de laquelle ledit sieur prince avoit fait déclaration et protestation publique, il ne vouloit et n'entendoit que pour raison de ce il en fust aucunement troublé ni inquiété.

La royne mère escrivit de semblable substance, et disoit souvent en pleurant (parlant des princes) que leur faut-il? que demandent-ils? S'ils voyent que les afaires aillent mal, pourquoy ne le viennent-ils remonstrer, ou bien qu'ils ne le mandent, afin que on y pourvoye, sans donner occasion pour leur absence d'esmouvoir tant de troubles? Ce qu'estant rapporté aux princes, ils le prenoyent à leur advantage.

Pendant ces allées et venues, le roy de Navarre paissoit d'espérance les capitaines et seigneurs qui le devoyent accompagner, et disoit vouloir aller à la cour présenter leurs remonstances en si bonne compagnie que ses ennemis ne peussent user de puissance sur luy. Toutesfois le courage luy estoit bien diminué, depuis les choses advenues à Lyon et en Dauphiné, et ne pouvoyent les provinces avoir aucune résolution pour faire marcher leurs gens, encore qu'on luy remonstrast ledit seigneur estre trop avant au jeu pour en retirer son espingle. Et que s'il tardoit plus longuement, il seroit difficile de joindre ses forces, encore esparses par tout le royaume, et les unir ensemble avec les siennes : attendu que pour son retardement et demeure, l'ennemy avoit jà occupé les passages. Mais qu'en tout événement, s'il donnoit le mot de vouloir marcher, on s'esleveroit de tous endroits pour le faire fort en ceste assemblée des estats. Mais tout cela ne le peut aucunement encourager, estant ordinairement refroidy par les menées des serviteurs secrets de ceux de Guise. Et ce qui estoit plus estrange, eux-mesmes le cognoissoyent à veuë d'œil, confessans qu'ils estoyent trahis et vendus par leurs favoris, comme la chair à la boucherie ; mais il n'estoit question de les reculer de leur présence, encore moins de les chastier, de peur, disoyent-ils, qu'ils ne fassent pis. Et de vray, Bouchart son chancelier, qui aussi estoit maistre des requestes du roy, l'ayant du commencement conseillé et sollicité très-instamment d'entendre aux remonstrances et sommations à luy faites, pour l'espérance qu'il avoit (tant il estoit sot) d'estre fait chancelier de France, voyant que les choses tiroyent en lon-

gueur, et craignant, si l'afaire ne succédoit, de perdre la vie
et les biens, si tost qu'il sceut ce qui se faisoit à Lyon, se
retira en sa maison en Poictou, et allant au devant par derrière, escrivit au roy, le suppliant très-humblement de
rappeler le prince de Condé d'auprès le roy de Navarre son
frère, qu'il disoit le poursuyvre sans cesse d'entreprendre
beaucoup de choses contre les ministres de sa majesté, et
pour troubler le royaume à la sollicitation des luthériens et
des prédicans de Genève venus exprès, à quoy toutesfois
(disoit-il) ledit seigneur n'a jusqu'alors voulu entendre :
mais il est à craindre qu'il ne soit gaigné par longue importunité. Dequoy il n'avoit voulu faillir d'advertir sa majesté, pour luy estre très-humble et très-obéissant subject
naturel et serviteur, et pour la double obligation, d'estre
l'un des ministres de sa justice.

Il escrivit semblables lettres au cardinal de Lorraine, luy
offrant tout service, espérant quelque jour luy réciter à
bouche beaucoup de choses de conséquence qu'il ne pouvoit escrire. Cependant il le supplioit de se donner garde
des machinations que l'on brassoit contre luy et toute sa
maison. Bref, il promettoit des moyens pour faire le procès
et aux princes et plus grands seigneurs du royaume. Et
afin d'avoir plus de seureté en sa maison pendant les troubles et tempestes, il affermoit que s'il n'eust rabattu les
coups, luy et son frère fussent pieça morts : mais il avoit
différé de les en advertir jusques alors, tant pour n'estre
descouvert que pour s'informer plus au vray de toutes
choses, lesquelles par luy ingénieusement descouvertes,
il se seroit incontinent retiré en sa maison. L'on dit que luy-
mesme donna les moyens de se faire prendre prisonnier,
ce que nous réserverons en son lieu.

Voylà comme ces pauvres princes estoyent maniez par
leurs propres serviteurs, ce que l'on n'eust jamais peu dou-

ter de Bouchart : car jamais homme ne se monstra tant affectionné au contraire , et fut celuy mesme qui conseilla au
roy de Navarre d'envoyer quérir ceux qui vindrent puis
après à Nerac, entre lesquels estoit Théodore de Bèze, l'advis duquel estoit de faire en toutes sortes que la conclusion de l'assemblée de Fontainebleau touchant les estats ,
fust bien asseurée et exécutée contre ceux qui jamais ne l'a-
voyent accordée qu'en intention de s'en servir, au lieu de
s'assujettir au jugement d'icelle. Mais il n'en fut creu , non
plus que les autres , et pourtant se retira avec merveilleux
danger de sa personne, non toutesfois sans avoir commencé
le presche public à Nerac , y assistant le roy de Navarre en
personne. Plusieurs tenoyent que Jarnac avoit pratiqué
ce chancelier , car ils estoyent grands amis et familiers.
Aussi s'estoit-il du tout retiré de la compagnie et familiarité
desdits seigneurs , ne les ayant veus depuis le premier susdit
voyage du roy de Navarre à la cour, et leur ayant refusé tout
service et aide. Cela fit pareillement Saincte-Foy son frère ,
encore qu'il eust receu du prince de Condé toutes les faveurs
et courtoisies que gentil-homme sauroit requérir de prince ,
voire jusques à le faire lieutenant de sa compagnie de gen-
darmes.

Le roy de Navarre donc très-mal conseillé , ayant accepté
les conditions à luy proposées par le roy , et conceu bonne
espérance des afaires pour les promesses que luy en avoyent
confirmées à bouche ceux qui estoyent allez négocier, mesmement le cardinal de Bourbon son frère , lequel y fut expressément envoyé pour leur donner plus d'asseurance ,
manda au roy pour tout certain qu'il se trouveroit à Orléans avant l'assemblée générale de ses estats , et promit d'y
mener son frère avec leur petit train simplement, s'asseurant tant de leur innocence que le roy les retiendroit pour
serviteurs et parens. Toutesfois il nourrissoit tousjours de

bonne espérance les capitaines et gentils-hommes qui estoyent avec luy , et remit la conclusion de tous afaires et l'ordre qu'il voudroit tenir pour marcher, quand il seroit à Limoges, où il s'achemina , et n'y fut plustost arrivé que plusieurs seigneurs et gentils-hommes ne le vinssent voir, en sorte qu'en peu de jours il s'y en trouva de sept à huit cens bien montez , armez et équippez. Là il fut sollicité de se déclarer, et de publier son intention à toute la noblesse de France, selon ce qu'il en avoit tant de fois donné espérance , l'asseurant qu'il n'auroit faute de gens , et qu'on n'attendoit sinon qu'il eust dit le mot pour marcher. Et d'autant qu'il s'excusoit sur ce que ses ennemis estoyent desjà prests avec grandes forces, on luy offroit six ou sept mille hommes de pied tous prests à marcher , tant de la Gascogne que des isles de Marennes, et du pays de Poitou jà enroulez sous capitaines. Que de Provence et Languedoc marcheroyent trois ou quatre mille hommes tant de pied que cheval. De Normandie autant ou plus , avec grand nombre de cavalerie, lesquels en un instant le rendroyent si fort avec sa juste intention , qu'il feroit sans combat, Dieu aidant , quitter la place et la personne du roy à ses ennemis, et que c'estoit aussi le moyen de se saisir de la ville d'Orléans pour y asseurer les estats, et de Bourges , qui estoyent deux bonnes retraites. Davantage , on les asseuroit que la pluspart de la gendarmerie se tourneroit de leur costé, ne pouvant gouster ceux de Guise qu'ils jugeoyent ennemis du roy et du royaume. Et quant à l'argent, ils n'en auroyent faute. Car outre ce que chacun homme de cheval et de pied en avoit pour deux mois, les meilleures bourses du royaume ne défaudroyent à ce besoin , pourveu que le roy de Navarre se déclairast seulement protecteur du roy et du royaume, et s'opposast à la tyrannie de ceux de Guise, insupportable à tous gens de bien.

Pour le contrepoix de ces offres, les serviteurs secrets de ceux de Guise remettoyent devant les yeux du roy de Navarre la convocation des estats, le roy d'Espagne qui l'espioit au passage, et n'attendoit que son partement et sa déclaration pour escorner si peu qui luy restoit de ses terres souveraines : la playe de Bourbon encore sanglante : l'armée qui estoit toute preste à marcher pour le venir afronter : les nouvelles certaines que le duc de Guise avoit le serment de douze cens hommes d'armes, gens d'eslite, qui devoyent mourir à ses pieds, devant que l'on eust le dessus de luy. Il y avoit encore ce point que ces bons conseillers, qui avoyent envie de toucher les deniers de ceux de la religion, s'en voyoyent du tout hors d'espérance, quand on leur parloit que chascun viendroit tout soudoyé. D'autre part le roy de Navarre n'estoit pas beaucoup chargé d'argent, et eust bien voulu voir trois ou quatre cens mille escus de fond, auquel cas il eust fait merveilles, comme il disoit. N'ayant donc que des promesses, cela le faisoit retarder à conclure : à tout le moins il prenoit son excuse là dessus, de telle sorte que d'Escars et ses compagnons avoyent trois jeux et quarante-cinq sur la partie, et finalement la gaignèrent. Car ledit seigneur, ne pouvant plus dissimuler les choses qu'il avoit mandées au roy, estant à Vertueil, où le vint trouver le cardinal d'Armaignac, donna congé à toute sa compagnie, contremanda ceux qui venoyent, et les pria de se retirer en leurs maisons file à file, avec infinis remercimens de leur bonne volonté envers la maison, couronne et république de France : ce qu'il promit de faire entendre audit Seigneur, et luy présenter leurs requestes et supplications pour leur pourvoir en l'assemblée de ses estats généraux. Qu'il savoit que ceux de Guise avoyent faussement et calomnieusement accusé son frère et luy ; mais il aimoit mieux aller en cour pour se justifier et mourir en bonne conscience, plustost qu'estre cause d'un si grand carnage qui adviendroit indubitablement s'il paroissoit avec forces en la présence de ses ennemis. Là dessus on leur mit au devant des yeux toutes les choses passées, avec le danger évident de leurs vies, s'ils alloyent à la cour, n'estant en la puissance du roy mesme, ni de la royne sa mère, de rien garder ni tenir de toutes les promesses à eux faites. Que s'il vouloit demeurer entièrement ferme en ceste opinion, à tout le moins qu'il laissast derrière soy le prince son frère, attendant qu'on connust quel train prendroyent ces afaires, joint que n'estant tous deux en peine, l'autre tiendroit les ennemis en suspens. Leur response fut qu'ils estoyent tant asseurez de leur innocence et du secours de Dieu, que leurs ennemis ne triompheroyent pas d'eux comme il sembloit, et qu'il n'estoit aisé de faire mourir un prince du sang par justice. Au fort, si on ne leur tenoit promesse, et qu'on les fist mourir sans les ouir en leurs justifications, avec ce qu'ils prendroyent telle mort innocente en gré, Dieu avoit assez d'autres moyens pour délivrer la France de captivité sans qu'à leur occasion tant de gens de bien en souffrissent.

En ces entrefaites voicy arriver lettres et homme exprès de la part de la princesse de Condé, dame aymant son mary, vertueuse et sage s'il en fut oncques, par lesquelles elle advertissoit son seigneur et mary du complot pris et arresté entre ceux de Guise, d'exterminer tout le sang royal : ce qu'elle avoit entendu de si bon lieu qu'elle n'en pouvoit nullement douter : partant elle le supplioit très-humblement de n'avoir le cœur si lasche que de s'aller jetter en leurs filets, quelques belles promesses qu'il eust du roy. Que si elle estoit homme et en son lieu, elle aimeroit mieux mourir en combattant l'espée au poing pour une si juste querelle, que de monter sur un eschaffaut, pour tendre le

3.

col à un bourreau sans l'avoir mérité, comme il en estoit
menacé. D'autre costé, elle s'asseuroit tant de sa bonne
cause et querelle, qu'elle trouverroit bonne troupe de gentils-hommes qui l'accompagneroyent de leurs vies, et prendroyent tous ensemble une fin heureuse avec une perpétuelle louange d'estre morts pour la sauveté du roy et du
royaume, à l'exemple des grands personnages qui avoyent
pour moindre occasion rendu leur nom immortel. Et que si
ainsi advenoit, elle l'accompagneroit bientost au tombeau :
mais ce seroit avec plus d'heur et contentement, que si elle
eust possédé tous les biens, honneurs et richesses du monde.
On estimoit bien que ces lettres et le porteur auroyent
quelque avantage sur la résolution de ce prince : mais il
estoit si fort possédé par les serviteurs secrets, qu'il se laissoit mener avec le roy de Navarre son frère, ainsi que prisonnier. Ce qui fut si grief à ceste dame, qu'elle-mesme
luy alla au-devant, pour essayer par sa présence de le pouvoir destourner du danger apparent de sa vie, où il s'alloit
plonger : mais elle n'y peut rien profiter : ains s'en alla es-
plorée comme elle estoit venue. Or comme les principaux
seigneurs et gentils-hommes prenoyent congé d'eux, le roy
de Navarre leur donna bon courage et espérance que tout
se porteroit bien, et adjousta qu'il demanderoit au roy
la grace de ceux qui l'avoyent accompagné jusques-là et en
armes. Grace ! respondit quelcun. Pensez seulement de la
demander bien humblement pour vous seul, qui vous allez
rendre prisonnier la corde au col. Car à ce que je voy, vous
en avez plus de besoin que nous, qui n'avons délibéré faire
si bon marché de nos personnes : mais de mourir plustost
en combattant que nous submettre à la mercy de ces détes-
tables ennemis du roy et du royaume. Et puis que nous
sommes si pauvrement destituez de chefs, nous espérons
que Dieu nous en suscitera qui auront pitié de nous, et qui

nous desvelopperont de l'oppression de ces tyrans. — Ces paroles furent prises en risée : mais elles firent venir de l'eau en la bouche des serviteurs secrets, qui eurent opinion que ceux-cy alloyent procéder à l'élection d'un chef, de quoy ceux de Guise furent advertis incontinent, ce qui leur donna à penser plus qu'on n'eust cuidé. Voilà quelle fut la départie de ceste noblesse françoise, laquelle avoit merveilleuse envie de combattre et plustost mourir que de s'assujettir à la domination d'une maison estrangère.

Ces forces séparées, le roy de Navarre et son frère ne tardèrent nullement de sentir la douceur du traittement qu'ils devoyent espèrer de leurs bons cousins de Guise. Car estant près de Poictiers, voicy arriver une de leurs créatures nommé Montpesat, lequel fit auxdits princes très-expresses défenses, de par le roy, de n'entrer, allant à la cour, en nulle ville close appartenant à sa majesté sur peine de rebellion, et d'estre atteints et convaincus de crime de lèse majesté. Cela leur donna dèslors à penser de rebourser chemin, mais se voyant desjà enclavez entre les forces de leurs ennemis sous la charge et conduite du mareschal de Termes là envoyé pour son département, il ne fut plus question que de faire bonne mine. Et ne dit autre chose le roy de Navarre à Montpesat sinon qu'il obéiroit au roy, et qu'il eust bien voulu voir ce commandement par escrit : mais l'autre n'en fit aucun compte. Ce qui donna couleur au cardinal d'Armaignac, à d'Escars et autres serviteurs secrets de leur persuader cela n'estre rien, et que c'estoit seulement une bravade de ceux de Guise, le roy n'en sachant rien : duquel et de sa mère il devoit attendre autre recueil et traitement.

Estant passez Chastelleraut, ils eurent advertissement de se sauver de vistesse, s'ils pouvoyent, ou bien de n'escarter les grands chemins tant fust peu. Car il y avoit une entreprinse dressée pour les tuer, comme s'ils eussent voulu s'en-

fuir et se sauver. Parmi cela on leur bailloit moyen de gaigner Angers, et de là la Normandie, où ils trouveroyent secours, gens, argent et villes de retraite. Mais nonobstant
cela, leur résolution fut d'aller droit leur route, quoy qu'il
en deust advenir, et ne faire que petites journées, de sorte
qu'il sembloit proprement (spectacle pitoyable) qu'ils usas-
sent du roy de Navarre comme d'un prévost des mareschaux pour mener son frère prisonnier, et qu'il s'allast luy-
mesme rendre ès mains de ses ennemis pour estre à leur
mercy.

Ceux de Guise ayant ainsi commencé, leur voulurent
bien faire avaler d'autres poires d'angoisse : car encore qu'ils
eussent d'heure à autre advertissement de leur venue à petite compagnie, qu'ils fussent jà enclos et environnez de
leurs forces, et que toute la noblesse qui les avoit accompagnez fust départie, chascun ayant pris la route de sa maison, délibérez d'attendre l'issue de ceste tragédie : tant y a
toutesfois que pour monstrer leur animosité au descouvert
contre ces princes, et pour contourner les députez des états
à leur dévotion, si d'aventure ils leur voudroyent en rien
contredire et empescher leurs desseins, ils délibérèrent de
mener le roy à Orléans avec le plus de forces qu'ils pourroyent. Parquoy le mareschal Sainct-André fut mandé avec
tout son régiment de cavallerie, car on avoit à faire de luy,
des prisonniers, et des informations. Cependant ils firent
marcher le roy droit à Orléans, et passer en armes à travers la ville de Paris, accompagné de ses chevaliers de l'ordre, gentils-hommes de sa chambre, escuyers d'escuirie, de
panneterie, d'eschansonnerie et offices domestiques pouvant
porter armes, des deux cens gentils-hommes, de toutes ses
gardes de cheval et de pied, et de tous les grands seigneurs
du royaume desquels on avoit quelque soupçon : hors mis
le connestable et ses trois nepveux de Chastillon, qui es-

toyent en leurs maisons, regardant le jeu. Tous ceux-cy, dy-je, joints ensemble faisoyent un bon et gros régiment de cavalerie, et sur les aisles du roy marchoit la gendarmerie de douze cens hommes qu'on disoit avoir particulier serment au duc de Guise. Bref, toute la noblesse de France avoit esté mandée de s'y trouver en personne sans aucune excuse ni d'âge ni de maladie, sur peine de confiscation de corps et de biens, et d'estre punis comme ennemis du roy, séditieux et rebelles : chose qui avoit grandement estonné toute la France, et plus encore quand après ce partement il ne paroissoit nuls ennemis : ce qui fit croire que c'estoit aux estats qu'on en vouloit. Mais pour effacer ce bruit on fit courir qu'on alloit assiéger Orléans, qui s'estoit rebellé, et eslevé contre le roy, et y entremesloit-on les princes, pour tousjours les rendre odieux, et faire trouver bonne l'exécution qu'on en vouloit faire. Et à dire vray, le bruit d'Orléans n'estoit sans cause : car ceux de Guise avoyent tant animé le roy à l'encontre des habitans en les chargeant du fait d'Amboyse, qu'il les tenoit pour mortels ennemis, et avoit délibéré d'en faire mourir des principaux, les biens desquels estoyent jà donnez et départis aux mignons courtisans. Le baillif d'Orléans avoit de sa part trois mauvais tesmoins, à savoir un bel estat, une belle maison à la ville, et une autre aux champs. Sa confiscation estoit jà donnée au sieur de Cipierre, comme aussi les meilleures maisons du royaume estoyent remarquées, et le sac d'Orléans promis aux soldats françois venus d'Escosse et autres lieux, qui marchoyent avec l'artillerie. Voylà l'équipage avec lequel le roy passa la Beausse, et fit on entrée en armes à Orléans le 18 d'octobre, mais avant que de passer outre, je réciteray ce qui advint de notable.

Ceux de Guise ayant veu le mescontentement de ce que toutes les charges, dignitez et offices avoyent esté départies entre eux sans en bailler aucunes aux princes du sang : pour aucunement les contenter, avoyent avisé de faire ériger deux gouvernemens au milieu du royaume, et d'en bailler un au duc de Montpensier, et l'autre au prince de la Roche-sur-Yon, sachant qu'ils ne pourroyent aucunement nuire à leurs desseins, comme s'ils estoyent en frontière. Et toutesfois ils leur baillèrent des lieutenans avec telle authorité que les princes n'avoyent que le titre, chose qui ne revenoit qu'à la foule du peuple, et à quoy les prédécesseurs roys n'avoyent jamais voulu entendre, d'autant aussi que leurs principales demeures estoyent en ces pays-là. Au duc de Montpensier fut baillé le gouvernement de Touraine, et annexez à iceluy les duchez d'Anjou et de Vendosme, contez du Maine, de Bloys, Dunois, et pays circonvoisins. Et au prince de la Roche-sur-Yon, celuy d'Orléans, auquel on joignit les duchez de Berry, pays Chartrain, la Beausse, Montargis, et autres lieux contigus : et bailla-on pour lieutenans au gouvernement d'Orléans ledit sieur de Cipierre, et à celuy de Tours, Savigny, esclaves de ceux de Guise, avec toute puissance, principalement à Cipierre sur Orléans.

Cestuy-ci donc estant arrivé en ladite ville avant l'arrivée du roy et au commencement d'octobre, avec lettres de sa majesté portant commandement aux eschevins de luy obéir en tout ce qu'il commanderoit, commença à désarmer ceux de la ville, remettant leurs armes en la maison commune, à la garde desquelles il commit un capitaine, de sorte qu'il n'estoit loisible d'en approcher. Puis après il fit entrer les garnisons là prochaines, qu'il logea ès maisons qu'il avoit suspectes, leur remettant la garde des portes. Il advertit aussi les eschevins que le prince de la Roche-sur-Yon arriveroit le jour mesme, pour y faire entrée comme gouverneur. Au moyen de quoy chacun se mit en devoir de le recevoir le plus honorablement qu'on pourroit selon le peu de temps et commodité : et fust au devant de luy Hiérosme Groslet, baillif d'Orléans, accompagné des gens de la justice, de l'université, des eschevins et conseillers de ville, et des plus notables bourgeois et tous officiers d'icelle. Le baillif porta la parole pour la ville, et fut sa harangue pleine de bonne affection, s'estimant très-heureux d'avoir un tel prince pour gouverneur. Ils le supplièrent d'avoir la ville en recommandation, et de les maintenir en la bonne grace de leur roy, prince et souverain seigneur, auquel ils désiroyent entièrement obéir, comme aussi à luy, non-seulement en ce qui concernoit le service de sa majesté, mais pour le sien en particulier : puis sur la fin ils s'excusèrent de n'avoir fait plus grand appareil pour sa venue, dont ils avoyent seulement esté advertis le matin. Estant entré en la ville, il leur fit entendre, comme aussi Morvilliers leur évesque l'escrivit, que le roy et la royne vouloyent faire leur entrée en ladite ville le jeudi ensuyvant 17 dudit mois : mais pource que le temps estoit court, ils eurent un jour de délay seulement, pour dresser leur appareil au mieux qu'ils pourroyent : auquel jour 18 d'octobre, ledit Seigneur et la royne arrivèrent de matin aux fauxbourgs d'Orléans, où leur fut préparée une maison, et dressé un eschaffaut pour voir passer les troupes de la ville qui leur viendroyent au devant selon la coustume. Les gens de pied faisoyent monstre de quatre mil hommes sous douze enseignes, et leur avoit-on rendu toutes leurs armes, excepté les bastons à feu, d'autant qu'ils estoyent suspects au cardinal de Lorraine. Après eux suyvoit la justice, les eschevins, conseillers de ville et plus notables bourgeois, l'université et le clergé suyvant l'ordre devant dit : et passant pardevant sa majesté, le baillif et les principaux officiers montèrent sur l'eschaffaut pour luy faire leur harangue.

Après eux marchoyent les enfans de la ville, en nombre de cinquante à soixante, bien montez et avec bel équipage, revestus d'une mesme parure des couleurs desdits Seigneur et dame, suyvis des archers de la ville avec leurs hocquetons. Toute ceste compagnie passée, et puis rentrée dans la ville en mesme ordre, le roy monta à cheval et entra sous son dais d'or avec les armoiries de la ville, et tira droit au grand temple Saincte-Croix. Devant luy marchoyent les quatre cens archers de sa garde, les deux cens gentils-hommes de sa maison, les Suisses et les harquebusiers de la nouvelle garde. Et après sa majesté alloyent les ducs d'Orléans et d'Angoulesme ses frères, le prince de la Roche-sur-Yon et plusieurs autres seigneurs et chevaliers de l'ordre. Et ainsi au son des trompettes et clairons fut conduit audit temple, où l'évesque et le clergé le receurent : puis son oraison parachevée, il alla loger en la maison du feu chancelier de Alençon père dudit baillif, en place appellée l'Estape. Et n'est du tout à oublier que le roy passant par les rues richement tendues, son cheval fit un faux pas : en sorte qu'il fust tombé tout à plat, s'il n'eust esté soudainement relevé : ce que plusieurs interprétèrent dès lors à mauvais présage pour luy, autres aussi pour la ville.

L'après-dînée toute ceste compagnie retourna au-devant de la royne en mesme ordre et équipage, laquelle fit son entrée fort richement atournée et montée sur une hacquenée blanche, suyvie d'un grand nombre de dames et damoiselles : mais en l'une ni en l'autre entrée, ceux de Guise ne comparurent, et disoit-on que c'estoit de crainte de rencontrer quelqu'un désespéré : parce qu'un magicien (comme nous avons dit) avoit prédit au cardinal estant à Rome, que son frère et luy mourroyent de mort violente et de bastons à feu, de sorte que pour éviter cela ils craignoyent telles assemblées, encore qu'ils eussent fait défendre de porter au-

cunes pistoles, pistolets ne harquebuses sur peine de la vie
mesmement en telle ville qu'ils avoyent expressément choi-
sie pour la plus propre à exécuter le comble de leurs entreprinses, de longue main apareillées, estimant, disoit-on, que
tout ainsi que la lignée de Charlemagne (dont ils ont resvé
qu'ils estoyent sortis) avoit pris fin en la ville d'Orléans,
ceste mesme ville aussi serviroit de cimetière à toute la race
de Hue Capet et à leurs affectionnez serviteurs.

Quand nous avons dernièrement parlé du roy de Navarre
et son frère, nous les avons laissez par les chemins venans à
leurs petites journées : mais plus alloyent-ils avant, tant
plus avoyent-ils d'avertissemens de se retirer secrettement,
suyvant ce qu'ils ont bien reconnu depuis leur avoir esté
prédit qu'autant de pas qu'ils faisoyent vers la cour, autant
approchoyent-ils, et tout l'estat du royaume, de la mort, si
Dieu n'y remédioit extraordinairement : à quoy ils ne vouloyent nullement entendre, se remettant et leur afaire du
tout en Dieu, duquel ils attendoyent tout secours et défense, et en ceste confiance et de leur innocence se recom-
mandoyent aux prières des églises réformées, faisant venir
à eux tous les ministres, diacres et surveillans par où ils
passoyent pour les consoler : chose notable pour cela qui
s'en ensuyvit, combien qu'il ne tinst aux princes qu'ils ne
se perdissent entièrement. Voylà comme ils arrivèrent à
Orléans avec leur petit train, qui fut la veille de Toussaint,
dernier d'octobre.

Ceux de Guise sachant leur arrivee, non pour besoin
qu'il en fust, mais pour estonner de plus en plus les princes
et tous ceux qui seroyent si hardis de leur porter tant soit
peu de faveur, firent venir tous les hommes d'armes et archers
qui estoyent en garnison à l'environ d'Orléans, lesquels avec
l'eslite des gens de pied qui estoit logée à la ville, furent
arrangez en haye fort serrez, armez à blanc d'un costé et

d'autre, depuis le commencement du Portereau jusques au logis du roy, en sorte que les princes furent contraints de passer au travers, et de recevoir des brocards d'un chascun, selon qu'il estoit le plus impudent : et ne leur alla au-devant aucun des courtisans, ny encor moins de ceux de la ville, pour les raisons qui seront cy-après déduites, réservé le cardinal de Bourbon leur frère et le prince de la Roche-sur-Yon, qui eurent congé de ce faire.

Estant lesdits seigneurs entrez en la ville, et approchez du logis du roy, le roy de Navarre voulut selon la coustume entrer à cheval jusques dedans la cour du logis dudit Seigneur : mais cest honneur leur fut dénié, et leur fut assez rudement respondu que les grandes portes ne s'ouvroyent point. Après avoir aucunement contesté sur cela, ils mirent pied à terre; et accompagnez du cardinal de Bourbon et du prince de la Roche-sur-Yon, allèrent trouver le roy, lequel sachant leur venue, s'estoit mis en lieu éminent, accompagné de ses oncles de Guise, et de toute la noblesse de cour, qui ne fit un tout seul pas pour aller au-devant. Eux en la salle vont droit au roy, sans regarder ni çà ni là. Après avoir fait les révérences accoustumées, leur réception fut assez maigre, comme aussi il n'y eut aucunes caresses entre eux et ceux de Guise, lesquels ne firent compte des princes : comme aussi toute la compagnie se conforma à eux. Avant que tous ces mystères fussent achevez, la nuict survint, qui fit que le roy s'achemina en la chambre de la royne mère, où il fut suyvi desdits princes et de peu de gens. Aussi ne voulurent ceux de Guise estre présens aux propos desquels ils avoyent instruit le roy, de peur que les princes s'attachassent à eux de paroles, comme ils avoyent entendu qu'ils en estoyent bien délibérez, et pour jouer le reste du jeu en telle sorte qu'à un besoin ils eussent tousjours leurs négatures à propos, dont bien leur en print à la fin, comme aussi finement estant question du décret de la prinse de corps, ils en avoyent fait porter la parole au mareschal de Brissac.

Après que la royne mère les eut receus avec l'armée de Crocodile, le roy s'adressant au prince de Condé luy dit qu'on luy avoit rapporté de plusieurs endroits qu'il avoit fait et faisoit plusieurs entreprinses contre luy et l'estat de son royaume, à l'occasion de quoy il avoit mandé pour en savoir la vérité par sa bouche. Le prince demoura court ne muet, comme il n'eut onc faute de cœur ni de langue et hardiesse singulière, et usa de grandes défenses, voire telles que sa majesté avoit juste occasion de s'en contenter, et d'estimer que c'estoyent pures calomnies inventées par ses ennemis de Guise, lesquels il chargea grandement et ouvertement de plusieurs forfaits, et des causes qui les avoyent meus à le calomnier envers sa majesté, qui luy tourna depuis à plus grande vertu que s'il eust fait teste à ses ennemis, estant assisté des forces qu'il avoit mesprisées. Ce néantmoins pource qu'il avoit esté advisé et conclud avant leur arrivée, sa majesté commanda à Chauvigny, capitaine des gardes expressément envoyé là par ceux de Guise, de se saisir de sa personne : ce qu'il fit, et le mena prisonnier en une maison là prochaine : au devant de laquelle fut construit un fort de brique flanqué de canonières, et garny de pièces d'artillerie de campagne qui battoit en trois rues, et défendoit les advenues. Les feneistres de sa chambre furent aussi murées, et fut tenu le prince si estroitement que nul ne parloit à luy qu'un homme de chambre.

Le roy de Navarre, se sentant trop tard frustré de son attente, supplia le roy de luy tenir promesse, à savoir d'ouyr son frère en ses justifications, sans le tenir prisonnier, ou à tout le moins qu'on le luy baillast en garde, et qu'il en respondoit sur sa vie. Ce que sa majesté refusa. Voylà quelle fut la réception de ces princes. Et de vray la liberté du Navarrois n'estoit guères plus grande que celle de son frère, sinon qu'il avoit ceste espace d'aller de son logis qui luy fut baillé auprès de celuy du roy. Mais au reste nul n'osoit parler à luy ni de jour ni de nuict, s'il n'estoit de ses gens, et encore n'y en avoit-il guères d'autres que les serviteurs secrets de ceux de Guise. Car tous ceux qui luy estoyent loyaux s'estoyent absentez, hors mis un bien peu qui tindrent bon et se hazardèrent aussi avant que leur maistre, auquel sa garde fut ostée, et celle de ceux de Guise au contraire fut assise de jour et de nuict autour de sa maison, avec plusieurs espies qui suyvoyent pour regarder qui parleroit à luy.

De ceste mesme colère les seigneurs de Carouges et de Renouard, gentils-hommes de la chambre, eurent charge d'aller prendre prisonnière la dame de Roye sœur des sieurs de Chastillon, et belle mère du prince de Condé. La cause portée par la commission estoit qu'elle avoit certaine intelligence et participation des conspirations, entreprinses et séditions qui s'estoyent pratiquées et duroyent encore en ce royaume, et des autheurs et fauteurs d'icelles, desquels ledit Seigneur désirant savoir et entendre la vérité, pour pourvoir au danger qui en dépendoit, et chastier les coulpables autant que leur faute l'avoit mérité, ayant pour ceste cause sa majesté arresté (par l'advis d'aucuns bons et grands personnages de son conseil) de la prendre prisonnière, commandoit très-expressément aux dessudits, d'eux transporter en la maison de ladite dame la part qu'elle seroit, et de se saisir de sa personne pour la mener prisonnière à Saint-Germain en-Laye, afin d'avoir plus de lumière de ce que sa majesté désiroit savoir d'elle, et de la participation et intelligence qu'elle avoit eue pour les cas et crimes dessudits. Et surtout leur estoit enjoint de se saisir de tous les papiers qui se trouveroyent en sa possession, pour les luy envoyer fidèlement et diligemment. Il y avoit aussi mandement au capitaine du chasteau de Sainct-Germain-en-Laye de l'y recevoir prisonnière, et de la tenir en si estroite garde que nul ne parlast à elle fors que les juges que le roy y envoyeroit. Ce qui fut entièrement exécuté, ladite dame estant lors en sa maison d'Anisy en Picardie, là où lesdits Renouard et Carouges la furent trouver, et sans aucune forme ne figure de justice, fouillèrent par tous les lieux secrets de sa maison, visitèrent ses papiers, et usèrent en son endroit de tous les rudes traitemens dont ils se peurent adviser, sans avoir esgard à sa qualité, âge ni indisposition. Aussi estoyent-ils serviteurs très-affectionnez de ceux de Guise, et avoyent à singulier plaisir d'exécuter leur commandement à toute rigueur. C'estoit la cause pour laquelle ce Carouges avoit fait plusieurs allées et venues vers les princes en Béarn.

Ils envoyèrent aussi à Paris, et firent prendre un conseiller de parlement nommé la Haye, pource qu'il manioit les afaires du prince de Condé, et voulurent faire le semblable à Orléans de quelques autres ; mais ils se retirèrent de la presse.

En ce mesme temps si malheureux, arriva d'Italie en France madame Renée de France, fille du roy Louys XII, duchesse douairière de Ferrare, et belle mère du sieur duc de Guise, qui avoit tousjours favorisé la religion : et trouva fort mauvais l'emprisonnement des princes, prédisant à son gendre que mal luy en adviendroit, comme il fit depuis. Mais elle ne fut creüe, et falust qu'elle avallast ceste pilule à son arrivée.

Nous avons touché cy-dessus, comme Amaury Bouchard, chancelier du roy de Navarre, auroit escrit au roy et à ceux

de Guise contre le prince de Condé, et du bruit qui couroit
que luy-mesme s'estoit fait prendre : ce qui ne fut sans
grandes conjectures, d'autant que la commission pour ce
faire fut adressée à Jarnac, qui estoit aussi, comme nous
avons touché, son grand amy et familier.

Advint que Bouchard estant allé voisiner chez un gentilhomme, on luy apporta un gros pacquet, et luy dit tout
haut le porteur envoyé de Jarnac que son maistre le luy envoyoit avec ses affectueuses recommandations, l'advertissant
qu'il le verroit dans trois jours chez luy avec bonne compagnie. Surquoy le chancelier rougissant et pallissant,
comme aussi à l'ouverture du pacquet, luy manda qu'il
seroit très-bien venu, ce qui fut très-bien remarqué.
Bref, au jour assigné, Jarnac vient en sa maison après l'a-
voir derechef adverty de sa venue, le fait et le constitue
prisonnier, saisit ses papiers, et use en son endroit de
toutes les rudesses en apparence qu'on eust peu faire au
plus estrange homme du monde. Pourquoy faire il estoit
accompagné de deux compagnies de gensdarmes avec la
sienne, et sembloit qu'il deust avoir abandonné la maison
au pillage. Dequoy Bouchard se plaignoit grandement, appellant Jarnac traistre et meschant, le menaçant de s'en
venger, et luy faire trancher la teste. Voylà comme ceste
farce fut jouée, et ce chancelier conduit à Orléans en grande
compagnie, et de là envoyé à Melun, avec tous les autres
prisonniers qui avoyent esté amenez de Lyon, afin de leur
faire procès, et préparer contre le prince de Condé, duquel
on hastoit l'afaire en toute diligence.

Deux jours après l'arrivée du prince de Condé à Orléans,
le baillif Groslot fut pris prisonnier : et combien que le
bruit des autres fust trouvé merveilleusement estrange, et
que de tous costez on ne vist que calamitez préparées, tant
y a que cestuy-cy fut remarqué, ne say autrement pour-

quoy, sinon que les uns avoyent compassion de son mal, le
connoissant homme vertueux, amateur du bien et repos
public, ennemy de la tyrannie, des factions et entreprinses
turbulentes, comme aussi esloigné de toute ambition :
chose rare de ce temps ès hommes constituez en telles dignitez : ce qu'on louoit doublement en luy, à cause que sa
dextérité aux deux robbes luy promettoit de fort grands
avancemens aux honneurs, s'il les eust voulu cercher et
prendre party. Les autres préoccupez de ce qu'on luy mettoit sus, pour donner couleur à sa mort et confiscation prétendue, excusoyent ceux de Guise, lesquels par gens apos-
tez abruvoyent le simple peuple du crime de lèse majesté
supposé à tous les prisonniers, et autres qui ne vouloyent
ployer soubs le joug. Et pource qu'on a parlé diversement de
la cause de l'emprisonnement de Groslot et des procédures
tenues contre luy, et que cela touchoit le faict de plusieurs
autres qui estoyent remarquez, j'ay pensé que ce seroit
chose digne de mémoire pour la postérité, d'entrejeter icy
ce qui en est la vérité, afin qu'on connoisse le péril éminent où lors estoyent tombez toutes gens de bien.

Le père de Groslot ayant receu cest honneur d'estre
chancelier de la feue royne de Navarre Margueritte de
France, son fils nourry ès bonnes lettres et doué d'autres
grands dons, se monstra tousjours affectionné au service de
ceste maison, selon son devoir. Toutesfois après la mort de
ladite royne, sans aspirer à l'entreprinse des afaires ordinaires d'icelle, il se contenta de l'exercice de son estat de
baillif d'Orléans, et d'y vaquer en toute droiture et ron-
deur. Cela ne pouvoit plaire à ceux qui désiroyent sur tout
que les principaux des grandes villes fussent à leur dévotion : mais ce qui leur fit coucher ce personnage des premiers en leurs papiers, fut le rapport ordinaire de leurs
serviteurs secrets, qu'il estoit la sauvegarde des assemblées

des huguenots ; et que de fraische mémoire ils s'estoyent imprimé en leur fantaisie, qu'il avoit eu intelligence avec ceux de l'entreprinse d'Amboyse, à cause que les princes, desquels Groslot estoit serviteur, en estoyent par eux accusez. Le cardinal en avoit souventesfois fait ouverte déclaration par ses propos tenus en divers lieux et temps, notamment au mois de juin précédent, quand ledit baillif et les échevins avoyent esté appelez à Sainct-Germain-en-Laye. Car estant admis au cabinet du roy, après les remonstrances faites par le chancelier de l'Hospital sur la négligence et connivence dont ils usoyent à la recerche des huguenots, le roy dit fort félonnement au baillif (qui avoit eu commandement, et tous ses compagnons aussi, de se tenir tousjours à genoux) qu'il eust à y faire mieux son devoir qu'il n'avoit fait par le passé. Surquoy ayant ledit seigneur roy oublié la leçon qui luy avoit esté recordée, le cardinal luy soufla ces propres mots en l'aureille, lesquels puis après il prononça en besgayant : ou je vous chastieray de telle sorte, que les autres y prendront exemple.

Estant donc ceux de Guise ainsi affectionnez contre le baillif, il ne faut s'esbahir s'ils avoyent envie de sa teste, laquelle nuisoit aussi à ceux qui estoyent affamez de sa despouille desja mise au sort, comme il a esté dit : de sorte qu'il n'y avoit faute de diligens solliciteurs, pour ramentevoir qu'il estoit des premiers au rolle. Toutes ces choses, dy-je, estoyent bien connues et remarquées par le baillif, lequel savoit, pour certain, que la malice et félonnie de ses adversaires estoit d'autant plus accreue, qu'ils s'estoyent eslevez en crédit et authorité joincte avec les forces qu'ils avoyent aprestées, pour l'exécution de leurs secrettes pratiques et menées. Mais au lieu de s'absenter et se soustraire de leurs mains (ce qui luy eust esté aisé), Dieu luy inspira non-seulement de demeurer, ains, en telle perplexité d'esprit de s'entremettre du fait de sa charge à la manière acoustumée, et de faict il alla au-devant de sa majesté, quand il fit son entrée, délibéré de luy remonstrer l'obéissance de son peuple d'Orléans, et de le défendre des calomnies de rebellion dont on le chargeoit. Mais un homme inconnu (atiltré toutes fois) le voyant marcher d'une grande hardiesse et asseurance, s'escria lors qu'il montoit sur l'eschaffaut du roy : Voylà le capitaine des huguenots ! Ce qui l'esmeut de telle sorte, avec la contenance furieuse du roy, qui commença de le regarder d'un œil félon, qu'il ne fut possible au baillif de faire sa harangue telle qu'il avoit projettée.

De ceste occasion le cardinal tira un notable stratagème, duquel il se servit bien à poinct en ceste afaire, et en deux façons toutes contraires. Car l'estonnement du baillif aperceu, il donna lieu de faire croistre le cœur au roy, luy mettant en avant l'obéissance qu'il se devoit promettre en tous les lieux de son royaume où il voudroit aller, puis que cest homme, autrement des plus accorts et asseurez, s'estoit effrayé de sa présence : de la suffisance duquel il rendit lors et ailleurs assez bon tesmoignage, afin que le roy et autres peu rusez estant par ce tesmoignage esloignez de tout soupçon de sa mauvaise volonté, il semblast puis après, faisant faire procès à Groslot, qu'il n'estoit mené que d'une saincte affection de justice.

D'autre part, il fit une menée par sous terre envers leurs majestez, et courir un bruit sourd par gens atiltrez, que le silence et l'estonnement du baillif le convainquoyent manifestement du crime de lèse majesté dont il estoit soupçonné, faisant estat que ceste seule conjecture donneroit lustre suffisant à son entreprinse, qu'il advisa de coulourer de quelques procédures accoustumées de justice. Et pour cest effect choisit des juges de la conscience desquels il se tenoit du tout asseuré. Il print donc pour l'instruction du procès d'Avanson, comme celuy qu'il tenoit le plus fidèle à son service, le plus ignorant et effronté, et qui avoit moins d'occasion de retarder le cours de ceste matière, pour le peu de sentiment que ce juge avoit de Dieu et de l'honneur. La partie ainsi dressée, d'Avanson commença à tirer les premiers coups par le moyen du curé de saincte Paterne, et du vicaire de saincte Catherine, secondez de quelques marchands, désireux d'estre connus zélateurs de l'Eglise romaine. Et ce qui les rendoit d'autant plus convoiteux de ceste gloire, fut que par ce moyen ils se voyoyent bonnetez : ce qui les fit en fin devenir factieux, jusques à cercher la ruine de leur propre patrie. Et de fait desjà auparavant ils avoyent pris une telle habitude à entreprendre légèrement et témérairement toutes choses, que pour leurs vies et fautes secrètes ils redoutoyent le baillif, pource qu'il s'opposoit ordinairement à leur audace, rompant le col à leurs pernicieuses menées : à raison de quoy ils s'estoyent tous ensemble rendus ses ennemis mortels, s'asseurant, luy desarçonné, que toutes choses seroyent gouvernées à leur poste. Les plus malins d'entre eux estoyent pour lors Jaques Aleaume, Jacques l'Huillier, Leborgne, l'Allemant, et Jaquet Masnet : lesquels pensant avoir trouvé propre et asseuré moyen d'opprimer ce baillif, n'espargnèrent rien à suborner des faux tesmoins. D'Avanson avoit trois chefs d'accusations capitales, sur lesquels il cerchoit tesmoins en toute diligence, comment qu'il en fust. Le premier estoit, si le baillif n'avoit pas délibéré de livrer la ville d'Orléans au roy de Navarre qui venoit. Le second, s'il avoit pas eu quelque intelligence de l'entreprinse d'Amboyse. Le troisiesme, s'il s'estoit pas trouvé à une assemblée qui s'estoit faite de nuict dans le grand Cimetière.

Les deux premiers chefs estoyent maniez plus secrètement, mais tant y a qu'on les prétendoit prouver pour tousjours charger sur la malle des princes. Ne pouvant rien descouvrir de cela, ils mettoyent en besoigne toutes sortes de gens, pour un quatriesme chef d'accusation, qui estoit présenté à ceux que l'on vouloit instruire en leurs dépositions, sous tels termes : Si la connivence et négligence du baillif à la recerche des huguenots, n'estoit pas cause qu'ils estoyent en si grand nombre à Orléans. De ceci parlèrent toutes sortes de gens plus ou moins pertinemment, selon l'esprit qu'ils avoyent pour retenir l'instruction que leur donnoyent lesdits curé et vicaire, ausquels tout ouvertement les renvoyoit d'Avanson, disant : Mon amy, avez-vous parlé à monsieur le curé de saincte Paterne? S'ils respondoyent, Non : Allez, mon amy, allez à luy, faites ce qu'il vous dira, c'est un homme de bien.

En ces entrefaites passèrent quelques jours, durant lesquels se faisoyent les apprests pour la réception du prince de Condé qu'on attendoit de jour en jour avec le roy de Navarre, après l'emprisonnement duquel leur dessein estoit de commencer besongne, laissant jusques en ce temps-là ceux qui estoyent remorquez à la mort, en liberté servile, comme pour tendre aux larrons, ainsi qu'on dit. Ils avoyent aussi conclud de tenir pour convaincus de la rébellion prétendue ceux qui s'advanceront d'aller au-devant de ces seigneurs, afin que ceste couleur donnast lieu à leurs captures, ayant présupposé que l'amour que ceux appeloient les séditieux et conspirateurs portoyent aux princes, ne faudroit à les pousser de les aller recueillir, de sorte qu'il seroit aisé de les remarquer : mais ceste ruse fut tellement esventée que personne ne voulut hazarder sa vie pour leur faire un si dommageable service. Ainsi ce dessein n'ayant rencontré à l'endroit de Groslot, on ne laissa deux jours après de l'arrester prisonnier en sa maison, avec gardes, outre le guet que faisoit sur lui le mareschal de Brissac, qui s'estoit allé emparer de sa maison nommée l'Isle, de laquelle et de tout ce qui y estoit, il faisoit desjà estat, partageant avec le sieur de Cipierre, comme on le descouvrit à ses propos. Mais cela fut plus esventé quand son secrétaire Boyvin osa dire à la damoiselle femme d'iceluy, que si on en parloit à son maistre, comme il seroit besoin (ce qu'il interprétoit l'argent au poing), les afaires du baillif s'en pourroyent mieux porter. Mais quand on s'apperceut qu'on ne vouloit rien desbourser, huit jours après on luy rechangea ses gardes, le mettant entre les mains de Pachaut, l'un des lieutenants du prévost de l'hostel, qui le mena en son logis bien estroitement gardé. Ce qui fut trouvé estrange. Car le cardinal avoit commandé de le mettre en une tour de la ville qu'on appelle la Tour-Neufve, laquelle il avoit fait remparer et renforcer de barreaux.

Quelques jours après il fut interrogué par ses commissaires et à divers jours, durant lesquels, selon la contenance qu'il avoit tenue, fust qu'il se monstrast patient en son affliction ou autrement, le bruit couroit aux tables des courtisans, ou qu'il se sentoit convaincu, ou qu'il estoit trop résolu et asseuré. Bref, il ne disoit ni faisoit chose que ils ne tirassent à la mauvaise part. Cela fait, on passa à la confrontation des tesmoins, la vie desquels cognue par le baillif et bien dépeinte, les estonna autant et plus que les termes esquels leur déposition estoit couchée, non jamais entendue de la plus part d'eux. Bref, la surprise de ceux qui estoyent confrontez, voire leur desdite manifeste ne les rendoyent que trop reprochables, si d'Avanson eust donné lieu aux reproches suffisans, et n'eust maintenu tels garnemens, comme il faisoit ouvertement, les asseurant en leur estonnement et tremblement, jusques à leur servir de trucheman, et à les desvelopper de leurs embrouillemens, pour

les ramener à leurs premières instructions, en leur donnant
autant de licence et audace pour vomir leur venin contre le
baillif, comme iniquement il luy interdisoit d'user de re-
pliques.

Or d'autant que d'Avanson ne trouvoit matière si bien
préparée contre le baillif, comme ceux de Guise eussent bien
désiré, et désiroit semblablement accrocher en ce négoce la
chancelière d'Alençon sa mère, la damoiselle des Marais sa
belle mère, et aussi sa femme, qui toutes possédoyent de
grands biens : ils atiltrèrent, comme on présupposoit par
conjectures, un certain soldat, lequel en plein marché demanda à une troupe de femmes le logis du baillif d'Orléans,
et s'il y avoit d'aucunes d'elles qui l'y peust conduire.
Et comme une se fust présentée, il l'enquist si elle le pourroit mener droit à la chambre de la damoiselle femme du
baillif. Ce qu'elle refusant de faire, il se contenta qu'elle
luy gardast une chandelle de suif d'une grosseur excessive,
l'advertissant que personne ou beste n'y touchast sur peine
de la vie. Cela fait elle le conduisit jusques à la maison, où
il trouva la mère et la femme du baillif, et les ayant priées
de parler à elles en particulier, dit qu'il avoit sceu à Bloys
l'injure que l'on faisoit à monsieur le baillif Groslot, et
l'indignité du tort que l'on sentoit estre fait aux gens de
bien, et la nécessité dont les petits compagnons se sentoyent pressez estoyent deux grans aiguillons à hazarder la
vie. Partant que si elles voyoyent que l'afaire du baillif n'allast bien, elles luy fissent savoir. Contre telle ruse, Dieu
leur mit en la bouche ceste response, qu'elles le remer-
cioyent, et s'il avoit volonté de leur faire quelque plaisir,
elles désireroyent savoir qui il estoit pour luy en savoir gré.
Sur quoy il respondit : Je suis qui suis. Au reste, elles vindrent à dire que touchant l'afaire dont il parloit, elles espéroyent tant de la bonté de Dieu, qu'il seroit défenseur de

5

l'innocent. Sur quoy le galand se retira sans plus retourner : mais elles estoyent souvent tentées par des courtisans de semblables propos. Voylà en somme les procédures que l'on avoit délibéré de tenir envers tous ceux ausquels on en vouloit.

Outre tout ce que dessus, ceux de Guise avoyent donné un merveilleux ordre de rendre tous les estrangers, voire jusqu'au curé mesme, exécuteurs de leurs desseins par les moyens suyvans.

Entre les moyenneurs de la paix d'entre la France et l'Espagnol, de la part du roy, le cardinal de Lorraine en estoit un, auquel l'Espagnol avoit baillé pour contre-poids le cardinal Granvelle homme d'esprit, et qui pour sa longue expérience ès afaires d'estat estoit encore plus rusé que le cardinal de Lorraine : duquel Granvelle cognoissoit l'humeur, ayant pesché si avant en ses entrailles, que jamais anatomie ne fut mieux faite. Pour le faire court, Granvelle luy remonstra les guerres avoir esté nourricières des hérétiques, en sorte que la France en estoit presque du tout gastée, voire jusques aux plus grands princes, qui espioyent, disoit-il, la couronne par ce moyen, à laquelle ils pourroyent parvenir aisément à l'aide et faveur des protestans, comme il avoit naguères descouvert. Le cardinal de Lorraine se sentant piqué au vif par ce propos, ne sceut dissimuler à Granvelle ce qu'il savoit de quelques offres faites au roy Henry lors vivant par les princes protestans, et des allées et venues sur ce faites entre le roy de Navarre et eux : en sorte qu'il creut tant plus aisément que s'il estoit prévenu, nonseulement ses desseins seroyent rompus, mais aussi sa maison ruinée. Parquoy, voyci l'un des fondemens de la paix, à savoir que leurs maistres estoyent si égaux en puissance, que malaisement l'un pourroit-il ruiner l'autre, sans estre si fort afoibly qu'un tiers en auroit bon marché, et que partant il faloit nécessairement les accorder ensemble, de sorte qu'ils n'eussent plus occasion de s'entre rien quereller, mais qu'avec leurs vives forces ils courussent sus ces évangéliques, pour se récompenser de leurs pertes, faisant premièrement mourir tous ceux de leur secte qui seroyent sous l'obéissance de ces deux roys, sans espargner ni petit ni grand. Et ce qui donna plus de goust à la noix, ce fut que Granvelle dit au cardinal de Lorraine qu'il ne cognoissoit chevalier ne capitaine au monde tant honoré et respecté, ni plus digne de ceste charge que le duc de Guise son frère. Voylà, dy-je, les promesses qui furent faites et jurées entre ces deux bons piliers d'église, avant que de venir à aucun accord de la paix, à savoir que les deux princes employeroyent toutes leurs forces et puissance à restablir le siége romain, et à exterminer les hérétiques qui contredisoyent à sa hiérarchie, sans espargner frère, sœur, enfant, parent ni amy. Mais la mort intervenue de Henry rompit tous ces desseins.

Depuis, ceux de Guise cerchant ordinairement à renouer ce fait, n'eurent faute de coadjuteurs. Car les ambassadeurs d'Espagne et du pape crioyent sans cesse après le roy François et son conseil, pour acomplir les promesses de Henry son père contre les hérétiques. Leurs maistres aussi en escrivoyent souvent à la sollicitation de ceux de Guise, y entremeslant des menaces. Et aussi par cest artifice la persécution recommença telle que vous avez entendue : mais quand ils cognurent le danger duquel ils estoyent eschappez à Amboyse, craignant qu'en fin le hazard tombast sur leur teste, ils résolurent d'exécuter leur plus haute entreprinse sans plus tarder. Et pour autant qu'elle n'estoit sans difficulté, pour les murmures qui commençoyent à sourdre à l'encontre d'eux, ils voulurent s'asseurer des princes estrangers et allèrent au-devant par derrière.

Ils firent donc croire au roy d'Espagne, qui jà n'estoit que trop aisé à persuader, comme le roy de Navarre et le prince de Condé, sous ombre de quereller le gouvernement du royaume durant la minorité du roy, s'en vouloyent emparer, et faire mourir ledit sieur roy et ses frères, pour venger la vieille querrelle de Bourbon, en quoy ils estoyent soustenus et aidez des hérétiques de France, de la royne d'Angleterre, des Allemans protestans et Suisses évangéliques, sous la promesse de prendre et faire recevoir leur religion au royaume, et puis après de régler de mesme le reste de la chrestienté. Semblablement, qu'il y avoit alliance et ligue pour venger les outrages qu'avoyent receus les Allemans par Charles cinquiesme empereur son père. Et que quand bien toutes ces choses cesseroyent, il devoit considérer, s'il souffroit seulement ces princes entrer au maniement des afaires, que c'estoit chose tres asseurée, qu'outre la ruine de la religion catholique romaine, il ne jouyroit guères de la paix : d'autant que le Navarrois n'y estoit nullement compris, et qu'il tascheroit avec les forces du royaume, de recouvrer le royaume de Navarre sur luy, et, qui plus est, qu'il ne faudroit d'entreprendre sur ses bas pays, où il avoit grande intelligence par le moyen de ceux de la religion nouvelle qui luy promettoyent rendre les principalles villes, en leur promettant de les délivrer de servitude, et leur donner pleine liberté en leur religion. Mais s'il plaisoit audit sieur roy d'Espagne les maintenir et favoriser en leur gouvernement, ils ne le garantiroyent pas seulement de tous ces dangers, mais aussi accompliroyent les promesses du feu roy Henry en toute fidélité. Surquoy ils eurent bonne résolution, à cela les conduisant Granvelle, qui ne demandoit que de faire bresche au royaume, et d'y voir une guerre civile, pour y donner entrée à son maistre. Voylà comme à un mesme arc servoyent plusieurs cordes.

Ils remonstrèrent au pape que les hérétiques n'avoyent autre appuy en France que des princes du sang, et que partant s'ils n'estoyent retenus, on verroit bientost la France se retirer de son obéissance, veuë son intelligence avec les apostats de l'Église romaine. Ce qui l'induit facilement à promettre tout secours et faveur à luy possibles, et à employer son crédit envers tous les potentats d'Italie, l'empereur Ferdinand, les princes papistes et evesques d'Allemaigne.

En ceste meslée, le duc de Savoye estoit en bransle de se fourrer des plus avant, estimant que peut estre ce seroit le moyen de rentrer en ses terres, occupées par les Bernois : joint qu'il avoit un extrême désir de se rendre seigneur de la ville de Genève, sur laquelle on rejettoit la cause de touttes les mesadventures de feu son père et de luy. Et de vray il se sceut de sa part si dextrement comporter avec les cantons catholiques appelez Landers, ennemis jurez de la religion, ayant flairé les promesses de ceux de Guise par le moyen du colonel Freulich, que s'ils n'eussent finalement apperceu le mal qui proviendroit de la désunion de leur nation, la ligue ancienne des cantons estoit en danger d'estre rompue.

Somme, la maison de Guise avoit tellement meslé les cartes par toute l'Europe, qu'ils tenoyent ceux de la religion pour ruinez, et le royaume du tout à leur dévotion par conséquent, puis que le seul empeschement procédoit d'iceux.

Et à ce que l'Espagnol n'eust aucun empeschement du costé du Turc, qui sembloit le menacer pendant ces exploits, s'il désemparoit ses forces, on envoya exprès à Constantinople devers luy pour accuser les princes du sang de trahison et desloyauté, comme ceux qui avoyent conspiré avec certaines gens d'une nouvelle religion, qui ne recognoissoit nuls magistrats ni supérioritez, pour mettre à mort le roy et ses frères, le suppliant pendant qu'on seroit empesché à réprimer leur audace de rien innover ni entreprendre du costé d'Italie et d'Espagne. Et ce en considération de l'ancienne amitié, alliance et confédération qui estoit entre luy et les prédécesseurs roys, les enfans desquels n'avoyent rien plus cher que de continuer les alliances, et luy rendre tour d'amis et voisins. Dequoy ils eurent si bonne response, que le duc de Guise se desborda, jusques à dire par plusieurs fois qu'en tout événement il aimeroit mieux le royaume tomber en la puissance du Turc, et demourer sous sa domination, que de voir la doctrine des luthériens et hérétiques, qu'il appeloit, y estre receuë.

Voylà, dy-je, la grande et haute entreprinse qu'ils avoyent à exécuter. Mais quand ils cognurent que rien ne remuoit du costé de ceux de la religion, et qu'avec la perte de leurs chefs ils avoyent (comme ils cuidoyent) aussi perdu tout cœur et courage, ils ne doutèrent plus de leurs afaires : qui leur fut une bonne et grande occasion de mander à l'Espagnol qu'il ne luy estoit besoin de se haster, et que pendant l'hyver ils espéroyent avoir tellement nettoyé la France, qu'au printemps ils pourroyent aller tous ensemble faire ronfler les truittes du lac de Genève, et visiter les bons compagnons, parlant ainsi par mespris des Allemans et Suisses.

Ceux de la religion cependant, ayant perdu toute espérance, comme nous avons dit, du costé des princes, advisèrent entre eux quels moyens on tiendroit pour empescher la mauvaise volonté de ceux de Guise, et pourtant eurent leur refuge dernier à l'ancienne authorité des estats. Et d'autant qu'il n'estoit loisible de parler ni mettre en doute le gouvernement de ceux de Guise, sans estre puny comme séditieux et rebelle, voire comme criminel de lèse majesté,

(ce qui les mettoit en grande perplexité) finalement après
la convocation des estats particuliers publiée, plusieurs
bons et notables personnages, discourant les misères de nostre temps, résolurent, avant que de mourir, de rendre leur
devoir au roy leur prince et souverain seigneur, et à leur
partie, proposant en pleine assemblée et en toute liberté,
ce que ils pensoyent pour la gloire de Dieu et la tranquillité du royaume qu'ils désiroyent voir bien policé.

Entre autres, Jean Bazin, procureur du roy en la prévosté
de Bloys, se prépara, non comme personne publique, mais
comme privée. Ce que venu aux aureilles d'une bonne et
grande partie des bourgeois et habitans de ceste ville-là, il
fut par eux prié de prendre charge de parler pour le tiers
estat, et proposer tout ce qui luy sembleroit nécessaire. Ce
qu'ayant accepté, le 4 d'octobre audit an 1559, il se trans-
porta en la maison de ville, où le conseil des juges, eschevins et autres, estoit assemblé pour ce fait.

Or, il convient présupposer que ceux de la maison de
Guise avoyent donné ordre en envoyant les commissions
particulières pour l'assemblée desdits estats, d'advertir
tous leurs amis de s'y trouver, et aux juges d'empescher
que rien n'y fust proposé contre leur authorité et celle de
l'Église, et sur tout que nul ne fust député pour aller aux
Estats Généraux, duquel ils n'eussent bon et asseuré tesmoignage de sa religion catholique romaine, afin que ceste
assemblée ne fust aucunement bigarrée, et que le roy les
peust voir de meilleur œil. Notamment ils vouloyent que
ceux de leur faction fussent préférez, et que l'on prist bien
garde que nul de ces séditieux et rebelles huguenots ne fust
escouté, afin que le repos public n'en fust troublé. Que si
aucun se parforçoit de passer outre, ils vouloyent qu'on les
en advertit incontinent pour y pourvoir. Voylà l'instruction que l'on envoyoit aux amis. Et pour le regard des lieux

desquels ils n'estoyent asseurez, avec tels mandemens on y envoyoit des gentils-hommes et seigneurs d'authorité, qui avoyent charge expresse de présider ès assemblées particulières, afin, disoit leur mandement, que toutes choses allassent par ordre : toutefois ils ne peurent estre de si près voyant, qu'on ne remuast de terribles matières.

Bazin donques estant entré en la maison de ville à Bloys, ainsi qu'il commençoit sa proposition, ceux du commun peuple le suyvirent, demandant d'estre présens à ce qu'il prononceroit, et s'efforcèrent de rompre la porte pour le refus qu'on faisoit de les y recevoir. Sur quoy les députez vaincus d'impunité par la multitude, ayant ouy entièrement Bazin en ses remonstrances, ne laissèrent de luy assigner une heure après midy pour se trouver en la salle de ville, et là redire publiquement ce qu'il avoit jà proposé. Et ce faisoyent-ils principalement pour savoir s'il y en avoit beaucoup de son opinion. Bazin y obéyt volontairement : et lors estant eslevé en public en la présence de plus de quinze cens personnes, mit en avant les matières qu'il avoit alléguées le matin, sans rien changer ne diminuer : ce qui fut aussi tost divulgué par tout le royaume, en sorte que ce resveille-matin fit ouvrir les yeux, et desboucher les aureilles à plusieurs notables personnages, qui envoyèrent quérir ces remonstrances, pour prendre ceste route, lesquelles j'eusse volontiers insérées en ce lieu, si j'en eusse peu recouvrer la copie.

Estant icelles prononcées par Bazin, elles furent grandement louées et advouées de toute l'assistance. Or combien que la plus part des juges estant aux estudes eussent eu connoissance des abus du clergé, et à ceste occasion receu la doctrine de l'Évangile, les uns ouvertement, et les autres entre leurs familiers et compagnons d'escole, déplorant la condition de l'Église romaine, et soussignant à ceux qui s'estoyent ostez de telle servitude, si est-ce qu'eslevez en tels offices par voyes obliques, et (comme ceste playe est universelle par toute la France) ayant ainsi gauchy leurs consciences, ils s'oublièrent de telle sorte que se rendant esclaves de ceux de Guise par ce qu'ils avoyent la vogue près du roy, ils se rendirent non-seulement adversaires, mais aussi persécuteurs ouverts de ceux desquels il avoyent tenu la doctrine. Par ainsi ayant sceu les secrets desseins par le moyen du sieur d'Alluyé, et que ceux de Guise avoyent principalement consenti à ceste convocation d'estats, et à leur promettre de proposer librement leur advis, afin de descouvrir plus clairement tous ceux de la religion, et en général ceux qui demandoyent une réformation de l'estat : ils s'estudièrent de les servir et complaire en tout leur possible, voire avec telle confidence de venir à bout de leurs entreprinses, que ne feignant de tout descouvrir, ils appeloyent ouvertement les lettres patentes du roy pour la convocation des estats, la souricière pour tendre aux fols qu'on vouloit attraper, en quoy Dieu monstra puis après qu'il sait renverser le conseil des malins par leurs propres inventions.

Pour retourner à mon propos, le lendemain de ceste proposition, Bazin est mandé par le baillif de Bloys, homme réputé ignorant et de perverse nature s'il en fut onques, pour se trouver en la chambre du conseil où assistoyent avec luy son fils le président de ce siége, et autres juges. Au lieu plus éminent estoit Claude Robertet, seigneur d'Alluyé, serviteur très-affectionné de ceux de Guise, et là envoyé pour l'effect qu'avons entendu. Aussi désiroit-il par quelque bon service reconnoistre le bien receu par son fils, colloqué par eux en la dignité de secrétaire d'estat, à prix d'argent toutesfois tombé en leur escuelle. Là plusieurs interrogatoires furent faits à Bazin, pour tant mieux savoir

de luy la cause de sa légation, et les principaux qui l'a-
voyent mis en besongne, où il sembloit bien que tacite-
ment on y voulust embrouiller les princes du sang, enquoy
se voyant ne rien profiter, ils recoururent aux menaces et
intimidations. Il respondit qu'il ne pouvoit estre en coulpe
de cest acte, d'autant que les lettres du roy ne se pouvoyent dissimuler, et que ce qu'il avoit dit n'estoit que
mémoires que luy avoyent baillez ceux du tiers estat, qui
aussi l'avoyent advoué, comme il justifieroit par ses actes
qu'il en avoit signez. Que s'ils y trouvoyent faute, elle devoit estre imputée à eux députez, qui l'ayant ouy à part au
matin, ne le devoyent remettre à l'apresdinée, et y assigner le peuple, s'ils y sentoyent rien de mauvais. Sur cela
interrogué par le président que c'estoit peuple, Bazin respond, *Bestia multorum capitum*, dont vous estes l'un,
monsieur le président. Bazin puis après, nommant quelques-uns qui avoyent ratifié ses mémoires, le président
maintint qu'on ne les devoit recevoir d'eux, attendu qu'ils
n'estoyent pas bourgeois, pource, disoit-il, que les maisons où ils habitent ne sont pas à eux. L'ayant alors fait
sortir, Jaques Daguier, procureur du roy au bailliage, requist qu'il fust arresté prisonnier : mais ils ne l'osèrent
faire, de peur d'offenser le peuple. Parquoy leur résolution
fut d'en advertir le cardinal et leur envoyer sa harangue.
Ce qu'ils firent en toute diligence, et cependant ils luy si-
gnifièrent quelques défenses, dont il appella. Le cardinal
adverti de ce fait, combien qu'il n'y eust rien qui le deust
offenser, et qu'on n'eust en rien touché à son gouvernement, tant y a qu'il ne laissa croupir ceste afaire, estimant
avoir trouvé assez d'occasion de chastier Bazin, et par son
exemple intimider tous les autres. Parquoy le vingt uniesme
d'octobre arriva le jeune Villegomblain de leur nourriture,
avec commission du roy, qui estoit lors à Orléans comme

dit a esté, pour se saisir de la personne de Bazin. Dequoy adverty, évada miraculeusement, et à la veue de ses ennemis, lesquels avoyent délibéré de triompher de luy, spécialement le baillif qui s'estoit persuadé la harangue apartenir à luy seul, combien que nul de ses compagnons n'en fust exempt.

Ceste retraite ne fut sans très-grand danger, à cause des aguets mis après luy, comme aussi elle porta merveilleux ennuy à ses ennemis : et fut le cardinal transporté jusques là, de reprocher à Villegomblain, l'un de ses plus intimes et fidèles serviteurs, qu'il avoit trahi le roy. Ainsi parloitil de tous ceux qui n'accomplissoyent ses commandemens. Car quand le commandement vous fut donné, disoit-il, il n'y avoit que la royne mère, monseigneur de Guise mon frère, de Laubespine et moy : nul d'eux ne l'a dit. Il faut donc que vous, Villegomblain, l'avez descouvert. Sur quoy s'excusant, il promit et jura de le luy amener vif ou mort. Et de fait estant retourné à Bloys, il promit un estat de douze cens escus à qui le luy livreroit. Depuis les amis de Bazin cerchèrent d'appaiser le cardinal. Sa response fut, que s'il le tenoit, il luy feroit tant allonger les esguillettes, qu'il luy donneroit nouvelles de ce qu'il demandoit.

Finalement, les juges de Bloys voyant ceste poursuite affectée du cardinal, décrettèrent sur certaines informations qu'ils avoyent faites de ses remonstrances, et procédèrent par defaux et annotations de ses biens. Mais pour cela ils ne peurent tant faire que le cardinal en plein conseil privé ne les menaçast de leurs vies, pour deux raisons : l'une, pour n'avoir arresté Bazin prisonnier lors de sa proposition, et qu'il fut par eux mandé; l'autre, pour ne l'avoir fait espier et donné ordre qu'il n'évadast : qui fut cause qu'à leur retour, pour aucunement contenter ledit cardinal, ils firent recoler tesmoins, espérant le faire exé-

cuter en effigie. Mais la mort du roy survint, avec laquelle
les troubles furent ensevelis ainsi qu'il sera veu.

Le cardinal d'autre costé, sachant que le pays d'Anjou estoit fort advancé à l'Évangile, et principalement la noblesse,
ne faillit d'advertir ses amis pour y brouiller les cartes : lesquels au jour assigné à Angers se trouvèrent au lieu où les
gentils-hommes estoient assemblez. Là Charles Dalbiac, dit
du Plessis, ministre qui s'estoit retiré de Tours à cause de
la lettre escrite à la royne mère tost après l'entreprinse d'Amboyse, eut charge de la pluspart de la compagnie de proposer ce qu'ils luy avoyent donné en charge. Ayant eu audience à grande difficulté, fit une longue narrative et
entière confession de leur foy : puis entra en la défense des
calomnies desquelles on chargeoit ceux qui faisoient profession de la pure religion chrestienne, et de là vint aux
abus de l'Église romaine, monstrant comme elle avoit en-
sorcelé toute la chrestienté : et concluant à la réformation du clergé, et qu'il pleust au roy leur ottroyer estat
paisible et temples pour l'exercice de leur religion, jusques à la détermination d'un sainct et libre concile.
Ceste harangue ne fut moins admirée par l'assistance, pour
avoir esté ornée d'une infinité de tesmoignages des saintes
escritures et docteurs anciens, que desplaisante au party
contraire. Voire mesme le juge le Rat, qui s'estoit tousjours
monstré ennemy de ceste doctrine, déclaira tout publiquement n'avoir jamais veu ni entendu homme si docte, et le
pria de luy bailler sa remonstrance par escrit, afin de l'envoyer au roy. Mais ceste compagnie esguillonnée, par certains esprits passionnez, ne se départit sans murmure, et
furent bien près d'en venir aux prises : ce qui fust indubitablement advenu, si le party de Guise eust esté le plus
fort, et si la prudence du ministre n'eust retenu ceux qui
l'avoyent mis en besongne, qui n'eussent peu sans cela

bonnement endurer les paroles injurieuses de leurs adversaires, dont s'ensuyvirent après plusieurs grandes extor-
sions. Car le duc de Montpensier y fut envoyé par ceux de
Guise, d'autant qu'il estoit sur tous autres princes et seigneurs françois bandé contre ceux de la religion : de sorte
que les gens de guerre qu'il y mena après la prise de ses
cousins, ruinèrent beaucoup de chasteaux et maisons de
gentils-hommes, pillant et saccageant tous ceux qui estoyent soupçonnez de la religion.

Avant que cecy advinst et le lendemain de l'assemblée
des nobles, le tiers estat esleut François Grimaudet, advocat du roy à Angers, pour parler pour eux, lequel proposa
ce que s'ensuit de mot à mot.

«Messieurs, ceux qui ont parlé du gouvernement des citez,
en ont fait trois espèces : l'une qu'ils nomment démocratie,
c'est-à-dire le gouvernement que le peuple a de soy, sans
avoir autres gouverneurs fors les officiers par luy establis ;
l'autre est aristocratie, qui n'est autre chose qu'administration des nobles plus riches et plus sages de la république ;
la troisiesme est monarchie, c'est-à-dire gouvernement
d'un prince, au commandement duquel obéist le peuple.
En la comparaison des trois, Platon et Aristote jugent la
monarchie la plus digne, parce que pluralité de puissances,
comme elle est en démocratie et aristocratie, engendre
factions et séditions, et le plus souvent fond et périt par
guerres civiles. Nous sont pour exemples les ruines des républiques des Romains et des Grecs. Nostre royaume de
France depuis le règne de Mérovée, qui commença environ
l'an quatre cent cinquante-huit, a toujours esté régi par
monarchie : et par le grand nombre des preux, vertueux
et vaillans roys décédez, nous est enseigné combien monarchie excelle par-dessus et aristocratie et démocratie. L'ame
de ceste monarchie, c'est le prince, vraye image de Dieu,

la puissance duquel est fortifiée et supportée par justice :
par laquelle nous entendons, non une partie de vertu, mais
avec Aristote une vertu parfaite, comprenant en soy toutes
autres vertus : la fin de laquelle est, rendre à chacun ce
qui luy appartient. Ce que le prince ne peut faire, sans soy
communiquer à ses sujets, pour entendre d'eux leurs requestes, demandes et doléances, à ce que sur icelles il leur
départe justice, selon la nécessité des afaires qui se présen-
teront : et aussi à ce qu'il ordonne ce qu'il trouvera estre
profitable au public. La forme ancienne des roys de France,
de se communiquer à leurs sujets, a esté de convoquer tous
les ordres du royaume en tels lieux qu'il leur a pleu commander. Telles convocations ont esté appellées tenues des
Estats, lesquels ont esté de si grande authorité, que
les plus hauts faits du royaume ont esté traitez par eux, délibérez et conclus : et mesme l'authorité de Régent du
royaume, lors qu'il a esté question du gouvernement d'i-
celuy, pour l'absence des roy, ou leur bas âge. Comme fut
fait après la mort de Charles quatrième, ès estats, qui,
contre Édouard roi d'Angleterre, adjugèrent à Philippes
fils de Charles comte de Valois (qui depuis fut dit Philippes
sixième) l'authorité de régent en France, pendant et jusques à ce que la veuve dudit Charles fust accouchée. Pareillement, l'an mil quatre cent quatre-vingts et quatre, par
les estats tenus et assemblez à Tours, par l'authorité du
roy Charles huictiesme, lors constitué en bas âge, pour
obvier aux factions et entreprinses, qui se machinoyent
contre l'authorité du roy par le moyen de la régente du
royaume : fut dit par les estats qu'il n'auroit aucun regent.
Se pourroyent alléguer plusieurs autres exemples, des hautes
afaires du royaume, traictées et résolues par les estats : par
lesquels est entendu l'ancien droit du peuple françois, de s'assembler et communiquer avec leurs roys des afaires publiques.

Nostre roy, prince prudent et sage, pour au commencement de son règne faire cognoistre à son peuple qu'il le veut gouverner comme un bon et naturel prince : aussi pour le cognoistre, et entendre de luy ses doléances, luy donner allégeance de ses plaintes, soulager les travaillez, conforter les bons et punir les mauvais, suyvant ceste ancienne forme françoise de bien gouverner le royaume, a commandé l'assemblée des estats de tous les ordres de son peuple : qui sont les gens d'église, de noblesse, et le commun peuple : veut que chascune province députe commissaires pour envoyer devers sa majesté, au dixiesme de décembre en la ville de Meaux, où il a assigné l'assemblée des estats de tout son royaume. Par son mandement sont exprimées trois causes de ladite assemblée. La première, pour ouyr les doléances de toutes personnes. La seconde, pour composer et pacifier les troubles de la religion. La troisiesme, pour soulager le peuple de tributs et impostz qui tant le foullent, qu'il est tout courbe. La principale, pour la triste face des afaires présentes, est la religion, en laquelle y a deux poincts. Le premier, des sacremens et choses spirituelles. Le second est la doctrine et police sacerdotale. Quant au premier poinct, qui est des sacremens et choses spirituelles, lors qu'elles sont mises en dispute par tel et si grand nombre d'hommes, que le glaive du prince et l'authorité du magistrat n'y peuvent donner ordre, et maintenir l'ancienne doctrine en son entier, telles contentions se doyvent terminer aux estats généraux de la chrestienté : c'est-à-dire au concile général et universel, et non au concile national, lequel est périlleux tenir pour tel afaire : car si les disputes des sacremens se traitent en concile national, ce sera faire ouverture d'introduire en la chrestienté autant d'opinions et sectes qu'il y a de royaumes et provinces : toutesfois il appartient aux roys et aux estats de chacun royaume délibérer et adviser s'il est expédient tenir concile universel, et prier les autres princes chrestiens y entendre.

Le roy, comme protecteur de la religion, et sur laquelle principalement il repose son sceptre, y a intérest : aussi le peuple pour son salut : et sont tous membres de l'Église. Et quand est dit concile de l'Église, se doit entendre composé de tous ses membres, c'est-à-dire assemblée générale de tous les chrestiens, et non des évesques seuls. Pourtant ceste question appartient aux princes chrestiens, aux évesques, et au peuple en général. Or les anciens roys et princes chrestiens ont jugé estre expédient et nécessaire commander concile de la chrestienté, lors que par schismes et opinions nouvelles la religion a esté pollue et divisée. Autre remède ne peut trouver Constantin contre l'erreur d'Arrius, prestre d'Alexandrie, que de célébrer le premier concile à Nicée. Gratianus et Théodosius empereurs, contre l'erreur de Macédonius, assemblèrent le second concile à Constantinople. Théodose second assembla le tiers à Éphèse, contre l'erreur de Nestorius. Martianus commanda le quatriesme à Chalcédoine, pour confuter l'erreur d'Eutychès. Et ainsi successivement a esté fait contre les erreurs des hérétiques, qui se sont trouvez en chacun temps. Et telle authorité et foy a esté adjoustée ausdits conciles bien et légitimement assemblez, que ce que par iceux a esté jugé et décidé, a esté tenu pour vray décret de l'Église déclaratif des évangiles. Or en nostre religion y a deux sectes : l'une de ceux qui vivent en l'obéissance de l'Église romaine ; l'autre de ceux qui se disent évangelistes : et sont les deux si populeuses, qu'il est en doute laquelle est la plus numéreuse : bruslent les deux de telle ardeur de haine l'une contre l'autre, que si Dieu n'y remédie, la chrestienté est préparée à embrasement de guerres civiles, beaucoup plus à crain-

dre que ne furent onques celles des Romains et des Grecs.
Le concile seul y peut remédier, où Dieu sera le plus fort
et puissant, et permettra que la doctrine qui est de son
S.-Esprit demeure victorieuse, et celle qui sera au contraire
soit dissipée et exterminée.

Le second poinct de la religion est en la police et discipline sacerdotales, sur laquelle les roys et princes chrestiens
ont puissance d'icelle dresser, mettre en ordre, et réformer icelle corrompue : comme lisons avoir esté fait par
David, lequel esleut le nombre des lévites, qu'il vit estre
requis pour servir au temple de Dieu, et à chacun bailla
son office qu'il devoit faire. Salomon, son fils, déposa Abia-
thar de la dignité de souverain prestre de la loy, pour sa
mauvaise vie, et mit en sa place Sadoc. Ézéchias, ayant
trouvé l'ordre des lévites institué par David troublé et con-
fondu, le restitua et mit en son entier, suyvant l'ordonnance
de David. Pareillement Judas Machabeus déposa tous les
meschans prestres de la loy, et en leur place mit autres sans
macule, craignant Dieu. Pourroyent estre alléguez plusieurs
autres exemples de l'ancien testament. Ceste authorité n'a
esté abolie par l'advénement de Jésus-Christ, mais au contraire confirmée par la loy, publiée par la bouche de sainct
Paul, parce qu'il est escrit aux Romains en ces mots : Toute
ame soit sujette aux puissances souveraines. Or sainct Jean
Chrysostôme exposant ce passage dit, que sainct Paul a dit
ces mots toute ame, pour nous enseigner que tous doyvent
obéissance aux roys et princes, sans exception d'apostre,
prophète ou évangeliste, et à moindre raison, de prestre,
moyne, ou clerc : car telle obéissance n'a rien de répugnant
avec la doctrine de l'Évangile et de la religion chrestienne.

Les empereurs et roys chrestiens ont gardé et retenu ceste
puissance de faire et prescrire loix aux prestres, de ce qu'ils
doyvent faire en leurs estats, de réformer leur mauvaise vie

et abus : comme lisons avoir esté fait par Constantin , Gratianus , Honorius , les Théodoses empereurs romains, desquels les ordonnances sont escrites au premier livre du Code de Justinian : duquel pareillement lisons dix-sept constitutions insérées ès Autentiques , contenant loix de la vie des évesques , prestres , clercs et moynes ; les offices qu'ils doyvent faire en leurs dignitez épiscopales , presbytérales et cléricales ; les peines de dégradation , et dépositions, privations de leurs charges et bénéfices , punitions contre les délinquans et mal vivans en l'ordre de prestrise. Nos roys françois qui ont pareille authorité , ont fait loix de la vie et réformation des mœurs des prestres et gens d'église , comme lisons avoir esté fait par Charlemagne , lequel a fait plusieurs loix et constitutions de la vie des prestres , de ce qu'ils doyvent garder et observer en leur office sacerdotal : et mesme a fait une louable constitution , conforme aux canons de la primitive Église, par laquelle il a voulu que les évesques fussent esleuz par le peuple et clergé : laquelle ordonnance est insérée au grand décret. Charles septiesme , pour les troubles qui estoyent faits en l'Église par le pape Eugène, pour réformer l'Église de France assembla ses princes, barons et chevaliers , en la ville de Bourges : par leur advis fit et publia les constitutions de la pragmatique-sanction, contenant tiltres et chapitres de la discipline ecclésiastique de la puissance et authorité des conciles , de l'assemblée d'iceux , des élections , la forme de célébrer le divin service , commandant aux prestres d'y assister : et autres plusieurs bons preceptes de la vie des prestres. Es ordonnances y a autres infinies loix faites par les roys pour corriger l'abus des prestres.

Nostre roy commençant son règne par l'honneur de Dieu, en a fait une fort catholique, par laquelle il commande à tous évesques se retirer en leurs diocèses, et y résider. Pourtant est clair et manifeste qu'il appartient au roy corriger,

chastier et réprimer les abus, et mauvaises vies des prestres
et gens d'églises de son royaume : et ne se peut soutenir le
contraire, sans offenser sa majesté. Or ne fut onques saison
qui requist plus rigoureuse et sévère réformation de la vie
des prestres que le temps présent, où voyons les prestres
n'avoir rien de religion, estre opposites et contraires à
ceux de la primitive Église, qui estoyent pauvres des biens
du monde, riches en choses spirituelles, instruits et savans
en la loy de Dieu, travaillant jour et nuict à instruire le
peuple, luy enseigner l'Évangile, vivans en saincteté, intégrité de vie, chasteté, amour et union. Les prestres du jour-
d'huy sont riches des biens du monde, pauvres des biens
spirituels, vivans en délices le jour et la nuict, lubriques,
paillards, simoniaques, et si ambitieux, qu'ils demandent
les premières séances, voulant en tous lieux estre appellez
messieurs : combien qu'ils sont les plus rudes et indoctes
prestres qui ont esté depuis l'advènement de Jésus-Christ.
Et comme dit sainct Hiérosme des prestres de son temps,
ils ont faussé la loy de Dieu, l'ont divisée, sont cause des
schismes pour le scandale de leurs mauvaises vies. Et pour
cognoistre leur avarice, par laquelle latentement ils ont
souillé le ministère sacerdotal, l'enfant n'est baptizé sans
argent ; les prestres mesmes ne sont promus aux ordres de
l'Église sans argent ; l'homme et femme ne peuvent solem-
niser leurs nopces sans bailler argent aux prestres ; ils en
vendent les bancs six, sept et huict escus ; font marchandise des pardons et absolutions des péchez du peuple ; ne
font les prières au temple de Dieu sans argent. Et combien
qu'il soit dit en l'Escriture que la terre soit au seigneur,
qui l'a baillée à ses créatures à posséder, et par ordonnance
politique des chrestiens en chacune paroisse en soit laissée
partie pour la sépulture des morts, toutesfois ils se l'attribuent en propriété, la vendent et détaillent, ne permettent

les sépultures des trespassez sans payer l'ouverture de la
terre. Les cimetières ils les vendent aux pauvres, les temples
aux riches, et en tirent grandes sommes : tellement qu'en
aucunes églises de ceste ville s'en payent dix livres pour
chascun corps. Un pauvre passant s'il meurt, ou un homme
s'il est tué, les prestres ne souffrent qu'ils soyent enterrez
sans avoir permission de l'évesque, qu'ils appellent un ca-
daver, ne rougissent d'en prendre un escu ou deux. Et
pour comprendre en bref leur bonne vie, ils ont tourné les
œuvres de piété en quest sordide ; de l'administration des
sacremens, en ont fait magazin et boutique de marchandise.
Comme sont-ils vestus de draps de soye, le plus souvent
découpez, enrichis de pourfilures et broderies? Sont teston-
nez, espongez et parfumez, tellement qu'ils ressemblent
mieux des amoureux ou prestres de Vénus, que de Jésus-
Christ. Leur suite est selon qu'ils ont gaigné bénéfices : ils
ont troupes de valets et rufiens, accoustrez et armez comme
soldats ; ont maistres d'hostel, escuyers, palfreniers, laquais,
courtisannes, maquereaux, maquerelles, et autres infinis
bagages ; nombre de grands chevaux en leurs estables,
meutes de chiens de chasse et venerie, oiseaux de volerie ;
et en bref leurs maisons et compagnies sont plus magnifi-
ques et triomphantes que les cours des roys, princes et seigneurs : combien que nostre Seigneur devant Pilate, lieutenant de Tibère César en Judée, dit que son royaume n'estoit
de ce monde. Leur lubricité est si grande, et si excessive et
publique, qu'ils n'ont honte d'avoir concubines, qu'ils
nourrissent et entretiennent pompeuses et triomphantes,
couchent avec elles, comme s'ils estoyent mariez ; leurs maisons sont pleines de bastards ; font gloire de suborner femmes mariées, les retenir contre la volonté de leurs maris,
corrompent et violent les filles. Des biens donnez aux églises
comme en usent-ils, ou plustost en abusent? C'est ce qui les

gaste, corrompt et perd. Mais plustost .faut demander comme ils y entrent, par contact d'achat et de vendition. Cela est si public et notoire en ceste ville, que par Pasquil public à esté affiché au temple, *Ementes ejecerunt è templo vendentes*. Ceux qui ont la disposition des collations, en font salaire de valets, douaires et dots de putains, récompense de maquereaux : et souventes fois les mettent en commerce des hommes, comme marchandise, ont de petits custodi-nos de valets, desquels ils usent comme de maquignons, d'estables à leurs chevaux : ils les leur baillent à garder jusques à ce qu'ils ayent trouvé marchand : et s'y en a de tout prix. Les anciens conciles, mesme celuy de Carthage, grandement célébré et loué par la présence de sainct Augustin, ont défendu la pluralité des bénéfices, sans différence s'ils ont charge d'ames ou non. Les prestres de maintenant ont fait des bénéfices simples, et les autres ayant charge d'ames : et par invention cacodémonique ont trouvé moyens de se faire dispenser, et de fagotter les bénéfices les uns sur les autres, de frauder les sainctes constitutions défendant la pluralité des bénéfices, desquels ils usent comme d'esponges grasses ou mouillées, les estraignent pour en tirer la substance et humeur, puis les laissent reposer jusques à ce qu'ils soyent rengressez et remouillez, pour derechef les estraindre. Quant à leurs charges de résidence et faire leurs offices, il leur semble advis faire pleinement leur devoir par une diabolique clause, dont ils usent en leurs contracts de baux à ferme, de les acquiter vers Dieu et les hommes. Les évesques et supérieurs en ce péchent avec les inférieurs, les dispensant de non résider, et pource prennent argent. L'Escriture parlant aux ministres de l'Eglise leur commande repaistre le troupeau, veiller sur la garde d'iceluy. Nos prélats et curez ont quitté et abandonné les troupeaux aux loups, qui y sont entrez, les ont divisez en factions, sectes et parties que nous voyons aujourd'huy: qui a fait que les brebis ont oublié et descognu leurs pasteurs, desquels Dieu se vengera, les punissant de la garde du troupeau, mettant autres en leur place, comme il fit des enfans d'Héli, Ophni et Phinées. Ces fautes, ces vices sont espandus par tout le corps du clergé depuis la teste jusques aux pieds : ils ont esté et sont endormis et négligens en la réformation de leurs vies, chacun d'eux y dissimule, connille (1), et diffère y faire ce qui est de nécessité : confessent leurs fautes, leurs mauvaises vies et mœurs corrompues, disent qu'il les faut corriger et amender : mais de peur de perdre le goust et plaisir de leurs délices et voluptez, n'y veulent toucher, et s'efforcent passer le tout par délais et connivences.

Le roy est conservateur et premier pilier de la religion : il luy est commandé au dix-septiesme du Deutéronome prendre et lire le livre de la loy de Dieu, baillée aux prestres et lévites, non à autre fin que pour la maintenir, faire garder, et punir ceux qui pécheront contre icelle. La loy sacerdotale est violée et corrompue publiquement. Le roy, pour le deu de son administration, et pour appaiser l'ire de Dieu irrité contre nous, doit nettoyer son peuple de telles ordures et fanges, et restituer la religion en son premier estat. Les ecclésiastiques mesmes escrivent que le roy en telle et si puante pourriture des mœurs des ministres de l'Église, et pour leur négligence, doit tirer son cousteau de justice, pour trancher et réséquer ce qu'il y a de mal. Or si nous regardons de près, nous trouverons que la source et fontaine de tous ces maux est dérivée des richesses acquises à l'Église par dévotion : lesquelles toutesfois depuis l'ont suffoquée et esteinte. Tellement qu'au lieu qu'au pa-

---

(1) Cherche des subterfuges.

ravant l'or et l'argent mis en l'Église, nous avions des prestres d'or et d'argent : depuis que les richesses y ont entré, nous n'avons eu que des prestres de bois et de terre, sujets aux vers et corruption causée des richesses. Ceux qui ont parlé de la réformation de l'Église, l'ont comparée à un beau, haut, et droit arbre, qui par négligence et mauvaise culture du laboureur est abaissé jusques en terre. La cyme est belle et verdoyante, toutesfois les basses branches regardant la terre, l'empêchent de profiter : aussi l'Église pure et nette, comme elle nous a esté annoncée par les Évangiles est belle et sans macule : la cyme d'icelle sont les sacremens et choses spirituelles regardant au ciel, qui sont bien ordonnées, et ne peuvent estre changées et muées par quelques traditions humaines, nouvelles sectes ou opinions. Mais en cest arbre y a infinies branches regardant la terre. Ce sont les pluralitez des bénéfices, ce sont les superfluitez des richesses qui ont pollu les sacremens et choses spirituelles, souillé le temple de Dieu, ont rendu les prestres ignorans et vicieux, comme les voyons, et mis en opprobre et dérision la dignité sacerdotale. Lors que ceste cause péchante en l'Église sera ostée, les ministres seront remis à leur première lumière de savoir, litérature, chasteté et intégrité de vie.

S'il y a des fautes et abus en l'estat de l'Église, aussi y en a-il en l'estat de noblesse : laquelle premièrement a esté engendrée par la vertu héroïque des prédécesseurs des nobles, qui par armes ont secouru le roy, et le royaume. Pour récompense de leur vertu, eux et leur postérité ont esté annoblis, et affranchiz de tous tribus et subsides qui se payent par le commun ; pour marque perpétuelle de leurs illustres faits et familles, ont esté honorez d'armes imprimées en leurs escus, significatives de leurs prouesses : au lieu que les anciens remuneroyent les biens méritez de la

république, de statues et images érigées en public. Aucuns
nobles présens n'ont rien retenu de leurs anciens pères,
fors le nom, et les armes, lesquels ont diffamé et mis en
obscurité par oisiveté. Leur fait d'armes est de faire assemblées illicites, et ports d'armes contre les édits du roy. Sont
au village à battre et outrager le pauvre homme, voler le
bien du pauvre marchand, faire infinies forces au peuple,
avec grands blasphèmes du nom de Dieu en grande furie. Se
disent fort magnanimes comme Hercules pour terrer et intimider le pauvre peuple : et toutesfois ès nécessitez des
guerres publiques, et lors qu'il faut prendre les armes,
pour la défense du roy et du royaume, sont chrestiens si
débonnaires, qu'ils ne bougent de leurs maisons, de peur
d'offenser leurs frères chrestiens, les ennemis du roy et du
royaume. Tels nobles ne sont vrais enfans de leurs prédécesseurs, mais avortons dégénérans de noblesse. Parmi les nobles il y a infinies ronces, qui veulent croistre et se mesler
entre les nobles. Sont infinis faux nobles, les pères et prédécesseurs desquels ont manié les armes, et fait acte de chevalerie ès boutiques de blasterie, vinoterie, draperie, au
moulin, et ès fermes de terres des seigneurs : et toutesfois
quand ils parlent de leur lignage, ils sont descenduz de la
couronne, extraits du sang de Charlemagne, de Pompée,
ou de César. Tels usurpateurs de noblesse ne sont à souffrir.
Ils sont à la foule du peuple, par ce qu'ils se veulent des-
charger des tributs, et leur cotte est départie sur le reste
du commun. Est expédient que tels violens oppresseurs de
peuple soyent réformez par le prince, et les usurpateurs de
noblesse soyent remis en l'estat du commun, duquel ils se
sont voulu desrober.

En cest endroit nous ne pouvons nous contenir de parler
des gens de justice : lesquels, combien qu'ils ne fassent estat à part, toutesfois ils tiennent lieu en la république

fort éminent. Sur eux est esprouvée la sentence de Caton
estre véritable, qui est, qu'il y a long-temps que nous
avons perdu les vrais noms et appellations des choses. Ce
mot, gens de justice, est le nom de ceux qui séparent le
licite d'avec l'illicite, le juste d'avec l'injuste, l'équité
d'avec l'iniquité ; et pour ce sont appellez prélats de la déesse
Justice : desquels la première protestation est, mespriser
tout œuvre mercenaire et questaire, par ce que la science
des droits est très-saincte, qui ne se doit priser ne souiller
par or ni argent. Or les ministres de justice qui sont aujourd'huy, ne se peuvent attribuer ceste qualité : car ils ne
font rien sans argent. Lequel par aucuns est prins si desme-
surément, qu'au lieu de ce mot gens de justice, ils doyvent
estre nommez sangsues du peuple, qui en tirent et succent
le sang et substance : duquel les affamez s'engraissent, pauvres s'enrichissent, et acquestent les grandes terres et sei-
gneuries, font les somptueux et superbes bastimens. Leur
ministère, jurisdiction, ou distribution de justice n'est autre chose qu'une boutique, où se détaillent par le menu
leurs offices qu'ils ont achetez en gros. Le noble, l'homme
d'église, le roturier, le pélerin, la veuve, l'orphelin, l'im-
potent et mendiant n'auront aucune sentence, soit interlo-
cutoire ou définitive, qui ne soit taxée, prisée et payée auparavant la prononcer. L'offensé, l'enfant du tué, n'auront
décrets d'adjournement personnel, ou prinse de corps, sans
argent. L'accusé prisonnier ne sera interrogué par le juge,
sinon qu'il avance son salaire. Vengeance du délict et crime
public ne sera faite et poursuyvie, sinon que les juges
soyent assurez estre payez de leurs vacations sur les biens
des accusateurs ou accusez. Et encore le mal est ès ministres
de justice, qui au moyen qu'ils sont perpétuels, et qu'ils
ne rendent compte de leur administration, sont si ambitieux, si craints et redoutez, que nul n'ose parler de leurs

fautes. Et en ceste conscience d'impunité, aucuns tombent en licence de faire infinis maux, et plusieurs contracts d'acquets, et d'autres commerces, plus par impression de la grandeur des dignitez et offices qu'ils soustiennent, que par libre volonté de ceux qui contractent avec eux.

Il y a deux manières de gens qui se disent ministres des juges, et sont à la grande foule du peuple, à savoir greffiers et sergens. Pouvons nommer les greffiers, les bouchers du peuple : ils l'escorchent, ils alongent le parchemin par battologies, superfluité de langage, par grands traits de lettres escrites à longues intervales ; ont petits clercs rapaces et larrons ; ils sont à la grande foule du peuple, et font tant de pilleries les maistres et valets, qu'en un moment ils sont les plus riches du palais. Il est nécessaire pour le bien de justice, restraindre leur salaire à la moitié de ce qu'ils prennent par coustume et corruptelle, et réformer leur forme d'escrire.

Les autres ministres des juges sont les sergens, que l'on peut appeller les harpyes et griffons du peuple. Sous le nom du roy, par l'authorité duquel ils exécutent les décrets de justice, font infinies oppressions, concussions et exactions. Et combien que le nombre soit augmenté, pour les asseoir par les chastellenies et villages pour le peuple en estre secouru, toutesfois ils demeurent presque tous ès villes ; faut que les villageois les y viennent cercher. Est expédient assigner à chascun sergent son bailliage aux champs ; leur faire commandement y résider, les punir aigrement des oppressions qu'ils feront sur le peuple.

Tous ces maux de la distribution de justice, sont cause de ce que les juges et officiers sont perpétuels, qu'ils achètent leurs offices du roy, de ce qu'ils sont authorisez par le roy de prendre leur salaire des parties litigantes. Pour y donner ordre, est requis supplier le roy, si ses afaires le peuvent porter, rembourser tous les juges de l'argent par eux desboursé : et si les afaires du roy sont si grandes qu'il n'y puisse fournir, sera profitable au pays que le peuple les rembourse ; et supplier le roy qu'il lui plaise ordonner, que justice sera distribuée par juges et magistrats, qui de trois ans en trois ans seront choisis et présentez au roy par les estats. Et pour leur oster occasion de larronner, leur assigner suffisans et honnestes gages selon leur qualité, leur faire défenses de rien prendre du peuple pour quelque cause que ce soit, sur peine de la vie. Outre ordonner, qu'à la fin des trois ans, chacun desdits juges sera sujet au syndicat, pour ouyr les plaintes et doléances que le peuple voudra faire contre eux : comme a esté gardé et observé en l'administration de l'empire romain.

En cest endroit convient parler de la poterne, ou fausse porte de justice : c'est la cour de l'église. A laquelle tous meschans prestres et tonsurez, homicidiaires, parricides, larrons, voleurs, faux-monnoyeurs et sacriléges, sont renvoyez comme à un asyle et franchise de leurs délits : en laquelle nul n'est si meschant et malheureux, qu'il ne soit sauvé. Et pouvons dire de ceste cour, que c'est la forest en laquelle tels voleurs se retirent, et par une connivence publique se mussent, latitent, et sont rendus impunis de tous mesfaits, qui les rend desbordez à toute licence de malheur. Tellement que de toutes les parties de meschanceté qui se trouvent aujourd'huy, y a tousjours un prestre, qui trouve moyen de se sauver par ceste porte derrière de justice, qui est contre le commandement de Dieu, qui veut que tous délits soyent punis et vengez par les roys et magistrats du monde, et en signe de ce, leur a baillé le cousteau. Et en l'examen de leur administration, les punit de ce qu'ils n'ont fait justice des hommes mauvais et malheureux. Ce privilége des prestres, d'estre seulement jugez par eux, est du droit positif, et donné par les empereurs Constantin, Théodose, Justinian, et autres princes qui depuis ont régné. Mais puis que l'usage nous enseigne que les gens d'église ont tellement abusé du privilége, que par le 'moyen d'iceluy ils troublent le repos public, offensent les bons, leurs délits et crimes demeurent impunis, et la maison de Dieu est faite caverne et spélonque de larrons, est expédient supplier le roy pourvoir sur l'abolition ou modération de tel privilége, ainsi que trop mieux par son conseil il trouvera estre à faire : relaissant toutesfois aux gens de l'église jurisdiction ès causes spirituelles et sacramentales seulement.

Reste le tiers-estat : lequel trouvons sans macule publique. C'est celuy qui soutient les guerres ; en temps de paix entretient le roy, laboure la terre, fournit de toutes choses nécessaires à la vie de l'homme : toutesfois est grandement taillé de subsides et taxes insuportables. Le roy et messieurs de son conseil en ont eu pitié, ont commencé à luy faire diminution des tributs qu'il avoit. Est nécessaire faire remonstrance à Sa Majesté de l'indigence de ce pauvre commun : auquel sont tant imposées de tailles, qu'il travaille jour et nuict, et ne peut du salaire de ses journées et labeur de ses mains, fournir à les payer : et pour y suppléer, est souvent contraint vendre sa vache, son porc, son lict ; ne manger et boire que du pain et de l'eau, et coucher sur la dure. Autre tribut travaille et moleste tous estats sans le sceu du roy, c'est la gabelle du sel, duquel le bon homme porteroit patiemment le profit que le roy en reçoit, n'estoit qu'il y a des marchans, fermiers, greneticrs, contrerolleurs, greffiers et archers de la gabelle, lesquels vont ès maisons des pauvres gens, remuent leurs lards et tout ce peu de meubles que Dieu leur a donné : et le plus souvent s'en emparent, font adjourner les pauvres à comparoir par-

devant eux aux villages, où n'y a aucuns conseils ; se mons-
trent au peuple en grand' furie et crainte, armez de pistoles,
pistolet et long boys, font aux rustiques procès extraordinaires, les arrestent prisonniers, exécutent de leurs bœufs,
chevaux et charrettes. Tellement qu'en une seule matinée,
par leurs actions, ils ruinent quarante à cinquante pauvres
rustiques, qu'ils envoyent à l'aumosne : et se trouvera en ce
pays d'Anjou, qu'ils ont ruiné plus de mille. Le malheur
est que plusieurs des archers de gabelle, sous l'ombre d'i-
celle, et puissance de porter armes défendues, volent, frap-
pent et tuent, comme a esté vérifié en plusieurs procès qui
ont esté faits contre eux, pour raison desquels plusieurs
ont esté condamnez et exécutez à mort. Le pauvre bon
homme est comme la brebis, qui tend le dos pendant qu'on
luy oste la laine : il est pauvre, destitué de biens et d'amis
contre la richesse et support des fermiers et officiers du
grenier. Dieu commande à vous, messieurs les nobles et de
l'église, qui avez les biens du monde, prendre la cause de
ces pauvres rustiques en main, porter leurs plaintes au
roy. Il est prince clément et débonnaire, gouverné et conduit par une très-excellente, très-sage et très-pitoyable
dame, madame sa mère, par très-prudens et sages princes
et seigneurs amateurs du peuple. Il oyra volontiers ceste
plainte, la plus juste et lamentable qui sera faite aux estats·
Le moyen d'y remédier est, le supplier recevoir le peuple à
amortir ce tribut, comme ont esté receus les manans et habitans de Poictou : ou s'il ne luy plaist, à tout le moins son
plaisir soit recevoir le pauvre peuple à supprimer tous les
officiers des greniers, et imposer autant sur le peuple
comme il reçoit des profits des greniers. Et ce faisant, le
prince sera sans intérest, et le peuple soulagé du plus grief
tribut qu'il ait.

Messieurs, voilà les abus que nous avons trouvez ès estats

du pays d'Anjou, par lesquels la majesté du roy est grandement violée : et s'ils règnent longuement, il ne pourra retenir sa dignité royale en sa grandeur et excellence de gouvernement, duquel les roys jà décédez ont laissé si grand los et mémoire à la postérité. Car ces gens d'église pour se sauver de leurs crimes, et fuir la main armée du roy, qui est sa justice et authorité royale, eschappent et fuyent en leur cour, comme en une franchise, où ils sont asseurez d'impunité. Les nobles en leurs crimes et maléfices, prennent les armes contre l'authorité du roy, voulant par la force se sauver de leurs meffaits ; se retirent de l'obéissance du roy, et mesprisent l'authorité de son magistrat. Les gens de justice par les pilleries et corruptions foulent le peuple, ne distribuent justice suyvant la volonté du roy et de ses loix. Si tels abus et entreprinses contre l'authorité du roy ont cours plus longuement, il est grandement à craindre que ce ne tourne en séditions publiques, assemblées illicites, révoltement des sujets d'avecques le prince. Est requis et nécessaire pour la manutention et conservation de la grandeur, majesté et dignité royale, trancher tels abus. Il dépend de nostre charge et service que devons au roy, vous remonstrer telles fautes. Et par ce qu'à luy seul appartient la réformation de telles corruptions publiques, laquelle il entend faire en ses estats, nous ne nous sommes peu contenir au rapport des abus de chascun estat, pour la grandeur d'iceux, d'user de véhémence, à ce que plus clairement lesdits abus fussent cognus, et que particulièrement y soit remédié par le roy. Il dépend de vous dresser articles desdits abus, afin que le roy clairement les cognoisse, et que par sa prudence, et nos seigneurs de son conseil, il y soit pourveu, soit par concile ou autrement, ainsi que sa majesté advisera : aussi, suyvant la volonté dudit seigneur, eslirez notables personnes de chascun desdits estats, pour envoyer vers luy, et faire rapport de ce que par vous sera arresté estre bon le supplier (1).

Ceste harangue prononcée n'offensa moins celle de du Plessis, ceux du party contraire ; toutes lesquelles procédures entendues par ceux de Guise, ils firent tout devoir possible pour attraper ceux qui s'estoyent si avant meslez de tels afaires, voire jusques à y employer monsieur de Montpensier, comme dit a esté. Mais eux ayant gaigné au pied, leurs biens en respondirent, estant exposez à l'abandon des gens de guerre là expressément envoyez, lesquels après avoir usé de toute hostilité, rasèrent plusieurs maisons et chasteaux. Entre autres, les maisons de Soucelles estoyent recommandées, comme aussi ceux de la faction d'Amboyse, auxquels on en vouloit sur tous autres. La harangue de Grimaudet aussi parvenue ès mains des Sorbonnistes (qui s'attribuent l'authorité de corriger toutes choses, et de n'estre sujets à correction) fut par eux censurée, et l'autheur d'icelle déclairé hérétique et schismatique, ressentant la doctrine des huguenots. Mais Grimaudet ne demeura muet, les accusant par sa défense qu'ils sont cous-

____

(1) La violence même de cette harangue doit tenir en défiance contre les accusations qu'elle renferme. On y voit que les principes révolutionnaires, qui depuis ont ensanglanté la France, ont toujours existé avec plus ou moins d'énergie, selon que les rois ont montré plus ou moins de force pour les comprimer. Les accusations contre le clergé, la noblesse, la magistrature sont les mêmes dans tous les temps : elles tiennent moins aux abus qui peuvent s'introduire dans ces grandes et utiles institutions qu'à la haine souvent injuste et toujours irréfléchie qu'inspirent aux classes inférieures les supériorités sociales. Le tiers état est représenté ici comme un modèle de vertus et comme victime de l'oppression des autres classes : mais quand il devient maître à son tour, son joug est-il plus doux? Son oppression est-elle moins dure? Cette harangue, que notre historien huguenot se plaît à rapporter en entier, semble prouver que le protestantisme tenait plus à des causes politiques qu'à des motifs religieux. Le respect pour la royauté, qu'entourait encore une sorte de prestige, empêchait seul les protestants de se faire républicains. En attendant, ils se faisaient factieux : c'était un grand pas vers la république.

tumiers de traiter de mesme ceux qui osent descouvrir
leurs abus.

Or puis que nous sommes venus jusqu'à Paris, ce lieu
sera propre pour monstrer comme s'y portèrent ceux qu'on
appelloit huguenots. Combien donc que leur nombre fust
petit à comparaison de leurs adversaires, et que le cardinal
eust rangé entièrement à sa dévotion la cour de parlement,
qui ne faisoit et disoit que ce qu'il vouloit, pareillement ceux
du chastelet et de la maison de ville ; combien, dy-je, que les
gibets, feux et glaives fussent tous apprestez pour englou-
tir ces personnes estimées comme la ballieure du monde, et
qu'eux fussent sans ressource selon les hommes, si est-ce
qu'après avoir publié le jeusné, pleuré et gémi à Dieu, il se
trouva quelques-uns d'entre eux qui se résolurent de rendre
à Dieu, au roy et à leur patrie le service qu'ils estimoyent
estre du devoir de bons sujets de sa majesté, et loyaux François. Entre autres un nommé Cappel, le père duquel estoit
mort advocat du roy en la cour de parlement de Paris,
homme fort estimé de son temps : lequel avec des plus apparens de l'église de Paris en assez bon nombre, alla en la
maison de ville, et proposa en pleine assemblée ce qu'il
cognoissoit nécessaire pour le bien du roy et du royaume.
De là entrant aux termes de la religion, il usa d'une défense
entière contre les calomnies de leurs adversaires, bailla leur
confession de foy, laquelle ils offroyent maintenir et prouver
qu'elle estoit prise et tirée des sainctes Écritures, et icelle
accorder avec les docteurs anciens : pourveu qu'il pleust à
sa majesté leur bailler juges non suspects. Bref, il requist
lesdites remonstrance et confession estre insérées au cayer
de Paris, et qu'il pleust au roy leur donner estat paisible
pour la religion, avec temples aux lieux propres à l'exercice
d'icelle : et les prendre en sa protection et sauvegarde, jusques à la détermination d'un sainct et libre concile, auquel

ils espéroyent, Dieu aidant, avoir gain de cause, et que lors sa majesté cognoistroit qu'il n'avoit en son royaume de plus humbles, obéissans et affectionnez sujets. Ceux qui estoyent envoyez en ceste assemblée de la part de ceux de Guise, furent merveilleusement estonnez de voir ce jeune homme parler d'une telle hardiesse. Car avec la crainte qu'ils avoyent que l'on proposast quelque chose à Paris contre leur authorité, et du fait de la religion, sachant bien que le train que prenoit Paris estoit coustumièrement suyvi par les autres provinces, et que la détermination des estats estoit d'un grand poids, ils s'imaginèrent un autre inconvénient, et que ceste procédure des huguenots n'estoit sans nouvelles entreprinses. Dequoy le cardinal adverti, et que le semblable estoit advenu par la plus part de toutes les autres bonnes villes du royaume, il advisa de faire défendre aux estats de parler aucunement du faict de la religion, et de mander partout qu'on mist en prison ou qu'on fist mourir tous ceux qui avoyent osé tenir tels propos et y adhérer. Parquoy, avec ce que Cappel et ses compaignons ne peurent obtenir d'insérer leurs supplications au cayer des estats particuliers de Paris, ce fut à eux à desloger. Ce néantmoins ils ne laissèrent de conclure d'envoyer eux-mesmes à Orléans leurs députez pour présenter ceste remonstrance. Et furent pour ce fait esleuz ledit Cappel, la Rougeraye, autrement dit la Troche, advocat, et autres, qui promirent de faire tout devoir. Et de fait, ils allèrent à Orléans en grand danger de leurs personnes, s'ils eussent esté descouverts.

De réciter par le menu ce qui advint par tous les autres bailliages et séneschaussées, ce ne seroit jamais fait. Car de treize provinces, les dix firent à peu près comme ceux desquels nous avons cy-dessus fait mention, ce qui donna une merveilleuse fascherie au cardinal, encore qu'il s'asseurast que la plus part des députez estoyent à sa dévotion , et qu'il eust des forces et moyens à suffire , pour les faire condescendre à ses desseins.

Or bientost après l'assemblée de Fontainebleau, et la résolution prise de convoquer les estats généraux , le cardinal de Tournon estoit venu de Rome au mandement de la royne , comme il a esté dit. Car elle espéroit beaucoup de secours de luy , pour estre de longue main nourry aux afaires d'estat, mais elle s'en trouva aucunement deceue. Car ce viel routier, d'abordée trouva fort mauvaise cette résolution de faire communiquer le roy avec des estats , et en blasma fort le cardinal , tant en plein conseil , comme l'on dit, qu'en privé et particulier, disant que ce seroit remettre le roy sous la puissance de ses sujets, et lui faire prendre la loy de ceux ausquels il la devoit bailler , et que c'estoit l'une des choses où il avoit le plus travaillé avec le connestable , vivant le roy François premier, que d'abolir la mémoire de telles assemblées, lesquelles avoyent toujours eu ceste coustume à toutes mutations de roy , de trouver fort mauvaises les choses passées , en sorte que ceux qui avoyent gouverné et manié les afaires avoyent beaucoup à souffrir. Davantage il voyoit comme sous ce jeune roy , les peuples s'estoyent licentiez pour le fait de la religion. Ce qu'estant souvent remémoré par ledit cardinal de Tournon pour y pourvoir, ils ne trouvèrent meilleur expédient que de se saisir de la personne des princes qui leur sembloyent contraires, d'amener à Orléans et tenir auprès du roy et ès environs une forte et puissante armée, par le moyen de laquelle on peust tenir en bride ceux des estats qui voudroyent reprendre la possession de leur première liberté, et les faire estre présens à l'exécution des entreprinses ainsi basties que nous avons dit cy-dessus, et leur faire le tout ratifier et approuver : voire à un besoin les contraindre d'eux-mesmes le requérir et demander, afin que la postérité connust ce estre provenu du propre mouvement et authorité des estats-généraux du royaume.

Ces desseins furent favorisez des plus grands seigneurs de France, ausquels ce qui se pouvoit communiquer de l'entreprinse estoit récité, selon et jusques où on cognoissoit chacun estre propre à y servir. Monsieur de Montpensier et autres, qui hayssoyent la religion, estoyent abreuvez seulement du désir de l'exterminer, et de leur faire part des meilleures confiscations. Et quant au duc de Nemours et à Cipierre, on leur faisoit halener la grandeur qu'ils devoyent espérer, délivrant le roy de tous ces hérétiques. A quoy ceux qui tenoyent des bénéfices, ou leurs frères, enfans et parens, qui croissoyent leurs maisons du revenu des éveschez, abbayes, prieurez et autres biens de l'église, furent aisément pratiquez. Entre autres les Parisiens, car il n'y a comme point de bonnes maisons qui ne tiennent de gros bénéfices. Les marchans mesmes en font mestier et marchandise. Les conseillers, présidens et juges n'ont guères de meilleurs revenus. Comme en semblable par tout le royaume, les capitaines et gens de guerre, tant des places fortes que des plats pays, ne demandoyent et n'avoyent aucunes meilleures récompenses de leurs services. Et ainsi chacun estant persuadé que si la religion des huguenots avoit lieu, le revenu des ecclésiastiques seroit employé ailleurs, et deviendroyent tous coquins, chacun se constituoit leur ennemy, et s'offroit à leur courir sus. Bref, pour le dire en un mot, ceux de Guise avoyent si bien conduit leurs desseins et pourveu à leurs afaires, qu'ils commandoyent par tout à baguette, et n'estoyent contredits que de ceux de la religion, qui entretenoyent leur crédit, ainsi que nous avons dit, tant par leurs escrits que remonstrances, lesquelles eurent plus de poids en Allemagne que ceux de Guise n'eussent voulu. Car les serviteurs secrets ne pouvoyent destourner les princes protestans de vouloir bien favoriser ceux de la religion, d'autant qu'ils y avoyent intérest : et qu'ils estoyent par là advertis des ruses et aguets de ces gouverneurs, afin de se tenir sur leurs gardes.

Les afaires ainsi acheminées par ceux de Guise, et asseurez que rien se remuoit contre eux que les plaintes et langues de ceux de la religion, ils départirent leurs forces ès villes circonvoisines, et les estendirent jusques à Bourges, Moulins en Bourbonnois, Bloys, Tours, Saumur, Angers, Chinon, Loudunois, Poictou, et sur toutes les advenues par où ils estimoyent que secours pourroit venir aux princes ainsi par eux rendus captifs. Et afin qu'il n'advint aucune surprise du costé de Lyon, ils mandèrent à l'abbé de Savigny de faire tout ce qu'il pourroit en l'absence du mareschal S. André, et de préparer toutes choses pour le retour qu'il feroit bien tost de delà pour le reste de l'exécution de sa commission. Partant il fit crier par la ville à son de trompe, que toutes gens sans adveu ne commerce eussent à vuider la ville sur peine de la hart, aux hostes et bourgeois de se saisir des armes de leurs hostes, et par chascun jour luy porter le nombre des estrangers qui arriveroyent chez eux, et leurs qualitez, sur peine de respondre de la faute de leurs hostes et de leurs vies.

Le semblable fut fait par toutes les bonnes villes du royaume et celles de frontières, et notamment à Paris cela fut estroitement gardé. Car ceux qui s'estoyent révoltez de leur party pour avoir veu les afaires tomber en autre estat qu'ils n'espéroyent, trouvant la condition de ceux de Guise meilleure, usoyent d'une merveilleuse diligence à recercher les maisons, et faire prendre tous ceux qu'ils cognoissoyent faire profession de la religion. Ils servoyent d'accusateurs, de tesmoins, de solliciteurs, de juges et exécuteurs de la haute justice tout ensemble. Et encore qu'ils fussent remarquez par les parlemens et juges du Chastelet pour garnemens et vagabons, et déferez de crimes capitaux, si est-ce qu'ils n'y donnoyent aucun empeschement : mais plustost obéissoyent à leurs commissions expédiées en telle forme qu'ils avoyent pouvoir de commander aux juges ordinaires et officiers royaux de leur obéyr en ce qu'ils voudroyent, sur peine de désobéissance, et d'estre eux-mesmes punis comme rebelles et fauteurs des criminels de lèse majesté en sorte qu'au grand opprobre et contemnement de justice, les meilleures villes du royaume estoyent par eux pillées, saccagées et brigandées. Aussi tout se faisoit sans y garder aucune formalité de justice par ces serviteurs secrets. Entre lesquels un jeune gentil-homme nommé Barbezières, que Soubize avoit nourry en ceste doctrine, estant alléché de l'autre party, et un appellé Herman du pays de Flandre, chassé pour larron d'une des meilleures maisons des marchans de Paris qui faisoyent profession de l'Évangile, firent des maux innumérables en ladite ville. Voylà l'exercice de ceux de Guise, lesquels aussi hastoyent de faire le procès au prince de Condé, en attendant l'assemblée des estats.

Nous avons veu la diligence que ceux de Guise avoyent faite de départir leurs forces, et de procéder à la capture de ceux qu'ils pensoyent leur pouvoir plus nuire, en attendant le temps de l'assemblée des estats, et comme le mareschal Sainct-André estoit retourné de Lyon avec ses prisonniers, et toutes les charges et informations qu'il avoit peu faire contre le prince de Condé. Toutesfois elles ne rencontrèrent selon leur désir. Car pour garder la formalité de justice, il y faloit quelque chose davantage. Ils furent mémoratifs de la protestation faite par ledit seigneur prince de jamais n'aller à la messe, et qu'il n'assisteroit à aucune cé-

rémonie ne superstition de l'Église romaine contraire à la
parole de Dieu, et de la charge donnée à Genly de le faire
ainsi entendre au roy. Cela fut mis en jeu, afin de luy faire
procès pour la religion, et qu'évitant un danger il ne peust
fuir l'autre, de sorte que le faisant mourir par justice,
ainsi qu'ils avoyent conclud, on peust asseurer au peuple
qu'il avoit esté attaint et convaincu de crime de lèse majesté divine et humaine. Pour donc fortifier leurs preuves,
ils luy envoyèrent un prestre avec tous ses ornemens, qui
luy fit entendre avoir exprès commandement du roy de
dire la messe en sa chambre et devant luy. Mais le chappe-
lain fut renvoyé fort rudement par le prince, avec charge
de dire au roy de sa part qu'il n'estoit venu vers sa majesté
pour aucunement communiquer aux impiétez et pollutions
de l'antechrist romain, ausquelles il avoit dès long-temps
renoncé : mais seulement pour luy rendre raison des fausses
accusations qu'on luy avoit imposées. Ce qui ne fut mis en
aureille d'asne. Car le prestre et les gardes furent enquis sur
cest article. Or ce prince estoit merveilleusement constant
en son adversité, encore qu'il se sentist prochain de la
mort. Et disoyent tous ceux qui l'avoyent cognu, qu'il estoit plus ferme, et faisoit cent fois meilleur voir sa résolution pendant son adversité, qu'en sa liberté et prospérité :
ce qui estonnoit aucunement ses ennemis, et les faisoit penser y avoir anguilles sous roche. Voylà, dy-je, qui les hastoit
d'autant plustost pour en avoir le bout, joint qu'ils se sentoyent grandement irritez et offensez de ce que le prince
parloit d'eux ainsi désavantageusement et hautement : et
disoit-on qu'il tenoit souvent un sac au poing, affermant
que c'estoit le procès de ces brigands et voleurs de Guise,
par lequel infinis crimes de lèse majesté estoyent bien
prouvez et vérifiez. Ce qu'il réservoit pour présenter aux
estats, et leur faire entendre la cautelle de ces illégitimes

gouverneurs, de rejetter leurs crimes et délicts sur les princes du sang, parce qu'ils se vouloyent opposer à leur tyrannie. Que si jamais homme entreprit contre l'estat du roy et du royaume, c'estoyent ces harpyes et cadets de Lorraine. Avant que de passer outre, je réciteray un trait du cardinal d'Armaignac qui ne se peut oublier. C'est qu'ayant accompli sa promesse envers ceux de Guise, à savoir de leur amener le roy de Navarre et prince de Condé son frère, ainsi qu'il a esté déduit, il se fit commander de vuider la cour, espérant par là de couvrir la note de trahison dont il pourroit estre blasmé, et s'en alla comme un homme qui feignoit estre extrêmement passionné. Mais cest artifice fut aisé à descouvrir. Car il receut dès-lors un estat de conseiller au privé conseil, lequel il avoit de long-temps désiré et poursuyvi, voire durant plus de vingt ans, et néantmoins il n'y avoit peu parvenir jusques adonc, combien que depuis cest estat ait esté pollué, jusques à l'exposer au plus offrant.

Quelques jours après l'emprisonnement du prince de Condé, ceux de Guise voulant sonder si son grand cœur estoit abaissé, et sa colère modérée, et si on le pourroit tirer à quelques voyes d'accord (combien qu'ils eussent autre intention, et que ce fust seulement pour l'empescher de parler d'eux), ils atiltrèrent un gentil-homme de leur suite, qui avoit esté autresfois fort familier du prince, lequel ayant raudé autour des gardes, et cerché tous moyens de parler à luy, sans y avoir de rien profité, s'adressa finalement au duc de Guise, et en pleine compagnie le supplia très-humblement luy permettre de pouvoir parler audit seigneur prince : ce qu'il estimeroit à grand honneur, pour luy avoir esté très-humble serviteur, et receu de luy beaucoup de faveurs et courtoisies : et ce seulement afin de le consoler en ses ennuys. Cela luy fut accordé, mais à grande difficulté, comme il sembloit, s'excusant ledit sieur de Guise sur le commandement du roy : mais ce fut à la charge que le capitaine et ses gardes seroyent présens aux propos.

Estant donques là, après avoir longuement harangué et offert ses services, il commença à déplorer la misère et captivité du prince, et luy demander s'il y avoit moyen de le pouvoir accorder avec ses cousins de Guise : ce qu'il estimoit aisé, veu qu'il les cognoissoit princes vertueux et sages, outre la bonne amour et affection qu'ils luy portoyent à cause du proche parentage : et là dessus il offrit de s'y employer fort fidèlement et volontiers, sans y espargner ne vie ne biens. Le prince luy respondit qu'il savoit bien le but où il tendoit, et estoit asseuré qu'il n'eust eu ce crédit de l'aller voir, s'il n'eust accepté la charge d'aller sonder son intention. Partant il le pria de leur dire qu'il avoit receu tant d'outrages, qu'il ne restoit autre voye d'accord, sinon de vuider leurs querelles à la pointe de la lance et de l'espée : et combien qu'il fust enferré en leurs liens, et qu'il semblast en apparence n'en devoir jamais sortir sans recevoir une mort ignominieuse, si est-ce qu'il espéroit tant de la bonté et miséricorde de Dieu, qu'il leur feroit réparer l'injure par eux faite à un prince du sang, lequel estant venu au mandement et sous la parole et asseurance du roy, avoit esté si honteusement emprisonné à leur pourchas et solicitation, afin de commencer en luy à esteindre le sang royal : mais que cela n'adviendroit point qu'il ne les eust fait cognoistre coulpables des crimes à luy par eux imposez, et que le roy n'avoit de si grands ennemis que la maison de Lorraine. Ce que par eux entendu, ils se confirmèrent en l'opinion qu'il espéroit bref secours, et qu'autrement il ne les braveroit ainsi. Pour à quoy plus promptement remédier, le président Christoffe de Thou, Barthélemy Faye et

Jaques Viole, conseillers de Paris, ensemble quelques maistres des requestes avec Bourdin procureur-général , et du
Tillet greffier, choisis par ceux de Guise, et pource expressément mandez , vindrent devers le prince pour l'interroguer sur le crime de lèse majesté. Or avoyent grande fiance
ceux de Guise en de Thou, sur tous les autres , tant pour
leur estre affectionné serviteur, que pour le recognoistre
autant rusé et subtil en procès qu'homme vivant. Ayant
donc ceste instruction de l'enquérir de sa foy , s'il ne pouvoit rien tirer d'ailleurs , il alla par devers le prince pour
l'interroguer sur ces charges et informations : mais il refusa
de leur respondre , tant pour n'estre de leur gibier, que
pour autres causes de récusation , qu'il dit avoir contre
eux. Davantage il dit à de Thou, qu'il trouvoit estrange de
ce que son impudence avoit esté si effrontée de se vouloir
présenter devant luy pour cest effect ; attendu sa qualité de
prince du sang , qui n'avoit autres juges que le roy accompagné de ses princes séant en la cour du parlement de
Paris, les chambres assemblées. Il allégua aussi la promesse
que sa majesté luy avoit faite par plusieurs lettres, adjoustant que luy de Thou devoit plus que tous les bonnets
ronds du royaume s'abstenir de ce négoce, attendu qu'il estoit esclave de ceux de Guise ses ennemis mortels , eslevé
et toute sa race par les bons tours qu'ils avoyent jouez contre la couronne et maison de France. Surquoy ledit de
Thou n'eut autre excuse sinon qu'il recognoissoit son degré , et qu'il ne s'y fust ingéré sans commandement exprès
dudit seigneur (1). La conclusion du prince fut, que ne vou-

---

(1) J.-A. de Thou ne dit rien , dans son histoire, de ces interrogatoires
du prince de Condé. Il ne nomme même pas Christophe de Thou, qui
se chargea de cette commission. La Planche , qui n'avait pas les mêmes
scrupules de famille , n'hésite point à faire connaître les magistrats qui
avaient consenti à servir la vengeance des Guises.

8.

lant respondre devant eux , et eux prétendant de passer outre , il en appela au roy comme dessus : lequel appel estant dès le lendemain quinziesme de novembre déclairé nul par le conseil privé , et le prince en ayant de rechef appellé , finalement il fut dit que , sous peine de crime de lèse majesté , il respondroit pardevant lesdits commissaires. Ce qu'il fit , estant par la permission du roy assisté de deux advocats de Paris pour conseil, à savoir Claude Robert et François de Marillac. Sa response contenoit une ample défense sur le crime de lèse majesté , avec ample et magnanime tesmoignage de sa bonne et droite conscience. Car quant au point de la religion , il le confessoit , et y persistoit franchement. Il a esté cy-devant fait mention çomme le prince de Condé voyant exécuter à mort quelques prisonniers pris au tumulte d'Amboyse avoit déclairé le regret qu'il avoit , que le roy perdist de si bons serviteurs. Nous avons aussi monstré que cela ne tomba à terre , que l'on dit ; mais luy fut gardé à bonne bouche. Car le cardinal ayant dicté ces paroles ainsi qu'il voulut , et fait rédiger par escrit par Robertet et sieur du Fresne, secrétaire d'estat et fait de sa main , et en termes qui le rendoyent coulpable de crime de lèse majesté , on les produisit lors en lumière, et alla ce Robertet devers le prince , tenant son papier en sa main , luy disant que le roy l'avoit là envoyé , pour savoir s'il se souvenoit des propos qu'il avoit tenus tel jour à Amboyse à tels et tels gentils-hommes. Et adjousta qu'il avoit commandement de sa majesté d'en faire procès-verbal. Le prince ayant ouy la lecture , nia les avoir dits ainsi qu'ils estoyent transcripts , mais bien avoit parlé ainsi et ainsi.

Ce procès-verbal portant ceste confession fut baillé au cardinal , qui s'asseura d'en faire bien son profit , et d'avoir ses tesmoins tous prests pour prouver son fait , qu'il maintenoit avoir esté déguisé par le prince. Parquoy il envoya tout soudain quérir ces personnages : et afin qu'ils ne le desdissent, luy-mesme les interrogua en la présence du roy, et leur dit que sur le rapport par eux à luy fait en la ville d'Amboyse, de certains propos tenus par le prince de Condé contre sa majesté, et en la faveur des rebelles et séditieux qui s'estoyent eslevez contre ledit seigneur, il les avoit fait diligemment et fidèlement transcrire et de mot à mot par Robertet, à fin d'en rafreschir la mémoire quand besoin seroit. Il leur demanda donc s'il n'en alloit pas ainsi, après que lecture en eut esté faite en leur présence et séparément. Et de peur qu'ils ne faillissent, ledit cardinal leur affermoit leurs compaignons l'avoir ainsi affermé au roy. Mais il ne peut tant faire que chacun ne déclairast ces propos avoir esté tenus tout autrement qu'on ne les avoit escrits, se conformant du tout avec les derniers tenus par le prince. Le cardinal au contraire les rudoyoit, et affermoit la vérité estre telle, et que la faute venoit de ce que sur l'heure on ne les avoit fait signer leur déposition. A tant il les pria sur la fin d'y bien penser : car il s'asseuroit sur sa vie qu'il leur en souviendroit. Au partir de là, on le vit et ses frères bien empeschez à bonneter et caresser ces seigneurs, et ne sait-on qu'ils dirent puis après, car le tout estoit bien secret. Voylà en somme tout l'ordre tenu à la confection du procès du prince de Condé, pour raison des entreprinses prétendues avoir esté par luy faites contre sa majesté et l'estat. Car quant à la religion, il en estoit jà assez suffisamment atteint et convaincu, en sorte qu'il y eut jugement donné contre luy, portant condamnation de mort. Et luy devoit-on trancher la teste sur un eschaffaut, devant le logis du roy, à l'entrée des estats. Et afferme l'on que ceste condamnation fut signée de tous ceux du privé conseil, excepté le chancelier et du Mortier qui reculoyent tousjours , en donnant toutesfois bonne espérance. Elle fut ainsi signée de plusieurs grands seigneurs , des dix-huit chevaliers de l'ordre nouvellement faits, et plusieurs autres qui se trouvèrent là pour s'offrir au service de ces gouverneurs , comme aussi les présidens , maistres des requestes , et conseillers du parlement pour ce mandez, s'y soussignèrent très-volontiers , et les envoyoit quérir le roy l'un après l'autre pour cest effect , sans aucunement mettre la matière en délibération.

On récite une chose notable du comte de Sancerre, c'est que le cardinal se confiant de luy entre autres, luy envoya son secrétaire avec ceste sentence pour la signer , et luy remonstra que puis que tant de princes et seigneurs l'avoyent jà fait avec le roy , il n'en devoit faire aucune difficulté. Toutesfois se sentant esmeu d'un acte si estrange , il alla soudainement trouver le roy, lequel ayant entendu qu'il n'avoit incontinent signé , luy monstra visage courroucé. Car il estoit tellement animé contre ce prince, qu'il en vouloit avoir la fin, quoy qu'il en fust. Le comte ayant nouveau commandement de sa majesté , se print à plorer, et le supplia très-humblement luy vouloir commander tout ce qu'il luy plairoit pour son service , et qu'il luy obéiroit en toutes choses , tant que l'ame luy battroit au corps : mais de signer cela , il ne pourroit , et aimoit mieux qu'on luy fist trancher la teste à luy-mesme. Ce qui estonna fort ledit sieur, et regardant le cardinal , sembloit qu'il eust bien voulu adviser quelque autre meilleur expédient. Mais le comte sorty de devant le roy, le cardinand r'habilla tout , et dit que ce comte estoit un vieil fol , et qu'il luy feroit bien faire après luy avoir plus amplement déclairé le mérite de la cause. Ce qu'il prenoit sur luy.

Pendant que ces choses se faisoyent , la princesse de Condé (femme accomplie en toutes sortes , s'il y en a eu de nostre temps) n'eut plustost esté advertie de la prise de son seigneur et mary, qu'elle n'allast à Orléans. Mais on luy envoya faire défense de par le roy, de ne passer outre une maison où elle estoit arrivée en la Beausse, à dix ou douze lieues d'Orléans, sur peine de rébellion, et d'estre atteinte et convaincue de crime de lèse majesté. Toutesfois ceste pauvre dame importuna la royne mère, qu'elle eut quelques jours après lettres d'elle pour venir à petite compagnie solliciter les afaires de son mary, ce qu'elle fit. Estant donc arrivée à Orléans, elle recourut à tous ceux qu'elle estimoit amis : mais on en fit moins de compte que de la moindre damoiselle de France. Le roy de Navarre mesme n'osoit parler à elle, pour crainte qu'il avoit de soy-mesme. Bref, il ne se présenta ni courtisan, ni citadin si hardy que de la saluer seulement, fust en public ou privé, tant elle estoit de près observée. Ce qui luy fit juger que c'estoit fait du prince. Et à tant luy faloit trouver tous moyens de le voir une seule fois avant que mourir, et luy donner courage, puis que la tyrannie estoit ainsi rigoureusement exercée en son endroict, et qu'elle ne pouvoit autrement servir. Cela luy fut refusé : et ne peurent toutes ses importunes requestes envers la royne mère avoir aucun lieu. Ce nonobstant elle s'enhardit un jour d'entrer en la salle du roy, devant la majesté duquel elle se jetta à genoux, le suppliant très-ardemment avec larmes et souspirs incroyables, que tant seulement on luy monstrast une seule fois son seigneur et mary : non qu'elle voulust autrement parler à luy ou luy donner aucun signe, ains pour avoir cest heur de le voir encore une fois en sa vie. Mais tant s'en faut que pour ses gémissemens et pleurs ledit seigneur fust esmeu à pitié, que cela l'aigrit et anima davantage, voire jusques à luy reprocher que le prince estoit son plus grand et mortel ennemy, et que luy ayant voulut oster la vie avec le royaume, il ne pouvoit de moins que de s'en venger. Sur cela, comme elle entroit en défenses, et ne se lassoit d'importuner le roy, le cardinal (qui de sa part craignoit que sa majesté ne fust esmeue à pitié et compassion), voulant aussi monstrer son animosité, chassa ceste princesse fort rudement, l'appellant importune et fascheuse, et disant que qui luy feroit droict, on la mettroit en un cul de fosse elle-mesme. Ceux qui virent son ennuy et passion, disoyent d'une commune voix, que jamais n'en avoit esté veu ni ouy parler d'une telle. Car ceste pauvre dame affligeoit tellement son corps jour et nuict et sans cesse aucune, que plusieurs de ses ennemis mesmes en avoyent pitié, et en faisoyent recit ès privées compagnies.

Nous avons cy-dessus récité, comme Bouchard chancelier du roy de Navarre fut envoyé prisonnier à Melun avec ceux que le mareschal S.-André avoit fait amener de Lyon : mais nuls de tous ceux-là, ni luy, ne furent recollez, ni confrontez audit sieur prince. Et disoit-on que Bouchard avoit depuis pensé à sa conscience, et qu'il ne pourroit aucunement éviter qu'on ne monstrast luy-mesme avoir esté autheur de toutes les choses passées, à l'occasion de quoy il s'estoit résolu de chanter autre langage, niant avoir rien escrit. Et quant aux autres, ils estoyent si fermes et asseurez, (hors mis le gantier, lequel encore ne parloit que par ouyr dire) que l'on ne s'efforça de les luy confronter, de peur que ceux-cy ne justifiassent le prince, et que les estats cognussent l'iniquité des procédures, joint que ceste princesse leur estoit une espine au pied : car elle n'avoit faute d'esprit, de langue, ni de courage, pour remonstrer l'injustice de laquelle on usoit en ceste cause, tellement que ceux de Guise furent en quelque délibération de s'en desfaire quelques jours devant l'exécution du prince.

Pendant que ces choses se font à Orléans , le pape adverty de tout par les cardinaux de Lorraine et de Tournon et voulant prévenir au danger qui pouvoit advenir en France à cause de l'assemblée des estats pour le fait de la religion , et de celle qui devoit suyvre après de la convocation des prélats , publia sa bulle le vingtième jour de novembre , contenant une déploration des misères de la chrestienté qui estoit ainsi peuplée de hérésies et divisions. Pour à quoy remédier, il alléguoit le devoir qu'avoyent fait ses prédécesseurs , comme Paul avoit ordonné le concile premièrement à Mantoue , et puis pour bonnes raisons transféré à Vicence , et de là à Trente , où il avoit esté commencé : puis après Jules son successeur l'avoit continué au mesme lieu , où avoyent esté faits et concluds certains décrets. Et pource qu'aux prochains lieux d'Allemagne s'estoyent esmeues plusieurs séditions et tumultes, et qu'il y avoit jà cruelles guerres en Italie et en France , de rechef le concile avoit esté différé par l'industrie de l'ennemi du genre humain , pour frustrer l'Église d'un si grand profit, voyant que du tout il ne le pouvoit oster. Or le pape ne pouvoit dire sans grande amertume d'esprit, de combien cependant les hérésies avoyent pris acroissement , force et vigueur, et combien la division estoit acreue pendant les guerres. Mais puis que Dieu pitoyable et miséricordieux avoit pacifié les roys de la chrestienté , sa saincteté de son costé avoit espéré de mettre fin aux maux de l'Église par le concile. Parquoy pour oster la division et l'hérésie , corriger et réformer les mœurs , et entretenir la paix et union des princes , ayant eu l'advis de ses frères les cardinaux , et de ce adverti l'empereur et autres roys et princes, lesquels il avoit trouvez prests et appareillez, de l'authorité de Dieu , et des bénoists sainct Pierre et sainct Paul , desquels il tenoit la place , il ordonnoit le sacré et général concile estre recommencé le jour de la résurrection de nostre Seigneur, et sans délay, en la ville de Trente, admonnestant ses frères les patriarches, archevesques, évesques, ses fils, les abbez et autres ausquels de droit commun, privilége ou ancienne coustume estoit permis de s'asseoir et donner sentence au concile. Et leur commandant en vertu de saincte obéissance, du serment par eux à luy fait, et sur les peines sur ce ordonnées, de s'y trouver, s'ils n'avoyent empeschement légitime, duquel ils fissent apparoir. Après cela il prioit l'empereur et les autres roys et princes de s'y trouver ou d'y envoyer ambassadeurs, gens sages, graves et prudens, pour représenter la personne de leurs maistres, et de donner ordre que les prélats de leurs pays y aillent en temps si nécessaire.

De sa part, il fera qu'ausdits prélats et autres allans et retournans dudit concile ne sera fait ne donné aucun destourbier ou empeschement par les chemins, et ne laisseroit rien passer qui peust appartenir à faire une œuvre tant salutaire constituée par luy. Bref, il appelloit Dieu à tesmoin, s'il cerchoit autre chose, et s'il se proposoit rien devant les yeux que l'honneur de Dieu, la réduction des ames esgarées de la foy, et le perpétuel salut et tranquilité de la chrestienté.

Voylà un des poincts par lesquels ceux de Guise estimèrent avoir trouvé propre occasion d'empescher que les estats ne peussent rien déterminer pour le regard de la religion, sachant que les cayers des députez estoyent chargez de demander estat paisible, comme il sera plus amplement déduit ci-après.

Les choses ainsi acheminées, on devoit bien passer plus avant; car l'intention estoit pour éviter toute vengeance, faire mourir sans aucune distinction tous ceux qui tenoyent le parti des princes, de quelque religion qu'ils fussent. Et desjà le cardinal avoit usé de telle diligence que de chascune province on luy avoit apporté les noms et surnoms de ceux que ses espies savoyent estre tels : en sorte que les rolles en estoyent jà tout dressez, pour les faire advouer et approuver aux députez des trois estats, fust par amour ou par force, comme aussi ils s'asseuroyent d'estre authorisez quant aux parlemens de France, de la plupart des conseillers et présidens, desquels ils avoyent suffisamment esprouvé la conscience, estant iceux premièrement ennemis mortels de ceux de la religion, et puis aussi de tous ceux qui demandoyent réformation de l'estat : estant persuadez que si ceux de la religion avoyent le dessus, ce seroit à eux à courir, tant pour rendre raison de leurs jugemens, que pour estre mis sur l'eschaffaut, afin de corriger les abus de la justice, qui n'estoyent moindres que ceux de l'Église romaine, outre la perte qui leur pouvoit revenir en laschant les grands et gros bénéfices que tenoyent eux et leurs enfans et custodinos, advenant une bonne réformation. Voylà pourquoy il ne leur falut guères bransler la bride pour leur faire jurer la mort de tous ceux de la religion, et consentir à tous les desseins de ceux de Guise, qui leur promettoyent monts et vaux.

Et afin que ce ravage fust plustost achevé, faut noter qu'à l'issue des estats, les forces de France devoyent estre départies en quatre, lesquelles marcheroyent tousjours à une journée ou deux près l'une de l'autre sous la conduite des ducs d'Aumalle, mareschaux Sainct-André, de Brissac et de Termes, qui avoyent jà tel et semblable pouvoir que celuy de Sainct-André cy-dessus déclairé, afin que la France estant répurgée, on regardast avec les Espagnols, Italiens, Allemands et Suisses catholiques de faire le mesme en toute la chrestienté, ce disoit-on. Et ne faut douter que tous ne désirassent la ruine de ceux qu'ils tiennent pour communs ennemis. Mais cela se fust monstré en

effect, selon que la commodité de chacun eust porté : et
n'y a doute que la royne mère n'y eust eu plus petite part
qu'elle ne présumoit.

La manière de fournir à ceste depense (disoit-on, pour
donner à entendre qu'en tout cecy on ne cerchoit point
son particulier, mais l'advancement ou plustost la sauveté
de nostre mère saincte Église) estoit telle. On prenoit le revenu des bénéfices, qui monte presque les deux parts du
royaume. Chascun cardinal ne devoit retenir (toutes bour-
des quant à l'effect) jusques à l'entier accomplissement de
l'entreprinse, que de quatre à cinq mille livres par an, un
évesque mille ou douze cens, un abbé trois ou quatre cens,
un prieur cent à six vingts livres, et ainsi des autres jusques à un chapelain de trente livres, qui retenoit seulement
cent sols. Et afin d'avoir plus prompts deniers, tout l'or et
l'argent des reliquaires, avec les thrésors des temples et
monastères, se prenoit, avec promesse toutesfois qu'ils seroyent puis après refaits des confiscations des hérétiques :
moyens asseurez à ceux de Guise, par les mains desquels
tout eust passé en France, de maintenir contre tout le
monde, le royaume transporté en leur maison. Mais le
meilleur estoit, que s'ils avoyent trop grand besoin de gens
de guerre, le clergé devoit fournir de leurs valets, c'est-à-
dire, maquereaux, cuisiniers et autres, des plus habiles et
dispos, voire jusques aux prestres et moines que le pape dis-
pensoit pour prendre les armes : en quoy ils promettoyent
faire merveilles, d'autant que leur conscience estoit trou-
blée par ces hérétiques. Or quant à la conclusion prise, d'exterminer tout le sang royal de la maison de Bourbon, et tous
leurs amis, cela ne vouloyent-ils faire tout à un coup, mais
par le menu et petit à petit, afin que l'on ne s'apperceust
de leur encloueure, et que les François n'estimant ces exécutions estre la planche par eux dressée pour parvenir à la

couronne, ne s'eslevassent contre eux. Le roy de Navarre donc devoit estre pour le commencement confiné au chasteau de Loches ; le connestable ferré en la grosse tour de Bourges, avec tous ses enfans et nepveus. Les plus grands qui avoyent authorité devoyent estre pris : et les faisant mourir, se devoit tenir quelque petite formalité de justice, comme à celle du prince de Condé, qui devoit mener la danse le dixiesme de décembre, à l'entrée des estats, ainsi que j'ay déclairé. Et d'autant que les prisons d'Orléans ne sembloyent assez grandes ne seures, ne semblablement celles de Loches, Bourges, et autres villes, pour contenir si grand nombre des enrollez de toutes qualitez, on mit ouvriers en besongne de toutes parts, pour accoustrer les prisons, et en faire de neufves. Entre autres, la grosse tour de Sainct-Aignan fut grillée et fortifiée pour y mettre les principaux d'Orléans, et une autre auprès, pour l'admiral et ses frères, en sorte que ceste tour fut depuis appellée l'admiralle.

Sur ces entrefaites, estant arrivez à la cour les mareschaux Sainct-André, et de Brissac, qui estoyent des principaux de la retenue, on leur communiqua les desseins, à savoir à Sainct-André toute l'entreprinse, comme en estant bien capable, et au mareschal de Brissac, cela seulement qui servoit à la ruine de ceux de la religion. Car le reste luy estoit lors caché, jusqu'à ce que l'on eust plus grande preuve de sa fidélité envers ceux de Guise, comme elle se manifesta puis après. Ceux-là trouvèrent très-bon ce qui avoit esté conclu et arresté, sinon pour le regard du roy de Navarre. Car ils furent d'advis qu'on le devoit faire tuer, sans en faire plus longue garde, pource que demeurant en vie, quelque confiné qu'il fust, c'estoit une ouverture et occasion à ceux de la religion de s'eslever pour le rescourre. Et pourtant ne fut-il question sinon d'adviser les plus propres moyens de s'en desfaire. Le premier moyen qu'on essaya, fut de l'empoisonner à un disner, où il fut adverti de n'aller point. Le second, fut de le tuer un soir, partant de chez le roy, d'un coup de pistolle, se couvrant de la querelle de monsieur de Nemours touchant le mariage prétendu entre luy et mademoiselle de Rohan, cousine germaine de la royne de Navarre, auquel il ne s'accordoit, après luy avoir fait un enfant, disoit-on, sous promesse de mariage. Mais pour ce coup ledit seigneur roy se trouva trop bien accompagné. La tierce entreprinse fut estrange, et presque incroyable, si elle n'estoit trop bien tesmoignée par luy-mesme et par autres : comme aussi la royne de Navarre par le bien savoir, et sans jamais avoir esté contredite, en escrivit à la royne mère, long-temps après le trespas de tous les deux roys. Il fut donc advisé que le roy, auquel on avoit entièrement persuadé qu'aimant ceste race il perdroit la vie et son estat, feindroit d'estre malade (comme tost après il le fut à bon escient, et mortellement) et n'ayant que sa robbe de nuict, et une dague à sa ceincture, envoyeroit quérir ledit seigneur en sa chambre, où il n'y devoit avoir que le sieur de Guise, le cardinal de Lorraine, et le mareschal de S.-André, et quelques-uns advertis de ce qu'ils avoyent à faire, et le roy prenant une querelle d'Alemaigne (comme on dit) contre ledit seigneur, luy devoit donner un coup de dague, et les autres l'achever. Cela fut conclud, après avoir esté débattu entre quelques particuliers, où néantmoins il y eut de différentes opinions, ne pouvant quelques-uns consentir à une telle cruauté, que faire souiller la main de ce jeune roy dans son propre sang. Néantmoins l'ambition et envie de régner de ceux de Guise, leur fit eslire ce moyen.

La royne mère, et bonne mère pour ce coup, à laquelle ceux de Guise ne communiquoyent de ces derniers desseins qu'autant qu'il leur plaisoit, en fut advertie par le roy mesme, et fit ceste faveur audit roy de Navarre de le faire

advertir par le moyen de madame la duchesse de Montpensier, après avoir en vain essayé en secret d'en divertir
le roy, hors mis qu'il est à présumer, que la remonstrance
que sa mère luy en fit, servit bien à le retenir, quand il
fut question de l'exécution.

Suyvant donc ce malheureux conseil, le roy François envoya quérir ledit roy de Navarre, pour venir parler seul à
luy en sa chambre, où il estoit seul aussi, avec ceux de la
conjuration seulement. Ledit roy fut adverti de n'y aller,
et trouver quelque excuse : ce qu'il fit la première fois. Il
le renvoya quérir la seconde, en laquelle il fut encore conseillé de n'y aller, par un qui luy dit la vérité de leur délibération. A la fin poussé d'un cœur magnanime, et aussi
que la pureté de sa conscience en ce fait l'empeschoit d'appréhender ceste mort, il se résolut d'y aller, et mener seulement quelques-uns avec luy, entre autres le capitaine
Ranty, lieutenant de sa compagnie, gentil-homme en qui
il se fioit, et qui avoit esté nourri d'enfance avec luy. Mon-
tant le degré de la chambre du roy, il trouva encore quelqu'un qui le voulut arrester, luy disant : Sire, où vous
allez-vous perdre? mais comme résolu qu'il estoit, il se
tourna lors (comme depuis tous deux l'ont souvent récité)
vers le capitaine Ranty, disant : Je m'en vay au lieu où l'on
a conjuré ma mort, mais jamais peau ne fut vendue si
chère que je leur vendray la mienne. S'il plaist à Dieu, il
me sauvera ; mais je vous prie, par la fidélité que j'ay tousjours connue en vous de vostre bonne nourriture, et l'amitié que je vous ay portée, de me faire ce dernier service,
que si je meurs, que vous recouvriez la chemise que j'ay
sur moy, et la portiez toute sanglante à ma femme et à
mon fils, et conjuriez madite femme pour la grande amour
qu'elle m'a toujours portée, et par son devoir (puis que
mon fils n'est encore en âge de pouvoir venger ma mort)

9.

qu'elle envoye ma chemise percée et sanglante (comme si je meurs, elle le fera) aux princes estrangers et chrestiens pour venger ma mort si cruelle et traistresse. Et sur ces paroles il entra en la chambre du roy, et incontinent le cardinal de Lorraine ferma la porte par-dedans après luy. Adonc le roy luy tint quelques rudes propos, ausquels il respondit avec tout devoir et révérence (regardant néantmoins ses ennemis d'un œil assez farouche). Bref, les uns et les autres, estant estonnez, par la volonté de Dieu, les choses se passèrent en paroles. Ce que voyant le duc de Guise, et son frère le cardinal, retirez en une fenestre, ils s'en allèrent bien despitez, usant de ces mots assez hauts, en sortant : Voylà le plus poltron cœur qui fut jamais ! Il ne faut nullement douter que la vertu de Dieu, qui bride la rage des meschans et tient en sa main le cœur des roys, ne s'estendist sur l'un et sur l'autre : sur le roy, pour ne luy permettre estre parricide, commettant en son sang un si lasche tour ; et sur le roy de Navarre aussi, pour luy faire paroistre qu'un seul cheveu de nostre teste ne peut tomber sans sa providence, quelques asseurances que puissent prendre les meschans de leurs conjurations. Ainsi pour lors eschappa le roy de Navarre, ce que voyant ces conjurateurs, et ce nonobstant persévérant en leurs meschantes volontez, leur dernière résolution fut que le roy iroit faire un petit voyage pour chasser à Chambourg et à Chenonceau, pendant que l'on nettoyeroit la ville d'Orléans, et qu'on dresseroit les logis pour recevoir les députez des estats, et tous les princes et grands seigneurs, qui estoyent mandez s'y trouver. Que ledit seigneur y mèneroit le Navarrois, et qu'en courant après quelque beste, on le tueroit, puis on feroit courir le bruit qu'il auroit esté meurtri d'un cerf, ou d'un sanglier (1).

(1) De Thou rapporte également, mais avec moins de détails et sans

Quant au connestable, ils luy vouloyent faire procès, et avoit jà esté plusieurs fois mandé à la cour, où il n'avoit voulu aller, comme sage mondain qu'il estoit, pour ne tomber à son escient ès griffes de ses ennemis, lesquels il savoit pour certain avoir machiné sa mort, et basti des informations à leur mode, par les dépositions de la Sague, et telles que le temps le promettoit, en sorte qu'on s'attendoit bien de ruiner sa maison et la confisquer, et déjà commission avoit esté expédiée pour prendre son fils Danville.

Et pource que les trois frères de Chastillon leur estoyent du tout insupportables, et qu'ils estimoyent n'y avoir en France aucuns seigneurs plus propres à empescher leurs desseins, et à lever et conduire gens pour s'opposer à eux, ils furent très-aisés d'avoir trouvé une occasion tant propre, à savoir, la profession et déclaration ouverte qu'ils avoyent faite à la royne de se vouloir ranger aux églises réformées du royaume, notamment l'admiral et d'Andelot son frère. Voicy donc comme ils les devoyent traiter, n'ayant peu trouver sur eux aucune chose digne de répréhension, et faire le mesme à tous les autres chevaliers de l'ordre, qui avoyent favorisé tant soit peu ceste doctrine.

Le roy escrivit à tous les chevaliers de l'ordre absens, qu'il vouloit tenir un chapitre général de son ordre le jour de Noël suyvant, et entendoit que toutes excuses cessantes ils se trouvassent à la cour. Cependant le cardinal avoit fait dresser une confession de foy aux sorbonnistes, de tel style qu'il s'asseuroit que nul de tous ceux qui auroyent gousté la doctrine contraire n'y voudroyent aucunement consentir. Et c'estoit le piège où on les attendoit.

Le jour venu, sa majesté devoit présenter aux chevaliers

y ajouter une foi complète, ce projet d'assassiner le roi de Navarre. Il peut se faire que La Planche ait plutôt consulté sa haine contre les Guises que la vérité.

en plein temple ceste confession, qui seroit signée de sa main, afin qu'ils fissent le mesme, et jurassent tous de non-seulement la tenir et garder inviolablement, mais aussi de courir sus par toutes voyes à ceux qui y contreviendroyent, sans espargner père, mère, femme, frères, sœurs, parens ni amis en quelque sorte et manière que ce fust. Que si aucun en faisoit le moindre refus ou délay (car pour tout certain ils s'attendoyent que l'admiral et d'Andelot ne la voudroyent signer, ou à tout le moins demanderoyent jour d'advis et qu'elle leur fust communiquée), alors sa majesté sans autre inquisition, forme ne figure de procès, les devoit dégrader de l'ordre et de tous estats, dignitez et honneurs, et le lendemain les envoyer au feu brusler tous vifs. Ce mesme stratagème fut dressé au cardinal de Chastillon, par une assemblée générale qu'ils devoyent faire le mesme jour de tous les cardinaux, pour signer ceste mesme confession de foy, sachant bien qu'il n'en feroit rien. Aussi en demandoyent-ils la vie Et ce fait, le roy devoit mander tous les princes et seigneurs du royaume pour leur faire signer ceste confession, et puis à tous ses gentils-hommes et officiers domestiques.

Le chancelier avoit commandement de faire le semblable envers tous les maistres des requestes, ceux de la justice, secrétaires et autres officiers suyvans la cour. La royne pensant alors que ce fust fait, et qu'il fust temps de descouvrir du tout son cœur, avoit pris la charge de faire signer toutes les dames et damoiselles de la cour. Il estoit enjoint à tous ceux qui avoyent des serviteurs, de faire le semblable, et que chacun respondroit des siens. La cour ainsi repurgée, on devoit envoyer à tous les parlemens, bailliages, seneschaussées et autres juridictions, pour faire pareille profession de foy, sur peine aux défaillans ou délayans d'estre bruslez sans autre forme ne figure de procès. Aussi appelloit le cardinal ceste confession, la ratonière. Que s'il se trouvoit quelqu'un vray pénitent, et qui appartint à quelque grand prince ou seigneur de la retenue, advenant qu'on luy pardonnast, il porteroit à jamais pour perpétuelle ignominie une robe de couleurs à la mode d'Espagne, la forme de laquelle se prenoit de l'inquisition, pour la pratiquer exactement. Bref, les choses estoyent tellement disposées, que pour descouvrir plus promptement les secrets de la religion qui fussent en France, chacun curé ou vicaire devoit aller par toutes les maisons de sa paroisse, accompagné de greffiers, notaires, et autres personnes publiques pour ce choisies et eslevées, afin de recueillir les signatures, et en faire registres et dénombrement en chacune jurisdiction. Voylà donc les moyens par lesquels ceux de la religion devoyent estre infailliblement accablez. Et pour ce faire commissions nouvelles estoyent ordinairement expédiées à tous les capitaines et gentils-hommes dévotionnez au parti de Guise, pour lever gens de la qualité susdite.

Nous avons récité, en traitant des guerres du duc de Savoye, comme les Vaudoys eurent secours de ceux de Pragela; ce qu'estant parvenu aux aureilles du duc, il en fit de grandes plaintes au roy, affermant que ses sujets n'eussent eu le courage de faire teste à ses gens, s'ils n'eussent esté secourus des François. Entre autres, il nommoit ceux de Pragela. Mais surtout, il estimoit ceste conduite avoir esté faite par Mouvans, et par les Provençaux fugitifs de leurs pays qui s'estoyent retirez, comme il disoit, audit Pragela. Maugiron de sa part, se trouvant à la cour, faisoit les choses grandes, et confermoit cest advertissement, se disant avoir grand crédit et authorité en Dauphiné, tant envers la noblesse qu'envers plusieurs siens amis, pour exécuter une bonne entreprinse sur ceux de Pragela, et se vantant de leur donner une bonne venue. D'autre part, il fit prière à ceux de Guise de luy vouloir donner une bonne charge en l'armée qui se devoit lever pour aller à Genève, et icelle joindre avec les forces d'Italie, en quoy il espéroit leur faire de grands services, à cause des intelligences qu'il se disoit avoir de delà avec plusieurs gentils - hommes et gens de guerre. Parquoy commission fut expédiée le 17 de novembre pour lever en Dauphiné dix ou douze enseignes de gens de pied. Le prétexte estoit fondé sur ce que sa majesté avoit entendu que ceux de la vallée de Pragela, qui est aux confins dudit Dauphiné, continuant en leurs hérésies, faisoyent ordinairement prescher, et administroyent les sacremens à la mode de Genève. Et qui pis estoit, retiroyent et favorisoyent ceux de ceste mauvaise secte, et principalement aucuns des principaux chefs et autheurs de la dernière sédition et esmotion faite ausdits pays et lieux circonvoisins. Au moyen dequoy, le roy, suyvant sa coustume et catholique intention, désiroit leur faire changer de façon de vivre : sinon, les chastier selon leurs démérites, leur ostant les chefs et prédicans. Ce pouvoir aussi portoit de faire levée de tel nombre de gens qu'il voudroit, et d'assembler secrettement ses amis avec la noblesse, pour se transporter audit Pragela, y prendre les ministres, gentils-hommes chefs et autheurs des séditions et hérésies, pour les faire chastier par le parlement du Dauphiné. Et s'il trouvoit beaucoup de résistance, qu'il leur courut sus, et les taillast en pièces, se conduisant toutesfois par le sage et prudent advis de la Motte Gondrin, auquel il obéiroit comme à sa majesté mesme.

Or combien que ceste commission fust ainsi causée, si est-ce qu'elle tendoit principalement à renforcer le duc de Savoye, et occuper le passage de Pragela, pour empescher que nul secours ne fust donné aux Vaudois des vallées d'Angrogne, et autres qu'on tenoit de si court, et lesquels on avoit conclud d'exterminer entièrement, pour sur le printemps faire de plus grandes et hautes entreprinses, et commencer par Genève. Et à fin que les choses fussent plus diligemment conduites, le roy escrivit à Bourdillon, son lieutenant général en Piedmont, de bailler toutes ses forces à Maugiron, pour exécuter l'entreprinse de Pragela, et les joindre avec celles de la Motte Gondrin. Ce que Bourdillon n'avoit aucunement à plaisir : non pour aucune bonne affection qu'il portast à ceux de la religion, mais pour le danger de perdre toutes les villes qu'il avoit en charge. Car desjà on luy avoit osté les vieilles bandes, et luy en avoit-on baillé des nouvelles peu aguerries, si qu'il ne pouvoit dormir avec eux de bon somme. Maintenant donc qu'on les luy vouloit oster, ou bien luy en laisser si petit nombre, qu'ils ne seroyent pour résister au moindre exploict que le duc voudroit faire contre luy, il insistoit fort au contraire, et envoya remonstrer au roy les inconvéniens qui en pouvoyent survenir, luy remonstrant qu'il avoit assez d'autres moyens pour secourir le duc de Savoye sans desnuer ses villes. Joint qu'il estoit assez empesché de prévenir et veiller sur les entreprinses d'ailleurs. Mais tout cela ne luy profita rien, sinon d'acquérir la mauvaise grace de ceux de Guise, qui luy mandèrent au nom de sa majesté, qu'il eust à obéir sur peine de rebellion, non-seulement en cela, mais en tout ce qui luy seroit puis après commandé, sans plus insister au contraire. Car, disoit le roy, j'ay assez bon conseil près de moy, sans que j'aye besoin du vostre, sinon quand je vous en demanderay. Par ces façons de faire, on conjecturoit que ceux de Guise avoyent promis au duc de Savoye de luy rendre non-seulement les quatre villes détenues par le traité de la paix, mais aussi tout ce que le roy avoit delà les monts, afin qu'ils le peussent tant mieux avoir à commandement par ce lien d'obligation. Car autrement savoit-il qu'il les recouvreroit malaisément du roy, et qu'estant en bas âge son conseil n'y consentiroit jamais. Le meilleur donc estoit de clore les yeux à tous les dangers et inconvéniens à ce que, cela advenant, la faute en fust rejettée sur ceux de la religion, pour avoir amené le roy à ceste nécessité de desgarnir ses villes, et partant les rendre du tout odieux au peuple.

Nous retournerons aux gens des trois estats, et monstrerons le reiglement qu'ils eurent de ces gouverneurs. Car ceux de Guise se souvenant parmi leurs violences, que les cayers des députez estoyent chargez de demander un estat paisible pour la religion, et plusieurs autres choses qui contrevenoyent directement à leurs desseins (encor que nul ne traitast proprement de leur gouvernement illégitime), après avoir meurement considéré les histoires françoises, et esté avertis par leurs serviteurs de ceste ancienne authorité des estats de France, avec le poids de leurs demandes et conclusions, ils doutèrent qu'ils ne missent sous les pieds leurs affections particulières envers eux, pour reprendre les arres et suyvre la trace de leurs prédécesseurs, qui avoyent tousjours eu ceste bonne coustume d'oublier les partialitez pour soigner au bien public, et à establir un asseuré gouvernement, pendant le bas âge des roys, pour servir de bride aux amateurs de nouveautez. A ceste cause ils se résolurent de bonne heure de ce qu'ils auroyent à faire. Sentant donc approcher le 10 de décembre, et les députez des estats arriver à la file, défenses itératives de par le roy leur sont faites sur peine de la vie, que nul d'eux fust si hardy de parler un tout seul trait de la religion en l'assemblée et convocation que sa majesté feroit de ses estats généraux, d'autant qu'autrement il en avoit disposé. Sur cela, Dieu commença dès-lors de monstrer qu'il n'y a ruse ne violence qui puisse sortir effect contre luy. Car combien

que ceux de Guise eussent fait toute diligence d'avoir
lesdits députez à leur dévotion, et qu'ils s'asseuras-
sent que la pluspart approuveroyent leurs desseins : ce
néantmoins ceste défense fit murmurer trop plus de gens
qu'ils ne pensoyent, d'autant, disoyent-ils, que les lettres
de la convocation des estats portent le contraire. Pour à quoy
remédier ils attirèrent des personnages d'authorité, qui disoyent ne faloir trouver estrange si le roy avoit changé d'a-
vis. Car lors de sa résolution prinse d'assembler les estats, il
n'estoit nouvelle qu'on voulust tenir le concile général :
mais que maintenant que le pape l'avoit publié, ce seroit
luy faire un trop grand préjudice de rien mettre en avant
touchant la réformation du clergé, attendu que l'on la devoit espérer bonne et universelle par ce saint concile : et
aussi que les prélats de France, qui s'assembleroyent au
moys de janvier auroyent principalement ce soin de regarder aux choses nécessaires et particulières pour la religion,
afin de donner un bon règlement à la France sans empescher les deux autres estats, qui devoyent plustost regarder
à trouver deniers au roy pour ses urgens afaires, et d'ayder
de conseil à messieurs de Guise, pour chastier les mutins
et rebelles : autrement qu'ils seroyent les mal venus, et seroit à craindre qu'on les amenast par force à ce point, s'ils
ne se présentoyent de bonne et franche volonté. Mais que
les choses gracieusement accordées estoyent les plus louables, et qu'ils obligeroyent, en ce faisant, ces bons princes
de Guise de leur bien vouloir, et remunérer ceux qui suy-
vroyent le plus exactement en cela l'intention de sa majesté, sans entrer plus avant en contention pour leurs au
thoritez et prééminences. Sur tout qu'ils se donnassent
garde de mettre en avant ne s'ayder d'un seul argument
qu'on peust estimer et recognoistre estre sorty des escrits
des rebelles. Car cela estoit tant odieux à sa majesté que

rien plus. Bref on usoit de tous artifices possibles, pour essayer d'avoir des estats, par amour, ce qu'ils s'asseuroyent d'obtenir par force, voulussent ou non. Et quant à ceux qu'on savoit estre entièrement gaignez ou pratiquez, on leur descouvroit quelque partie des entreprinses, afin d'essayer à ranger les autres à ce point, leur proposant la vie ou la mort.

Sur ces entrefaites, voici arriver un pacquet du comte de Villars, lieutenant au gouvernement du Languedoc en l'absence du connestable son beau-frère, par lequel il advertissoit ceux de Guise que les députez du pays de Languedoc pour se trouver aux estats généraux, estoyent hérétiques, et des plus affectionnez à leur religion : pour à laquelle donner liberté, ils avoyent expressément accepté ceste charge, dequoy il les avoit bien voulu advertir, afin qu'ils advisassent d'y donner bon ordre; car c'estoyent gens d'esprit, de grande menée et conduite. Il estoit bien marry qu'il n'avoit peu empescher leur élection et partement, mais que la pluralité des voix l'avoit emporté, comme aussi la résolution prinse en l'assemblée particulière des estats du Languedoc, qui estoit de grande et périlleuse conséquence contre l'authorité de l'Église romaine, et à l'advénement de ceste nouvelle secte, qui s'estoit merveilleusement accrue et déclairée en Languedoc, plus cent fois qu'il n'eust peu estimer, voire à l'endroit des plus grands, et de ceux qui avoyent entière authorité envers le peuple pour les persuader et dissuader ce qu'ils voudroyent.

Ceste lettre ne fut plustost receue, que gens ne fussent expédiez pour aller au-devant de ces députez, afin de les mettre en lieu où ils n'eussent jamais peu faire bien ne mal. Mais n'estant rencontrez, ils arrivèrent à Orléans, où à leur descente de cheval se trouva gens qui leur dirent que le cardinal de Lorraine les demandoit. Ils prièrent qu'on les laisse descendre à l'hostellerie et se desbotter. Ce qu'on leur refusa, ains furent estroitement gardez, leurs mémoires et instructions saisies et portées à ceux de Guise, qui trouvèrent encore plus que ne leur avoit mandé le comte de Villars. Parquoy ces pauvres prisonniers furent aigrement et durement traitez, pour intimider les autres, et battre le chien devant le lion, comme l'on dit : mais tout cela fut en vain, comme il se verra cy-après.

Le roy de Navarre, comme il a esté veu, pendant toutes ces expéditions, et depuis son arrivée en cour, estoit détenu en une merveilleuse crainte et frayeurs incroyables. Car d'un costé ses amis l'advertissoyent d'heure à heure des délibérations et conclusions prises contre luy, en sorte qu'ils désespéroyent de sa sauveté. D'autre costé les capitaines et soldats le sollicitoyent souventesfois de se sauver, d'autant que ses ennemis avoyent praticqué aucuns d'eux, voire tiré leur promesse et serment pour le tuer sitost qu'ils en auroyent le signal. Or, soit qu'ils fussent menez de bonne affection, soit qu'ils cerchassent meilleure couleur et occasion d'exécuter ceste conspiration, ou autrement ; tant y a qu'on tenoit pour tout certain (considéré que telles gens de guerre estoyent tout dédiez et consacrez à la maison de Guise, ayant receu de tous leurs estats honneurs et avancemens de ceste part) qu'ils cerchoyent de le tuer en fuyant, afin de mieux colorer cest acte envers les estats, ausquels ils s'attendoyent de persuader aisément que telle évasion l'acoulpoit du forfait duquel il estoit soupçonné, ne cerchant d'eschapper la présence du roy que pour troubler le royaume, et commencer nouvelles esmotions populaires : et que partant le plus court et le meilleur remède avoit esté de s'en dépestrer ainsi, avant qu'il eust causé tant de maux et calamitez : combien toutesfois qu'on eust désiré luy faire procès comme à son frère. Mais Dieu retint ce prince en sorte que, pour chose qu'on luy peust persuader, il ne voulut abandonner la ville, ny s'esloigner de son frère, avant que voir l'issue de ses afaires. Ce qui plus le grevoit, c'estoit de se voir mocqué, mesprisé et monstré au doigt par les courtisans, sans que nul le daignast saluer, encor que partie d'eux eussent receu tous leurs biens, estats et honneurs par son moyen, tant est muable et variable la condition des courtisans. Aussi allant chez le roy, on le faisoit expressément valeter à la porte, sans laisser entrer plus de deux ou trois gentils-hommes avecques luy.

Nous avons veu cy-devant comme l'on avoit mandé tous les grands seigneurs du royaume pour se trouver à Orléans à l'assemblée des estats, les uns en intention qu'ils ne s'en retourneroyent jamais, les autres pour les tenir tellement en bride, que rien ne se peust remuer au préjudice de ceux de Guise, pendant leurs exploicts en ce lieu. Surquoy je réciteray un acte notable de l'admiral. C'est qu'estant adverty par ses grands amis de la conclusion et résolution prinse contre luy et les siens, l'appareil dressé pour exterminer non-seulement toute la maison de Bourbon, mais aussi tous les princes et seigneurs qui leur appartenoyent, et que l'on jugeoit pouvoir résister aux nouvelles entreprinses; que desjà estoyent arrivez à Orléans trente ou quarante des plus experts bourreaux des villes circonvoisines ; qu'on les avoit habillez d'une mesme livrée et parure ; que l'eschaffaut pour trancher la teste au prince de Condé (la femme duquel estoit sa niepce) s'en alloit jà dressé devant le logis du roy. Que la délibération estoit de le faire ainsi mourir ignominieusement à l'entrée des estats, pour tant de plus les tenir en crainte, et leur faire approuver la mort des autres, dont il estoit au nombre, et des plus recommandez par ceux de Guise, ennemis de ses vertus. Que l'on avoit accoustré une prison qui jà estoit dédiée et consacrée à luy et ses frères.

Qu'il n'y avoit doute que l'on ne vist en bref la plus grande effusion de sang qui jamais fut veue et ouye en France. Bref, que desjà défenses avoyent esté faites aux habitans d'Orléans et tous autres (hormis les gens de guerre qui seroyent de garde) de sortir de leurs maisons midy sonné ; voire de regarder par leurs fenestres, sur peine d'y estre sur l'heure pendus et estranglez sans autre figure de procès ; et que le sac de la ville avoit esté accordé aux gens de guerre, laquelle seroit puis après démantelée et rendue village sans aucunes prééminences ne priviléges. Toutes ces choses, di-je, ne peurent aucunement d'esmouvoir l'admiral d'entreprendre le voyage d'Orléans sans plus tarder, ni seulement attendre le connestable son oncle, après avoir eu les lettres du roy, auquel il délibéra faire entière confession de sa foy, remettant l'événement à Dieu.

Au partir de sa maison, il ne voulut dissimuler à sa femme le danger où il s'alloit envelopper, sans en attendre aucune bonne issue pour son corps selon l'apparence humaine, disant toutesfois avoir telle confiance en Dieu, qu'il auroit pitié de sa pauvre Église et du royaume, exhortant ladite dame, ensemble sa famille, de demeurer constans en la doctrine de l'Évangile, où ils avoyent esté droictement enseignez, puisque Dieu leur avoit fait cognoistre que c'estoit la vraye et certaine pasture céleste, estimant ne pouvoir recevoir plus grand heur, que de souffrir pour son sainct nom. Au reste, il enchargea très-estroittement à ladite dame, soit qu'elle entendist sa prison ou sa mort, de ne laisser à poursuyvre sa course, et de faire baptiser son enfant duquel elle estoit enceinte et preste d'accoucher, en l'église réformée, et par les vrais ministres de la parole de Dieu, et que plustost elle endurast la mort, que de souffrir iceluy estre pollué aux superstitions de la papauté. Somme, il luy disoit que si elle demeuroit ferme en ceste résolution, elle en devoit espérer

10.

bonne issue : mesmement que Dieu avoit jà accoustumé de desployer ses merveilles lorsque les hommes avoyent perdu toute espérance de salut et de vie. Voylà quel fut son partement de sa maison. Estant arrivé à Orléans, encor que la royne mère luy eust fait le pareil accueil et réception que de coustume , si n'y demeura-il guères sans s'appercevoir de la mauvaise volonté de ceux de Guise. Dequoy fut à demi adverti par ladite dame mesme, laquelle luy dit qu'elle estoit en grande peine pour luy, d'autant que le cardinal de Lorraine avoit délibéré de luy demander raison de sa foy en la présence du roy, le priant d'aviser à ce qu'il auroit à respondre, et à ne se mettre légèrement en danger. L'admiral ne se donna grand peine de cest advertissement, ains luy dit franchement qu'il ne demandoit pas mieux, et qu'il espéroit que Dieu luy feroit la grace de la donner si bonne, que sa majesté en seroit contente, sans que le cardinal en peust emporter que honte. La royne ayant derechef enquis l'admiral, s'il auroit bien la hardiesse de ce faire, et entendu qu'ouy, elle-mesme le rapporta au cardinal qui en fut très-aise, espérant avoir trouvé prompt moyen de luy faire procès : et de ce pas alla au roy, et luy dit par moquerie, devant ladite dame sa mère, qu'il luy avoit ce jour-là acquis un des meilleurs serviteurs du monde, lequel desvoyé de la foy, estoit prest à retourner au sein de saincte Église catholique romaine. La royne, di-je, ayant fait entendre à l'admiral ce qui estoit passé, adjousta que le cardinal désiroit qu'il y eust en la présence du roy cinq ou six docteurs de la Sorbonne, qui avoyent esté envoyez quérir expressément pour disputer contre les hérétiques pertinax. L'admiral luy dit, qu'il n'entendoit point qu'ils y fussent, quand il plairoit au roy que le cardinal l'interroguast devant sa majesté, non pour crainte qu'il eust d'eux, ni d'estre esbranlé par leurs argumens : mais qu'il savoit leur procédure estre telle que de condamner ceux de sa religion sans les convaincre autrement d'hérésie, ni rendre raison de leurs censures. Et ainsi advenant, il seroit aisé au cardinal de le faire déclairer pour hérétique, sans autre forme ne figure de procès, en sorte qu'il ne pourroit estre entendu en son bon droit. Mais s'il plaisoit au roy les ouyr tous deux seuls, il jugeroit aisément lequel des deux seroit hérétique. Ce que ladite dame dit que elle trouvoit très-bon, et promit d'ainsi le faire faire. Cecy advint pendant la maladie du roy, de laquelle il sera tantost parlé : mais comme elle rengregeoit, ce négoce fut interrompu, et n'en fut depuis parlé, au moyen de ce que le cardinal insistoit que les théologiens y estoyent nécessaires.

Les afaires ainsi disposées par ceux de Guise, ils advisèrent qu'il estoit temps de commencer à exécuter leurs desseins : parquoy le bruit courust que le roy alloit à la chasse à Chambourg et à Chenonceau, afin de nettoyer cependant les logis, faire place, et préparer ceux des députez des trois estats. Et de fait, la première chambre dudit Sieur et son train furent envoyez devant pour desloger, le lundi dixiesme de novembre : dequoy on advertit le roy de Navarre, afin qu'il se préparast de sa part : lequel estant allé donner le bon jour au roy, le dimanche au matin, il luy demanda luy-mesmes, s'il ne vouloit pas luy faire compaignie à la chasse, attendant la venue des estats. A quoy il supplia sa majesté l'excuser. Car tout le monde trouveroit estrange de le voir aller à l'esbat, et laisser son frère prisonnier et captif. Partant il n'estoit délibéré de jamais partir de là qu'il n'en vist une fin, suppliant ledit Sieur y vouloir pourvoir et luy tenir promesse. Ce qu'entendu par ceux de Guise, il eut commandement exprès dudit Sieur de se tenir prest pour le lendemain matin. Sur le soir estant le roy à vespres aux Jacobins, il luy print un grand esvanouissement, qui fut cause qu'on l'em-

porta hastivement en sa chambre : et revenu de pasmoison
commença à se plaindre de la teste en la partie de l'aureille
gauche, en laquelle il avoit eu de tout temps une fistule, en
sorte que de la douleur la fiebvre le print. Voilà comme le
voyage fut rompu, à la bonne heure pour le Navarrois, son
frère, et toute la France. Ce néantmoins ceux de Guise ne
laissèrent de diligenter leurs afaires, et furent durant ceste
maladie expédiées plusieurs commissions aux capitaines de
leur faction, pour aller lever gens en Provence, Guyenne,
Gascogne, Normandie, Picardie, Champagne et Bourgongne, lesquels avoyent charge expresse de ne faire nul enrool-
lement, si les soldats n'avoyent tesmoignage de leurs curez
et vicaires d'estre catholiques, à ce que leur armée ne fust
bigarrée. Et à fin d'avoir plustost gens, on les alléchoit de
l'espérance de grands butins et richesses : ce qui faisoit lever
l'aureille à plusieurs garnemens, lesquels ne cerchoyent que
changement et remuement de mesnage. Ces choses donc furent tellement advancées que le mareschal de Termes, qui estoit, comme nous avons dit, du costé de Poictou et Saintonge,
eut commandement de s'aller joindre à l'Espagnol qui prenoit la route de Bayonne, pour aller tous ensemble en Béarn.
Le vicomte d'Orthez, qui commandoit lors en ladite ville, eut
lettres du roy pour la remettre pour retraite, si besoin estoit,
entre les mains du roy d'Espagne, et laisser passer son armée, par dedans les pays du Navarrois, racler sans espargner
sa femme ni enfans. On devoit traiter de mesme les maisons
de tous les seigneurs et gentils-hommes, qui l'avoyent accompagné, et s'estoyent trouvez à la faction d'Amboyse. On dit
aussi que Termes eut ceste charge, afin d'estre esclairé de
plus près. Car c'estoit celuy des quatre auquel on se fioit le
moins, en sorte qu'on luy mandoit, au jour la journée, ce
qu'il avoit à faire. Mais la noblesse et ceux qui avoyent suyvi
le roy de Navarre, ne voulant laisser la peau à si bon marché

que luy et son frère, furent tellement persuadez par le sieur de Mesmy de Périgord et autres, que mettant armes à dos, ils s'enrollèrent sept ou huict cens chevaux et cinq ou six mille hommes de pied assez bien armez, et de bonne volonté, lesquels se devoyent assembler si tost que Termes auroit passé Limoges, pour l'enclaver entre deux rivières là prochaines.

Ceux qui ont veu la situation des lieux, disent qu'indubitablement Termes eust eu à souffrir, s'il n'eust du tout esté desfait : mais voyci comment il évita ce danger. Les chefs de ceste entreprinse choisirent un d'entre eux, qui avoit grand accès à Limoges, où Termes estoit lors, pour aller espier le temps de son partement, pour exécuter leur entreprinse. Mais ce personnage, meu de je ne say quelle affection, sans occasion aucune, s'alla présenter audit seigneur de Termes, et luy fit bien au long entendre le piége qu'on luy avoit dressé. Luy qui estoit vieil et rusé capitaine, estima du commencement, que cest advertissement fust une ruse, pour le garder de passer. Car il ne pouvoit croire, qu'en si peu de jours il fust possible d'assembler et armer tel nombre d'hommes. Mais quand l'espion eut obtenu de luy un de ses capitaines, qui luy rapporta fidèlement, puis après tous les appareils qui luy furent monstrez, et la manière qu'on tenoit pour assembler les armes et les forces, il se souvint du trait qu'on luy avoit fait à Gravelines, de sorte qu'il ne se fit gueres tirer l'aureille, ains se retira à Poictiers, d'où il n'eut plustost escrit au roy ce qui se passoit, qu'il n'entendist la griève maladie d'icelluy : à raison dequoy il eust bien voulu retenir ses lettres, ne sachant quelle en seroit l'issue, et de peur d'encourir d'avantage l'indignation des princes, combien qu'auparavant en tous ses exploits, il se fust porté autant modestement que le temps permettoit. Car il pouvoit pis faire.

Ces nouvelles venues à la cour, avec le rengregement de la maladie du roy, troublèrent grandement la feste, et mirent ceux de Guise en grande crainte, d'autant qu'ils n'estimoyent que tenant ces deux princes, aucun osast entreprendre de s'eslever. Mais se sentant frustrez de leur espérance, et se doutant qu'il y eust pareilles entreprinses ailleurs, ils conclurent qu'il faloit tuer le Navarrois, quoy qu'il en advint : car soit que le roy vescust, ou mourust, ils ne prevoyoyent que mal et encombrier. Vivant, ils s'attendoyent d'estre empeschez par tous les endroits du royaume ; mourant, de recevoir tous la punition, et porter la peine par eux projettée sur tout le sang royal, et les grands princes et seigneurs du royaume. Mais ceste résolution ne peut estre si secrette, estant maniée par trop de gens, et peu secrets, que le Navarrois n'en fust adverty par une grande dame, qui appartenoit aux uns et aux autres, laquelle le pria de n'aller ce jour-là au conseil, et plustost faire le malade, et se mettre au lict pour y estre visité de peu de gens. Cela fut cause qu'il alla incontinent trouver la royne mère pour luy déclairer ce qu'il avoit entendu, ensemble toutes les autres embusches qui luy avoyent esté souvent dressées, contre la promesse et parole du roy tant de fois réitérée, et sur laquelle se confiant, il n'avoit craint de s'aller rendre en leurs mains, et d'y mener son frère comme en sauvegarde, pour estre maintenus contre leurs ennemis, et entendus en leurs défenses, quittant en ce faisant tous les autres bons moyens qu'ils avoyent eu d'opprimer leurs ennemis, ou pour le moins de s'en défendre. Maintenant il se voyoit frustré de toutes promesses, et n'avoit que des menaces et mauvais visage. Que si ceux de son gouvernement avoyent voulu entreprendre quelque chose mauvaise, il les desadvouoit, et vouloit mourir misérablement, s'il se trouvoit qu'il y eust presté aucun consentement, ne qu'il en eust entendu aucune chose, sinon à l'heure mesme que le bruit en estoit semé par toute la cour. Ladite dame, bien empeschée de mille sortes, eut refuge aux négatives, disant, ne savoir que c'estoit, qu'elle n'en croyoit rien; et que si elle s'en appercevoit, elle y donneroit ordre. Voylà comme le Navarrois évada ce danger pour l'heure. Car on dit que la royne mère envoya incontinent advertir les conspirateurs demi-désespérez, qui attendoyent ce prince, avec résolution de luy oster la vie, pour après faire le mesme à d'autres. Toutesfois aucuns vouloyent passer outre, s'ils n'eussent esté retenus par le cardinal de Tournon, disant que ce ne seroit besongner qu'à demi si on n'attendoit le connestable, ses enfans et nepveux qui devoyent arriver de jour à autre. Car (disoit-il) si on les effarouche, ils ont moyen de prendre haleine, et feront plus d'empeschement que les princes. Cependant le Navarrois estoit en grande angoisse, n'ayant avec qui prendre conseil. Seulement il faisoit le jour bonne mine, et la nuict il se tenoit sur ses gardes, avec si peu de serviteurs qu'il avoit pour se défendre, si on le venoit assaillir, et temporiser au combat jusqu'au jour s'il pouvoit, afin de faire cognoistre l'indignité de ses ennemis.

Quant à la maladie du roy, combien que quelque humeur fort puante fust distillée de son aureille, qu'il eust esté purgé et ventosé et que ceste descente fust retenue par fomentations, toutesfois la fiebvre ne laissa de luy redoubler avec grands douleurs, inquiétudes et resveries, qui firent que les médecins désespérant de sa santé, le duc de Guise leur disoit mille injures, et s'enquéroit souvent s'il estoit possible que par art de médecine ou autrement on peust sauver un roy, ou bien seulement luy prolonger la vie, voire à un roy qui estoit en la fleur de son âge. Bref, sa passion estoit si extrême que ne pouvant avoir des mé-

decins et chirurgiens ceste asseurance seulement de le faire
vivre jusqu'à Pasques prochaines, il leur reprochoit l'avoir
eux-mesmes tué. Qu'ils avoyent prins argent des hérétiques
pour ce faire, et qu'il les feroit tous pendre. Ils estoyent
larrons et abuseurs du peuple, et tiroyent les gages du roy
sans luy servir d'autre chose que de luy abréger les jours.
Ses angoisses et menaces estoyent tellement accompagnées
de juremens et blasphémes, que ils sembloyent plustost
sortir d'un homme forcené, que d'aucun cerveau ne jugement rassis.

Comme le duc de Guise tentoit ces moyens, son frère le
cardinal recourut aux voyages et vœux aux saincts et sainctes de paradis, et aux processions des prestres et moynes,
qui ne se monstrèrent paresseux, sur tout à Paris, à ex-
horter les peuples par prédications, de prier Dieu de leur
vouloir garder leur bon roy, à tout le moins jusques à ce
qu'il eust mis fin à son entreprinse encommencée, d'exterminer ces meschans hérétiques et ennemis de l'Église romaine, qui avoyent causé toutes les calamitez qui estoyent
de présent au monde, et ne leur faire ce préjudice de les
frustrer de ce bon prince, comme il avoit fait de Henry,
lorsqu'il avoit entreprins cest ouvrage tant sainct et bon. Et
furent ordonnées et faites processions générales, chacun
catholique se mettant en bon estat, comme le jour de Pasques.

Le roy aussi voua à **Dieu**, et à tous les saincts et sainctes
de paradis, spécialement à **Nostre Dame de Cléry**, comme
ils l'appellent, que s'il leur plaisoit luy renvoyer santé, il ne
cesseroit jamais tant qu'il eust entièrement repurgé le
royaume de ces méchans hérétiques, et vouloit que Dieu le
fist promptement mourir, si seulement il espargnoit femme,
mère, frères, sœurs, parens, amis qui en seroyent tant fust
peu soupçonnez, et que lors il prendroit volontiers la mort

à gré. Mais pour toutes ces choses sa maladie ne diminuoit point, ains alloit chacun jour en empirant. Ce qui causa une tristesse merveilleuse à tous ceux de Guise, d'autant qu'ils se sentoyent surprins en toutes leurs délibérations, qui ne faudroyent d'aller au vent, si tost que la chance tourneroit. Toutesfois, comme gens courageux, ils tindrent leur rang jusques au bout et cerchèrent de moyenner envers la royne mère que l'on garderoit le corps après sa mort, jusques à ce qu'ils eussent pourveu à leurs afaires, et fait authoriser leurs actions par les estats, afin qu'on ne leur en peust rien demander. Mais ceste mine fut incontinent esventée. Car il y avoit trop de gens après pour espier quand il seroit expiré.

Nous avons veu cy-devant les procédures tenues contre le baillif d'Orléans que l'on vouloit faire tenir compagnie au prince de Condé. En quoy d'Avanson avoit fort avancé en besongne, et tant que possible luy fut. Mais la maladie du roy rompit tout, et à mesure que tel bruit augmentoit, le baillif aussi sur ces nouvelles commença de s'asseurer, tenant pour certain sa délivrance, en ce qu'il vit son commissaire mettre de l'eau dans son vin, et changer de style, et les tesmoings qui luy estoyent présentez, moins asseurez et impudens qu'auparavant. Bref, pour son indisposition, il fut mis chez sa belle-mère.

Il a esté fait mention du vidame de Chartres et de son emprisonnement en la bastille. Or d'autant qu'il sortoit d'une grande maladie, pour n'estre secouru et traicté comme il estoit nécessaire, il recheut en un estat encore pire. Toutesfois il ne peut avoir aucune liberté ne relasche, quelque peine que tous ses amis y prinssent, spécialement le connestable, qui tant de bouche que par lettres avoit souvent supplié le roy d'user du plus gracieux traitement envers iceluy, sans avoir esgard au dire de ses ennemis ; mais que plutost

11

il devoit se ramentevoir les grands services faits par ses prédécesseurs et luy à la maison et couronne de France : en quoy il se pouvoit à bon droit et véritablement vanter avoir plus despendu que prince ne seigneur de France. Et combien que ses despenses et libéralitez semblassent une prodigalité, et avoir esté quelquefois inutiles, si estoit-il asseuré que elles avoyent grandement servi envers les estrangers, pour leur faire admirer la grandeur de son prince, voyant un simple seigneur et gentil-homme tant magnifique. C'estoit donc, disoit-il, un mauvais et pernicieux exemple, que, pour un simple soupçon, on le confinast, et qu'il mourust misérablement prisonnier, par faute de médicamens, qui ne furent onc déniez aux plus grands ennemis de sa majesté. Mais ces remontrances n'eurent aucun lieu, sinon que le président de Thou, sentant approcher la fin de la vie du roy, advertit ceux de Guise de l'extrémité de la maladie du vidame, le danger où luy et ses compagnons se mettoyent, de luy refuser le secours ordinaire, et qu'on le pouvoit bien consentir, veu qu'il s'en alloit mourir. A ceste cause il leur envoya lettres du roy, pour l'eslargir en sa maison de la rue Sainct-Antoine, où il décéda incontinent. Dequoy ceux de Guise monstrèrent grand signe de resjouissance. Car ils le connoissoyent si vaillant et courageux, et avoir tant de gens de guerre en main et à son commandement, qu'ils ne pourroyent empescher que quelqu'un d'eux ne leur donnast quelque escorne. D'autre part, ceux des Églises réformées ayant cognu ce qui leur estoit appresté pour leur dernière ruine et désolation, publièrent aussi le jeusne entre eux, et se mirent en continuelles prières à ce qu'il pleust à Dieu retirer de dessus leurs dos sa main courroucée et apesantie : et par mesme moyen modérer et retenir la violence et rage des adversaires de l'Évangile qui estoyent près la personne du roy : et que tout ainsi que par sa grande bonté et miséricorde il s'estoit tou-

jours monstré défenseur de son Église, il l'avoit déli-
vrée des mains de ses ennemis, lors mesmes qu'il n'y avoit
aucune espérance de secours humain, aussi qu'il estendist sa
puissance miraculeuse et admirable, pour dissiper le conseil
des conspirateurs, comme il avoit fait celuy d'Achitophel,
donnant au roy avec sa santé un bon et sage conseil, par le
moyen duquel ils peussent posséder leurs ames en patience.
Et ainsi se remettoyent du tout en la bonne et sauvegarde de
Dieu, sachant qu'il n'y avoit nul autre salutaire remède.
Voylà comme les peuples françois, divisez en opinions,
prioyent diversement, les uns pour l'effusion du sang, selon
le zèle et enseignement où ils s'estoyent nourris, et les autres, au contraire, attendoyent de Dieu leur délivrance entière.

Sur ces entrefaites, la royne mère, voyant le roy son premier fils à l'extrémité, se proposa devant les yeux les diffi-
cultez où elle entroit par ce nouveau changement advenu
contre son espérance, et sur l'exécution de si hautes et diffi-
ciles entreprinses. Car d'un costé, elle pensoit à l'iniquité et
rude traitement dont on avoit usé à l'endroit des princes, et
le mescontentement qu'ils devoyent avoir d'elle, pour n'a-
voir tenu la main à leur faire rendre le lieu et rang qui leur
appartenoit au maniement des afaires. Davantage elle savoit,
comme les plus grands seigneurs de France avoyent esté
traitez, et la juste occasion qu'ils avoyent de s'en revenger;
parquoy elle ne pouvoit appercevoir de ce costé-là, qu'une
grande playe sur son chef, et le commencement d'une
guerre civile. D'autre part, ceux de Guise qui avoyent son
aureille et sa conscience, n'estoyent desgarnis de remonstrances et vives persuasions pour entretenir leur conseil, luy
remettant devant les yeux le danger où elle se précipiteroit,
si elle se démettoit de son autorité, et si elle souffroit que les
estats revinssent à leur souverain commandement, comme ils

avoyent toujours auparavant accoustumé en cas semblables. Car outre le changement de la religion qu'ils vouloyent introduire au royaume (laquelle, à leur dire, attiroit après soy changement de princes, principautez et empires) ils ne faudroyent de venger la querelle de Bourbon, et à destruire la race de Valoys. Et quand, disoyent-ils, toutes ces choses cesseroyent, si vous faut-il considérer le mauvais traictement qu'ont receu lesdits princes, le mal que vous veulent le connestable et les siens, comme aussi tous ceux de la religion nouvelle, de telle sorte que si les décrets des estats avoyent lieu, au mieux qui vous en sceust advenir, sera de demeurer sans authorité, et sans pouvoir disposer d'un seul denier des finances du roy, duquel et de ses frères vous aurez simplement la garde pendant leur minorité, qui durera si long-temps qu'ils auront bien le moyen d'exercer leurs vengeances, encore que pour un temps ils le dissimulassent, joint qu'il vous sera bien grief d'estre contredite d'un conseil tel qu'il seroit baillé au roy, et que de petits compagnons vinssent à manier les afaires sans vous respecter, comme n'ayant esté faits de vostre main, et ne vous estant de rien obligez. Car vous devez estimer, si telles choses ont lieu, que tous vos affectionnez et loyaux serviteurs seront reculez du maniement des afaires. Et ce que nous disons, n'est pas pour aucune envie que nous ayons de demeurer en cour, car le séjour et repos en nos maisons nous seroit plus agréable ; mais aussi nous demeureroit-il regret de ne vous pouvoir rendre le bien que nous avons receu de vous, et très-humble service que devons au roy. Sur ces remonstrances, elle jugea que le passé, si elle n'usoit d'autre style, luy osteroit toute espérance d'obtenir le gouvernement du royaume, sans lequel toutesfois il luy estoit impossible de subsister. Car obtempérant à ceux de Guise, comme elle avoit fait, elle prévoyoit qu'elle gasteroit tout : les quittant aussi, elle se hazardoit par trop. Elle délibéra donc de se comporter tellement qu'en se servant de la facilité du roy de Navarre (qu'elle s'asseuroit de gaigner aisément, le délivrant de la peine où il estoit avec son frère) et ne souffrant que ceux de Guise fussent desarçonnez, elle moyenneroit tellement les afaires, que parmi leurs différens, elle auroit les uns et les autres à sa dévotion, faisant poiser la balance çà et là : en telle sorte toutesfois que tirant plustost vers les catholiques, comme estant les plus forts, elle se fortifioit tousjours contre ceux de la religion. Et de vray, ceux de Guise, en telle desconvenue, luy faisoyent des ouvertures d'avoir la régence, nonobstant les loix et très-anciennes constitutions du royaume, s'asseurant, s'il advenoit que les députez des trois estats (qui estoyent tous ou la pluspart de leurs amis, comme ils s'asseuroyent) y voulussent contredire, ils avoyent une armée toute preste, pour les fleschir à leur volonté. Ils disoyent aussi que les princes n'estoyent opulens pour entreprendre au contraire, et qu'ils les tenoyent gens de petit cœur. Que si elle se voyoit pressée, et vouloit dire le mot, ce seroit bien tost fait d'eux, et de tous les autres qui pourroyent résister à sa volonté : autrement, si elle esloignoit ses loyaux serviteurs et amis, le royaume alloit changer de maistre.

Ces choses considérées la firent finalement conclure d'estre tout ou rien, d'employer la vie de tous ses amis avec la sienne contre ceux qui la voudroyent empescher, et le dit en tant de lieux, qu'elle vouloit bien le roy de Navarre en estre adverty. Cela fut cause de le rendre encore plus craintif et timide qu'auparavant, se voyant parqué au milieu de ses ennemis, et que la royne se déclairoit à demi contre luy, alors qu'il espéroit qu'il y auroit entre eux deux un bon accord et convenance. Parquoy il eust voulu avoir quitté toutes charges et dignitez, estre seulement asseuré d’avoir la vie sauve. Ce qu’ayant entendu ladite dame, et sentant son fils tirer à la mort, elle envoya quérir le Navarrois, et luy manda qu’il la trouveroit en son cabinet, auquel, ainsi qu’il vouloit entrer, il fut rencontré d’une dame, qui luy dit en l’aureille, qu’il se gardast bien de rien refuser à la royne de ce qu’on luy demanderoit, pource qu’autrement il estoit mort, ayant esté ainsi conclud. Là estoyent avec ladite dame le cardinal de Lorraine, le duc de Guise, et un autre que je ne nommeray pour le présent.

Estant arrivé en ce cabinet, la royne cognoissant que c’estoit à ce coup qu’elle devoit du tout cognoistre ce qu’elle en devoit espérer, usant d’une gravité telle que la nécessité le requeroit, luy fit de grandes remonstrances des entreprinses qu’elle disoit son frère et luy avoir faites contre l’estat du roy son fils, et du royaume, affermant le savoir très-bien, combien qu’on le desguisast autrement. Partant ne devoit-il trouver estrange, si ledit Seigneur l’avoit ainsi prins à cœur. Car qui les eust voulu traiter à la rigueur, ils fussent pièça morts et pourris : mais elle avoit tousjours porté telle amitié aux princes du sang, qu’elle avoit mis peine de tout son pouvoir d’appaiser la colere dudit sieur roy son fils, en sorte qu’elle estoit fort diminuée quand il tomba malade : ce que luy-mesme avoit bien peu appercevoir, par les propos qu’il luy avoit tenus puis trois jours, quand il excusa ses oncles de Guise, et afferma que nulles des procédures faites contre son frère n’estoyent de leur advis ne consentement. Néantmoins elle voyoit que ceste déclaration n’avoit point amoli son cœur envers lesdits sieurs de Guise ses cousins, et craignoit que cela fust cause d’apporter cy-après des troubles au royaume. Car elle les cognoissoit de si grand cœur que malaisément endureroyent-ils qu’on les voulust fascher sans se défendre. Le Navarrois voulut entrer en quelques excuses de ses accusations : mais ladite dame luy fermant la bouche dit qu'il luy eust esté mieux séant de prendre autre train et conseil, pour participer aux estats et honneurs du royaume, que par la voye qu'il avoit prinse. Et au reste, que s'il se sentoit grevé, ou qu'il eust estimé les afaires n'estre bien conduites, il devoit plustost le venir dire à bouche ou l'escrire, que de se laisser transporter à l'appétit de certains esprits passionnez et turbulens qui ne demandoyent qu'à renverser toutes choses bien establies, par ce qu'elles n'alloyent selon leur désir et affection. Et combien qu'elle eust juste occasion de s'en ressentir, et en faire plainte aux estats généraux, comme aussi à tous les princes et seigneurs du monde, pour faire cognoistre leur faute et en avoir raison, et que par là ils se fussent rendus indignes de toute administration : si estoit-elle tant affectionnée à la paix, et de voir le royaume desveloppé de tant de maux qui l'environnoyent, qu'elle désiroit le tout estre ensevely, pourveu qu'il ne leur advint à l'advenir de rien entreprendre de semblable. Aussi espéroit-elle de les veiller de si près, que malaisément pourroyent-ils exécuter leur mauvaise volonté. Voylà l'une des causes qui l'avoyent meuë de l'envoyer quérir, afin de luy descouvrir rondement son intention. L'autre estoit, que voyant le roy son fils à l'extrémité et prochain de la mort, elle savoit qu'il n'auroit faute de solliciteurs pour luy faire entreprendre le gouvernement et la régence du royaume, et de cercher tous moyens de se venger de ses cousins là présens. Ce qu'elle ne pourroit nullement souffrir. Car en premier lieu, les régences du royaume avoyent esté abolies. Et quant au gouvernement du roy et du royaume, il luy apartenoit à aussi bon tiltre, n'estant en rien moindre que Blanche d'Espagne, mère du roy saint Louys. Et quant à luy, il n'y pouvoit venir pour les raisons susdites. Car la playe de

ses fautes et crimes estoit trop fraische, et y avoit danger
que si elles estoyent bien débattues, pis ne luy en advint et
à tous ses biens. Partant elle vouloit, en effaçant ceste note,
que ledit seigneur luy quittast tout tel droit qu'il pouvoit
prétendre à la régence et gouvernement du roy et du
royaume, sans jamais en rien le quereller, requérir ni accepter. Et que si les estats le luy vouloyent bailler, il le remet-
troit entièrement à elle. Et afin que cela demeurast ferme et
arresté entre eux, elle en vouloit avoir sa signature et escrit
de sa main. En après elle vouloit et entendoit qu'il se récon-
ciliast avec ses cousins de Guise, et effaçast l'opinion qu'on
luy avoit imprimée, qu'ils devoyent cesser et vivre en paix,
puis que les plus grands princes et seigneurs du royaume
leur en monstroyent le chemin.

Le roy de Navarre pour le nouvel advertissement qu'il
avoit eu en entrant, n'insista nullement : ains au contraire
accorda libéralement à ladite dame et à ceux de Guise tout
ce qu'ils demandoyent sans autrement repliquer ni entrer
en défense ; toutesfois au sortir de là, et plusieurs fois depuis il raconta ce qui luy advint lors ; et se disoit avoir mis
toute peine envers ladite dame, pour s'excuser, alléguant que
ce qu'on l'avoit ainsi persuadée n'estoyent que calomnies,
et la suppliant très-humblement de vouloir le tout produire en lumière, et luy faire faire procès, se submettant à
justice, par laquelle il désiroit son innocence estre cognue
et jugée : ce qu'il estimeroit au plus grand bien et honneur
qu'on luy pourroit jamais faire. Il la remercia aussi de la
bonne volonté qu'elle avoit tousjours portée envers luy et
les autres princes du sang, la suppliant de vouloir continuer,
et qu'elle les trouveroit tous autres que l'on ne les avoit dé-
peints à l'endroit de leurs majestez, outre leurs actions et
déportemens du passé, qui avoyent assez suffisamment
monstré combien on les devoit eslongner du soupçon du cri-

me de lèse majesté, et d'avoir voulu entreprendre contre l'estat du roy et du royaume, sachant que ce seroit à eux-mesmes qu'ils se prendroyent : et que la ruine de ceste monarchie estoit tellement liée avec celle de leurs maisons, qu'il n'y avoit apparence aucune qu'on les deust charger de l'avoir procurée, non plus que la mort du roy, duquel ils n'avoyent receu que tout bien. Que s'il ne s'estoit plaint à elle des torts qu'on luy avoit faits et procurez, et contre les autres princes du sang, il avoit estimé n'en estre aucun besoin. Car elle estoit trop sage et advisée pour estre ad-vertie de son devoir. Aussi qu'il estoit si peu ambitieux et désireux de grandes charges et honneurs, que c'eust esté folie à luy de faire instance des choses qui contrevenoyent le plus à son naturel, amateur de repos et de vivre en sa maison paisiblement, en ordonnant et disposant des afaires de ses sujets, en quoy il trouvoit assez d'exercice et contentement d'esprit, sans embrasser autres plus grandes charges. Davantage il avoit veu les afaires tellement disposées, que son honneur le convioit plustost à estre esloigné de la cour, qu'à s'y voir mocqué, mesprisé et mal voulu de son prince et d'elle, ne se souciant bonnement par qui les afaires du royaume fussent administrées, mais qu'elles allassent bien, et qu'aucun inconvénient n'en advinst au roy, ni à ses sujets, lesquels néantmoins se plaignoyent du gouvernement d'adonc, et de la demeure et reculement des princes du sang, qui laissoyent conduire les afaires à d'autres qu'eux. Toutesfois il ne portoit nulle envie à ceux de Guise pour ce regard, et ne devoit ladite dame craindre qu'on en esmeut aucune guerre civile : car s'il eust voulu prendre ce train, ce n'estoit son plus court d'aller se jetter aux liens de ses ennemis, comme il avoit fait sous la parole et asseurance que le roy et elle luy avoyent donnée, laquelle tant s'en faloit qu'elle fust accomplie en tout ny en partie, que luy qui avoit quelque petite liberté davantage que son frère, estoit en plus grands dangers, s'apercevant à chacune heure des embusches qu'on luy préparoit, sans en donner aucune occasion.

Quant à la régence et gouvernement du royaume, qu'il n'estoit point ignorant du droit qu'il y avoit, comme estant le plus proche prince du sang. Mais que tant s'en faloit qu'il aspirast à ceste charge, que pour cela il en voulust faire aucunes brigues ne menées, que si on la luy vouloit bailler, il ne la voudroit accepter, non qu'il y eust en luy aucune note qui l'en peust rendre indigne, ne qui luy donnast crainte de poursuyvre son droict, ains pour le désir qu'il avoit de demourer paisible en sa maison, afin qu'on ne luy peust reprocher ni aux siens à l'avenir qu'il eust causé quelque trouble au royaume, pendant le bas âge du roy, et pour son ambition. Et que partant il la quittoit et remettoit du tout entièrement à ladite dame : mais il seroit marry qu'elle en eust seulement le tiltre, et qu'autres que les princes du sang en eussent l'effet et honneur, d'autant qu'à eux apartenoit le maniement des afaires du royaume pendant la minorité des roys. Et pour le regard de ceux de Guise, qu'il avoit eu grande occasion de se plaindre d'eux et du rude traitement qu'ils avoyent fait faire à son frère : toutesfois par ce que ladite dame affermoit cela n'estre provenu de leur part, il leur quittoit et remettoit aisément toutes les injures passées, afin qu'il ne semblast que meu d'appétit de vengeance il voulust mettre le royaume en trouble et division : et partant elle n'auroit pour son regard aucune peine de leur donner secours ni faveur, espérant, s'il avoit quelque chose à leur demander, de recourir à la justice, sans venir aux mains.—Voylà comme le roy de Navarre a dit depuis s'estre dépestré de ceste afaire : mais tant y a que par trop aisément il quitta à la royne mère sa régence, et luy en bailla sa signature. Adonc ladite dame (on ne sait si ce fut sans rire) luy promit à bouche qu'il seroit lieutenant du roy en France, et conduiroit les afaires de la guerre, et recevroit les paquets, puis les renvoyeroit tous après les avoir ouverts et veus. Et que rien ne seroit ordonné sinon par son advis et des autres princes du sang, qui seroient autrement respectez à l'advenir. Après cela elle luy fit embrasser ses cousins de Guise, et promettre mutuellement d'oublier toutes querelles passées, et dès lors commencèrent à s'entre-saluer et caresser, comme si tousjours ils eussent esté amis. Ce qui fut expressement fait avant l'arrivée du connestable et de ses nepveus : craignant ne pouvoir chevir de ce prince si aisément, comme ils firent.

Ce que j'ay dit cy-dessus des propos tenus par le roy au Navarrois, fut un autre stratagême. Car ceux de Guise, se voulant laver les mains de toutes choses passées, et les rejetter sur la puissance et volonté absolue de sa majesté (encore que ce fust un enfant qui n'eust le sens ni discrétion de pouvoir examiner ni entreprendre telles choses et de si grande importance), ils moyennèrent aisément envers luy de le faire parler doucement et amiablement au roy de Navarre, luy déclairant que ceux de Guise n'avoyent jamais rien entreprins contre lui et les siens; mais que de son propre mouvement, et contre leur advis, il avoit fait emprisonner le prince de Condé son frère, le priant d'ainsi le croire et d'effacer pour l'amour de luy et de la royne, sa mère, toute la mauvaise opinion qu'il pourroit avoir conceu d'eux. Ce qui leur servit grandement puis après. Car ayant tiré ceste confession de la bouche du roy, ils nièrent puis après fort et ferme tout ce qu'on leur pouvoit rejetter, chargeant sur le dos de cest enfant défunct, et voulant combattre tous ceux qui voudroyent dire qu'ils eussent rien entreprins de leur teste. En quoy ils estoyent soustenus et secondez de ladite dame.

Cependant la maladie du roy alloit de mal en pis , et tous remèdes estant désespérez, les médecins et chirurgiens mirent en délibération de le trépanner : mais chacun estoit si estonné que l'on n'en conclud rien , en sorte que ledit Seigneur demeura forclos de ce remède qu'on estimoit luy pouvoir servir. Et asseuroit-on que lesdits médecins et chirurgiens n'estoyent espris de moindre frayeur, que celle qu'ils eurent à la mort du feu roy Henry dernier décédé , d'où s'ensuyvit un proverbe : qu'il faisoit mauvais estre roy pour mourir.

Ceux de Guise , craignant que l'accord fait avec le roy de Navarre fust seulement une paix fourrée, d'autant qu'il avoit esté amené à ce point comme par force , et voyant que les connestablistes et autres, qui auparavant n'osoyent monstrer le nez, arrivoyent à grandes troupes, entrèrent en grande crainte. Parquoy ils advertirent la royne mère que les conspirateurs contre la personne du roy et l'estat du royaume ayant entendu sa maladie et extrémité entroyent à troupes dans la ville : ce qui n'estoit sans quelque entreprinse secrette et périlleuse, et que partant il y faloit promptement remédier, tenir les portes fermées , et envoyer quérir le plus de gens de guerre qu'on pourroit pour se fortifier, jusques à ce que l'on y eust donné ordre. Sur tout, ils la supplièrent qu'elle ne permist aucunement le prince de Condé estre délivré. Car outre ce qu'il estoit en volonté de leur courir sus et à elle aussi, il y avoit danger qu'il ne brouillast les cartes à l'entrée des estats , ou durant iceux , et qu'à son ombre il se présentast quelque impudent huguenot pour mettre tout le royaume en confusion et division. Ce qu'elle leur promit faire, quoy qu'il en deust advenir. Partant les gardes furent redoublées , et défenses faites sur peine de la vie , que nul , quel qu'il fust , parlast au prince de Condé, sans l'exprès congé de la royne , ou qu'il portast sa signature.

Le 14 décembre sur l'heure de midy, on tenoit le roy pour mort, combien qu'il n'expira qu'à cinq heures du soir. Mais quand ceux de Guise cognurent qu'il n'y avoit plus d'espérance, ils s'allèrent renfermer et barrer dans leurs logis, pleins de crainte et frayeur incroyable, d'où ils ne partirent d'un jour ou de deux, et jusques à ce qu'ils eurent asseurance de la royne mère et du roy de Navarre, que rien ne leur seroit fait. Toutesfois ils ne furent si mal avisez qu'ils ne fissent dès leur sortie porter en leur logis soixante ou quatre-vingts mil livres qu'il y avoit de reste à l'espargne, en sorte que les finances du roy estoyent toutes espuisées, mais nul ne s'y opposa, ce qui fut encore trouvé plus estrange, et fit cognoistre clairement que cela ne se faisoit sans le consentement de la royne mère, qui vouloit maintenir son authorité par la leur.

Voylà en somme comme par la mort d'un roy enfant, tant de cordages furent rompus pour la seconde fois, après avoir esté si bien attellez, et comme si grandes et hautes entreprinses allèrent en fumée, lors que toutes choses estoyent préparées pour l'exécution. Ce qui vint fort à propos pour le prince de Condé, car il n'avoit plus que six jours à vivre, et pareillement pour les autres princes et seigneurs qui devoyent estre traitez peu après sans nulle mercy, ni espargner grand ne petit : lesquelles conspirations estoyent aucunement cognues vivant François, mais c'estoit en confus. Tant y a qu'il n'eust plustost la bouche close, que tout fut sceu et par ceux mesmes qui les avoyent conduites et maniées. Car considérant les grandes merveilles de Dieu, ils ne se peurent garder de descouvrir ce qu'ils en savoyent, admirant la providence de Dieu qui a l'issue de toutes choses en sa main. Et à vray dire, si elles eussent sorty effect, elles apportoyent un merveilleux et estrange changement au monde, avec une désolation si pitoyable, que le seul penser rendoit les hommes transis, pour n'avoir jamais entendu choses semblables. Car outre la subversion entière de tous les estats, et la ruine des plus grandes et anciennes maisons qu'on devoit attaquer, fust pour cause de la religion, ou pour avoir tenu le party des princes, ou pour avoir mal parlé du roy, et autres infinis moyens, la France devoit estre réduite à la façon de vivre du Turc, afin qu'il ne fust en la puissance d'aucune de s'eslever puis après contre la domination et tyrannie d'une femme, et de ses deux garde-corps. Que si par importunité on pardonnoit à quelques-uns, c'estoit à condition de perpétuelle ignominie. Car s'ils estoyent trouvez sans leur masque et livrée, le peuple, avec impunité, les pouvoit massacrer et tuer. Et y avoit certain prix ordonné pour les meurtriers des proscripts, si quelqu'un fust eschappé. Bref, il ne restoit plus que la mort de ces deux princes, que les quatre armées ne commençassent à marcher pour exécuter leur dessein. Et avoit ce cardinal usé de telle diligence, qu'il n'y avoit coin au royaume, des habitans duquel il n'eust les noms et surnoms, s'ils estoyent de la religion ou gens de faction et entreprinsé, pour leur pouvoir nuyre, et ne s'estre rangez à leur dévotion. Ce qu'il avoit recouvré par le moyen des faux frères et serviteurs secrets qui alloyent ordinairement raudant çà et là pour sonder les cœurs et volontez des hommes, en sorte que tels truans estoyent les juges, et dressoyent les senténces de mort de tout le monde. Or ce qui estoit très-déplorable, ils avoyent délibéré entre eux d'animer tellement le peuple contre ces gens icy, et de haller les lévriers après ceux qu'ils avoyent enrollez au rang des trespassez, que le commun en devoit estre le bourreau, pour relever les leurs de peine. Car ils estimoyent par là que si leurs serviteurs secrets n'avoyent fait leur devoir, ceux-cy cribleroyent le reste sans rien espargner. Et n'estoit pas question en ce fai-

sant de dire : je n'en suis pas , parce que les cordeliers , jacobins, jésuites, et autres prescheurs atiltrez et départis par
toutes les contrées, villes et bourgades , avoyent les yeux
bandez en prononçant leurs sentences par leurs prédications,
et avoit-on donné si bon ordre que là où ils avoyent esté départis et envoyez ils ne cognoissoyent personne, ainsi se
devoyent conduire par l'addresse des curez , prestres et moynes des lieux. Ceste liberté et licence qui se devoit ainsi
donner au peuple, s'appelloit LASCHER LA GRANDE LEVRIÈRE ,
pour le mot du guet. Ainsi n'y avoit-il ville ne village qui se
fust peu exempter de leur carnage. Joint que la susdite
profession de foy estoit une merveilleuse espreuve contre
ceux de la religion. Car ceux qui tiennent fermement ce
party , ont pour résolu ceste sentence de l'escriture : Qui
me niera devant les hommes, je le nieray devant mon
Père qui est ès cieux. Voylà en somme l'ordre qu'avoyent
donné ceux de Guise pour régler et compasser toute la
France à leur guise , et comment elle fut interrompue (1).

Le roy d'Espagne de sa part s'estoit tellement advancé
selon le temps et la promesse qu'il avoit faite à ceux de
Guise, que desjà cinq ou six mil hommes avoyent prins la
route de Béarn , pour surprendre la royne à l'improviste ,
la mettre à mort avec ses enfans, et faire pareil massacre
tant de ses sujects que de ceux de la France : et en ce faisant
arrester et rompre les forces de la Guyenne, qui avoyent
esté préparées, comme dit a esté. Mais les nouvelles venues à
l'Espagnol de la mort du roy, et que la royne de Navarre les
avoit découvertes , et s'estoit tellement fortifiée dedans ses

____

(1) Doit-on croire, d'après La Planche, qu'une Saint-Barthélemy fût
déjà arrêtée dans le conseil de Catherine de Médicis, et que les Guise
aient été les premiers auteurs de ce plan d'extermination des huguenots?
C'est le seul historien qui l'affirme d'une manière si positive. On peut
supposer que les choses n'étaient point telles qu'il les présente, et cependant les événements n'ont que trop justifié ses assertions.

places fortes que mal aisément la pouvoit-on avoir sans long
siége, ne sachant quel ply prendroyent les afaires de France
après ceste mutation et soudain changement, et craignant
d'avoir à dos par ceux mesmes qui les avoyent appelez dans
le pays, entre lesquels Montluc estoit des premiers, sous la
promesse du comté d'Armaignac, ils se retirèrent sans rien
exploicter : joint que les lettres qu'ils avoyent du roy pour
le passage à travers Bayonne (qui est l'une des principales
forteresses et clefs du royaume) fust en grand ou petit nombre, et le mandement de leur aider de vivres, artillerie, et
munitions tant qu'ils en voudroyent, n'eussent eu aucune
force ne vertu après la mort dudit Seigneur, quelques expresses et accompagnées de menaces qu'elles fussent.

Entre tous les seigneurs qui descouvrirent plus accortement ces menées et entreprinses, l'admiral fut des premiers,
comme aussi de tous endroits elles abordoyent au roy de
Navarre. Car la condition des courtisans qui se disent che-
miner sur la roue de fortune, est de se ranger tousjours des
plus forts, en sorte que tel avoit juré et promis de couper
la gorge au Navarrois, qui luy venoit faire pareilles offres
contre ses ennemis de Guise ; tel n'avoit daigné regarder le
roy de Navarre, vivant le roy, qui se venoit présenter à luy
la corde au col, comme l'on dit, pour luy crier merci et se
rendre son esclave, le voyant eslevé au plus haut de la roue.
Mais surtout ceux qui manioyent les plus secrètes afaires de
ceux de Guise, qui mangeoyent et beuvoyent à leurs tables,
qui couchoyent en leurs chambres et cabinets, furent ceux
qui donnèrent les plus certains advertissemens de toutes
choses, comme estant les principaux instrumens desquels
on se devoit servir, et qui descouvrirent la ruse du cardinal
à se savoir transformer selon les humeurs d'un chacun, ne
déclairant aux uns que la moitié, et aux autres plus avant.
Mais d'en requérir ni demander justice ou raison, il n'en

estoit nouvelles, estant déjà la royne mère tellement autho-
risée, que luy rapportant ce qu'elle savoit mieux que nul
autre, elle appeloit tous ces advertissemens fables, et choses inventées pour ruiner ceux de Guise, qu'elle déclaira
vouloir maintenir contre tous leurs ennemis et mesdisans :
en quoy faisant elle ferma la bouche à toutes les preuves qui
qui se présentoyent. Vray est qu'à ses plus privez amis elle
confessoit toutes ces entreprinses estre très-certaines et
vrayes. Mais quoy, disoit-elle, ne voyez-vous pas qu'ils ont
en main toutes les forces du royaume, toutes les finances,
tous les gens d'église à leur dévotion, qui ne leur manque-
ront de rien pour achever d'exécuter leurs desseins, si on les
irrite, et qu'on les amène au désespoir, comme desjà je voy
le duc de Guise préparé à jouer à quitte ou à double ? Mais
elle ne disoit pas qu'elle les réservoit pour la promesse de
luy faire avoir la régence du royaume par force, si d'aventure elle ne la pouvoit obtenir de bonne volonté, et qu'elle
avoit résolu d'entretenir deux ligues auprès du roy et d'elle,
afin qu'au milieu des différens qui naistroyent entre eux,
elle régnast paisiblement, tenant la balance en la main,
pour en disposer ainsi qu'il luy sembleroit meilleur. Car elle
avoit pour tout résolu que les François ne la laisseroyent
jamais jouyr du gouvernement du royaume, si elle rendroit
les afaires tellement paisibles, qu'il n'y eust plus de division
et partialitez entre les princes et seigneurs. Voylà, dy-je,
comme toutes ces choses furent descouvertes. Ce que l'admiral ne feignoit publier par toutes les compagnies où il se
trouvoit, je dy, de ce qui touchoit ceux de Guise, sans user
d'aucune dissimulation, louant et remerciant Dieu de la
délivrance merveilleuse qu'il avoit faite à sa pauvre Église,
au temps que les hommes tenoyent toutes choses désespé-
rées. Et de sa part, il cognoissoit une si grande assistance
de la bonté et miséricorde de Dieu, qu'il publieroit à jamais

12.

ses merveilles, de l'avoir arraché des poings de ses sanguinaires ennemis, lors qu'ils pensoyent triompher de luy.
Ce qu'estant rapporté à ceux de Guise, ils n'en firent aucune
instance, ains seulement interposèrent l'authorité de la
royne mère, pour persuader le contraire à l'admiral : mais il
luy fit bien cognoistre par bons tesmoignages qu'il ne parloit
en incertain, offrant de le vérifier ensemble toutes les machinations et conspirations susdites, s'il plaisoit à sa majesté faire ouverture à justice. Surquoy ladite dame ne voulant entrer, elle le pria de leur porter bon visage, et vivre
en paix pour l'advenir, l'asseurant de donner bon ordre à
toutes choses. Sa response fut, que de faire bonne mine à
ceux qui avoyent poursuyvi sa mort, chargé son honneur
et procuré ses biens avec la ruine de toute sa maison, parens
et amis, il ne le pouvoit faire sans moustrer un cœur double : ce qui estoit contraire à la profession de la religion,
et indigne de tout homme de bien. Bien remettoit-il la vengeance à Dieu, qui la sauroit bien faire en son temps, puis
que les hommes ne vouloyent administrer justice.

Il n'est jà besoin de nommer tous ceux qui avoyent conspiré contre les princes du sang, et ce qui en dépendoit.
Car le discours cy-dessus démonstre assez qu'il n'y en avoit
que trop de toutes qualitez, qui conjurèrent avec ceux de
Guise contre leur patrie mesme : desquels les uns retournèrent bien tost à leur bon sens, les autres voyant la lascheté
du roy de Navarre, et comme la royne continuoit de maintenir ceux de Guise, demeurèrent avec les six frères de
Guise, comme les cardinaux de Tournon et d'Armaignac,
le mareschal Sainct-André, et de Brissac, Randan, Marti-
gues, Cipierre, Montluc, la Motte Gondrin, Maugiron,
Suze, la Brosse, Sanzac, Savigny, et une infinité d'autres
seigneurs et capitaines, qui s'attendoyent d'estre grans, riches et opulens par les guerres civiles, que ceux-cy, di-

soyent-ils, vouloyent introduire avec le changement de principauté. En quoy ils estoyent secondez et conseillez par la plupart de ceux du privé conseil, créatures de ceux de Guise.

Avant que nous venions à la fin de ce livre, il ne sera mal séant de déclairer comment se portèrent ceux de la maison de Guise après la mort dudit Sieur. Car comme ainsi soit que luy vivant, ils en eussent fait si bonne garde que nul n'en approchoit que par leur mercy, et que la coustume de tout temps observée en France après la mort des roys soit telle, que leurs plus favoris, et ceux qui ont conduit et manié leurs afaires, doyvent les accompagner jusques au tombeau, et durant quarante jours qu'ils sont gardez et servis solennellement, attendant leurs funérailles. Ayant donc ceux de Guise fait garder estroitement ceste cérémonie après le trespas de Henry, et le duc de Guise y estant doublement attenu et obligé, pour avec le souverain commandement, avoir eu l'estat de grand-maistre de France, qui y astraint notamment ceux qui ont telle dignité, tant y a toutesfois que nuls de tous ceux de la maison de Guise ne firent cest honneur à leur roy et maistre, et mari de leur niepce, lequel vivant leur estoit tant cher; ainsi fut par leur conseil et advis envoyé jour et nuict jetter dans le tombeau de son père, sans autre solennité ne pompe funèbre. Dont advint un brocard que le roy, ennemi mortel des huguenots, n'avoit peu empescher d'estre enterré à la huguenotte.

Ce qui amena ceux de Guise et leurs partisans à ce point, fut l'assemblée des estats où ils vouloyent assister, pour crainte que l'on décrétast quelque chose contre eux, et aussi que leur absence fist cognoistre à tout le monde la différence entre leur gouvernement furieux et illégitime, et celuy des princes du sang, du connestable, de Montmorency, son aisné, et des trois frères de Chastillon : et que par ce moyen la

cause et racine de la contagion qui infectoit la république ,
fust retranchée , chose qu'ils craignoyent plus que la peste ,
voyant bien que s'ils n'y donnoyent ordre , on cognoistroit
en un instant qu'ils estoyent la vraye cause et source du désordre. Mais surtout , ils avoyent à gouverner une femme ,
la fermeté de laquelle leur estoit grandement suspecte ,
ayant l'admiral auprès du roy son fils, auquel alors elle dé-
feroit beaucoup , voire autant qu'elle s'en pouvoit servir
pour adoucir les princes et les estats. Aussi cognoissoyent-ils
sa nature. Ils se doutoyent aussi qu'ils n'auroyent les talons
plustost tournez de la cour, ou du maniement des afaires ,
que l'on ne fist une infinité de plaintes , la vérification desquelles ne pourroit estre desniée par ladite dame ni autres
de leurs amis , attendu que le crime de lèse majesté trottoit
en campagne. Voylà , dy-je , en somme les occasions qui
meurent ceux de Guise à quitter et renverser toutes bonnes
loix et observations des funérailles accoustumées. Toutesfois , comme le cardinal savoit dextrement couvrir tous
les coups , et les pallier de vray-semblables raisons , si tost
qu'il entendoit les murmures des Parisiens sur ce fait non
jamais ouy , il ne failloit de rejetter la pierre sur le roy de
Navarre et les Chastillons , disant , qu'ils l'avoyent ainsi
advisé au conseil , par ce qu'il n'y avoit argent pour employer en cest œuvre pitoyable : combien que les quatre-
vingt mille livres par eux retirées des deniers venus de
Poictou, y eussent esté plus que suffisantes. Mais le cardinal
passa encore plus outre , s'estant bien trouvé par son
moyen des moines et sorbonistes qui osèrent prescher assez
clairement en la présence de ceux du parlement de Paris ,
et maintenir qu'il estoit en la puissance du peuple de procè-
der à nouvelle élection d'un roy , advenant qu'il fust hérétique ou qu'il les supportast aucunement : bref, ces messieurs
mirent toute leur estude à rendre le roy et les princes du

sang odieux au veu et sceu de chascun , sans que aucun s'opposast pour lors à tels séditieux.

Tel fut le règne de François deuxiesme , n'ayant eu que
le nom de roy , en qui fut remarqué qu'il mourut dedans le
17e mois de son règne , le 17e jour de sa maladie , et la 17e
heure après minuict.

Durant ce règne, la France servit de théâtre où furent
jouées plusieurs terribles tragédies, que la postérité à juste
occasion admirera et détestera tout ensemble.

FIN.

ERRATUM. — Tome I, page 5.

Henry de Bourbon. Lisez : Anthoine de Bourbon.

DISCOURS

DE

MICHEL SURIANO,

VÉNITIEN,

TOUCHANT SON AMBASSADE DE FRANCE ;

TRADUIT DE L'ITALIEN.

L'histoire de Régnier de La Planche, écrite entièrement pour la justification et même à la gloire du
parti de la réforme, nous a fait rechercher un mo-
nument historique de l'époque qui pût servir de
contre-poids à la sévérité de ses jugements contre
les Guises et à la partialité de ses assertions en faveur des protestants. Quelques pamphlets du temps
nous ont paru empreints d'un fanatisme si exagéré
qu'on ne peut y reconnaître aucun caractère de vé-
racité. A défaut de documents français, il nous est
tombé entre les mains un manuscrit, très-peu connu
et très-digne de l'être, d'un Italien que sa position
politique mettait à même de bien juger les hommes
et les choses de ces temps. Cet homme était Michel
Soriano, ambassadeur de Venise, en France, sous
Charles IX. Il composa en 1562, c'est-à-dire deux

ans après le règne de François II, un discours *tou-chant son ambassade en France;* et ce discours d'un étranger catholique, témoin des faits qu'il raconte et contemporain des hommes dont il parle, nous a paru un document, sinon entièrement digne de foi, du moins fort précieux pour l'histoire de cette époque. Nous avons pensé que c'était là un complément nécessaire à l'histoire du règne de François II. Ce discours contient en outre un tableau rapide des changements successifs de la constitution de la monarchie française et de la situation de la France à l'avénement de Charles IX. Nous regrettons qu'aucune traduction contemporaine n'ait conservé à ce discours le caractère de naïveté et d'énergie de style qu'on a pu remarquer dans l'histoire de La Planche.

Le manuscrit de Michel Soriano, dont nous donnons ici la traduction, est conservé à la Bibliothèque royale, sous le n° 790 (Saint-Germain); et voici le jugement qu'en porte le docteur Marsand dans son excellent ouvrage intitulé : *J Manuscritti italiani della Biblioteca parigina,* page 760.

« La plume de Michel Soriano, cet illustre écrivain
» diplomatique, est déjà connue par d'autres rela-
» tions très-remarquables adressées à la république
» de Venise, entre autres par celle qu'il écrivit d'Es-

» pagne, quand il fut envoyé près du roi Philippe II;
» mais l'ouvrage auquel il donne le titre de *Com-*
» *mentarii del regno*, etc., est, à mon avis, un chef-
» d'œuvre de politique, de prudence, de franchise
» et de loyauté. »

DISCOURS

DE

MICHEL SORIANO,

VÉNITIEN,

TOUCHANT SON AMBASSADE DE FRANCE ;

TRADUIT DE L'ITALIEN.

Les états et les empires éprouvent les mêmes effets que les individus ; leur force est soumise au changement, et leur prospérité s'altère : d'abord, elle est comme dans sa fleur, puis elle vieillit. Enfin, elle s'anéantit totalement. Toutes les choses du monde, grandes et petites, ont été créées avec ce caractère d'instabilité et d'incertitude, pour que l'homme s'humiliât et reconnût que Dieu seul est la source de tout bien, et pour apprendre à celui qui doit gouverner les autres, à ne se pas tellement confier dans la prospérité, qu'il abandonne les ressources de la prudence ; elle seule a la vertu de conserver ce qui est grand et sublime, de même qu'elle fait élever ce qui paroît le plus abject : on a vu dans tous les temps divers exemples de cette variété de fortune. Tous ces anciens royaumes, ces républiques puissantes, autrefois souveraines du monde, sont tellement éteintes à présent, que nous ne saurions pas même qu'elles ont existé, sans le secours de l'histoire :

tandis que nous voyons parvenus au plus haut degré de
gloire, des monarques dont le nom n'étoit pas même
connu il y a peu de temps. Mais, peut-on donner un exemple plus clair et plus frappant de l'instabilité des grandeurs
humaines qu'en offrant le tableau de celle du royaume de
France? Sa force et sa puissance, secondées par d'heureux
succès, lui avoient acquis le glorieux avantage d'être regardé comme le plus ferme appui de ses alliés, et un objet d'épouvante et de terreur à ses ennemis : maintenant,
(s'il est permis de dire la vérité) cette machine immense,
appuyée sur les soutiens les plus fragiles, non-seulement
n'est plus en état de soutenir les autres, mais est elle-
même dans un si grand péril, qu'elle tremble et s'agite au
bruit le plus léger et à la moindre rumeur qui s'élève autour d'elle.

Puisque j'entreprends de décrire l'état de la France,
et ce que j'ai pu observer et connoître pendant les quatorze
mois que j'ai résidé dans cette cour, je ferai tous mes ef-
forts pour peindre le plus fidèlement qu'il est possible la
véritable situation de ce royaume, dans sa bonne comme
dans sa mauvaise fortune. Je ne traiterai point cette matière en forme d'histoire ; je donnerai seulement de simples
commentaires ; un discours fort succinct sur les causes de
la grandeur de la France, et sur les événemens qui l'ont
fait tomber récemment dans les dangers où elle se trouve.
Quoique je ne prétende pas amuser mes lecteurs, ni par
la sublimité du sujet, qui est presque toujours affligeant,
ni par l'agrément et l'élégance du style, dont je me suis
peu occupé, cependant, ce que je vais décrire est d'une
telle importance et d'un exemple si frappant pour ceux qui
doivent gouverner les peuples et les empires, que j'estime
ce travail utile, et je suis persuadé que le peu de temps
nécessaire pour lire cet écrit et pour réfléchir sur ce qu'il

contient, sera bien employé : je commencerai donc à l'époque où la France a formé une monarchie.

Ce royaume a toujours été regardé , du consentement unanime de tous les peuples du monde , comme le premier royaume chrétien ; la dignité , la puissance et l'autorité du roi qui le gouvernoit , l'élevoient en effet au premier rang. Cette dignité est fondée sur la liberté dont cet état fut toujours en possession , dès sa première origine. Jamais il n'a reconnu d'autre supérieur que Dieu seul. Quoique cet avantage soit commun à beaucoup d'autres royaumes , il ne l'est cependant pas à tous : quelques-uns se reconnoissoient dépendans de l'état ecclésiastique , comme autrefois l'Angleterre , et à présent le royaume de Naples : d'autres , comme furent jadis la Bohême et la Pologne , étoient assujettis à l'autorité de l'empire. Le royaume de France est d'ailleurs le plus ancien de tous ceux qui existent maintenant , puisque son origine remonte presque à l'année 400 de l'ère chrétienne. Sans autre secours que sa propre force, il a secoué le premier le joug de l'empire de Rome , auquel il étoit assujetti ; et par la sagesse des conseils et les grandes actions de son premier roi Pharamond , il commença à se créer des loix , un gouvernement , enfin à pourvoir de lui-même à sa propre défense.

Il fut aussi le premier à recevoir la religion chrétienne , sous le règne de Clovis , quatre-vingts ans après Pharamond ; ce qui lui a mérité le glorieux titre de fils aîné de l'Église : il le possède avec justice, puisqu'après le pape qui en est le chef universel , et l'état de Venise qui a toujours conservé le christianisme qu'il avoit adopté dès sa naissance, il n'y a aucun prince , aucun souverain , aucun empire qui puisse se vanter aujourd'hui d'avoir reçu la foi catholique avant le royaume de France.

A cette prérogative , la plus noble et la plus glorieuse de

toutes, on peut encore ajouter que ce royaume, croissant toujours en force et en prospérité, fut le premier qui obtînt le titre honorable d'empire, que lui méritèrent les fameux exploits du roi Charles, surnommé le Grand, à cause de la splendeur et de l'éclat de son règne. Ce prince fut aussi honoré du nom de très-chrétien. Sa postérité conserva long-temps les dignités de l'empire ; et les rois de France possèdent encore le titre de rois très-chrétiens. Je ne dois pas omettre non plus ce que beaucoup de gens estiment comme un de ses avantages ; l'usage d'oindre les rois, qui fut ordonné par Dieu même du temps des Hébreux , n'est plus maintenant employé que pour trois ou quatre rois seulement ; et l'on peut regarder cette distinction comme la marque d'une grande prééminence. Cette coutume fut établie en France, il y a plus de mille ans ; et l'on conserve à Reims la Sainte-Ampoule, crue miraculeuse jusqu'à ce jour dans l'opinion publique. C'est de cette huile que l'on oint chaque roi au moment de son sacre.

D'après toutes ces considérations, le roi de France a toujours joui jusqu'à présent, sans aucune difficulté, du premier rang parmi les princes chrétiens : celui d'Espagne prétend en vain avoir le droit de le lui disputer ; aucun de ses états ne peut, par sa noblesse, son ancienneté, ou ses titres, être mis en parallèle avec le royaume de France.

Sa puissance est incontestable. Ce vaste royaume renferme un peuple immense, et plus d'armes et de richesses qu'aucun autre état de l'Europe. Il comprend onze grandes provinces, qui, comme les membres d'un même corps liés et unis ensemble, se prêtent mutuellement leur force et leur vigueur.

Dans le centre, on pourroit dire dans le *cœur* de cet état, se trouve la province de France, qui donne son nom à tout le royaume ; elle est entourée de dix autres provinces, qui semblent lui faire une couronne ; deux d'entre elles, la Normandie et la Bretagne, sont baignées par l'Océan ; deux autres, la Guyenne et le Languedoc, se terminent aux Pyrénées ; la Provence et le Dauphiné sont bornées, l'une par la Méditerranée, et l'autre par la Savoie ; le Lyonnois et l'Auvergne confinent avec la Bresse ; la Bourgogne, avec la Suisse et l'Allemagne ; la Champagne, la Picardie, le pays de Boulogne et de Calais, situés en face de l'Angleterre, ont pour limites la Lorraine et les Pays-Bas.

Chacune de ces provinces avoit un souverain, qui cependant reconnoissoit le roi de France comme son supérieur, et lui rendoit hommage : mais à présent, elles sont toutes réunies à la couronne, soit par succession, soit par droit de conquête ; ce qui a successivement accru la grandeur et l'autorité du sceptre françois.

Telles sont les possessions de la couronne de France. Pardelà les monts, en-deçà et dans l'Italie, elle possède encore quelques dépendances du Dauphiné, du comté de Provence, et le marquisat de Saluces, qu'elle a acquis presque en totalité, en usant du droit du plus fort ; droit injuste qu'emploient ordinairement les princes puissans et toujours avides de domination : toute prétention leur paroît juste, dès que l'occasion d'envahir se présente. Outre cela, la France possède encore quelques places dans le Piémont ; trois en-deçà du Pô : Turin, Chiras et Pignerol ; deux au-delà, Cheri et Villanova : elles sont mises en séquestre pour être restituées au duc de Savoie, ainsi que le porte le dernier traité de paix ; en ne les restituant pas, ces villes deviennent comme la clef de tout le Piémont, qui peut être subjugué en un seul jour. On peut compter quelques domaines appartenans au roi de France dans les nouvelles Indes, près du Brésil ; mais comme ces propriétés sont incertaines et momentanées, on ne doit les considérer que comme des objets propres à maintenir l'activité de la navigation. Cet art cependant est maintenant si peu en usage, qu'on peut le regarder comme presque entièrement anéanti.

Le royaume de France, comme au centre de la chrétienté, est situé plus favorablement et plus commodément qu'aucun autre pour unir ou diviser à sa volonté les forces des plus grands princes et des peuples les plus belliqueux. Au midi est l'Italie; au nord, l'Angleterre; à l'ouest, l'Espagne; à l'est, l'Allemagne : d'un côté, les Suisses; de l'autre, les Flamands. De plus, cet état est entre les deux mers, la Méditerranée et l'Océan : d'où il résulte que, par mer et par terre, il peut facilement favoriser ou troubler les desseins et les entreprises de tous les princes et de tous les potentats du monde. La nature et l'art ont veillé à sa sûreté de tous les côtés. Il est environné de remparts; les monts le défendent de l'Espagne et de l'Italie; la mer lui sert de barrière contre l'Angleterre et les royaumes plus éloignés; et il est à l'abri des attaques de la Flandre et de la Germanie par plusieurs grands fleuves.

Ses frontières les plus importantes sont munies de places fortes, et fournies d'une grande quantité d'armes, d'artillerie et de toutes les autres choses nécessaires pour la guerre. Ces mêmes ressources se trouvent dans l'intérieur du royaume. Il a de plus l'avantage de renfermer dans son sein de ces génies supérieurs, capables de former le plan d'une guerre, d'en concevoir toutes les parties, et de les mettre à exécution.

J'ai remarqué que les fortifications sont faites, autant qu'il est possible, en terre et en bois, non-seulement parce qu'elles sont moins dispendieuses que les ouvrages en maçonnerie, mais aussi parce qu'on les construit plus promptement, et qu'ils résistent mieux à l'artillerie : ils se gâtent à la vérité; mais ils se rétablissent facilement, et à peu de frais. Une autre raison pour laquelle on leur donne la préférence, c'est que l'industrie des hommes trouvant toujours de nouvelles manières d'attaquer, il a fallu imaginer de nouveaux moyens de défenses. Or, il est plus facile d'ajouter ou de changer à la face d'un bastion formé en terre, que si elle l'étoit en pierre : on ne peut réparer aucune partie de ce dernier, sans le détruire en totalité ; et il arrive souvent que, pour éviter cet inconvénient, on laisse les choses telles qu'elles sont, inutiles et imparfaites.

Quant à l'artillerie, je pourrois entrer dans beaucoup de détails ; mais je me réduirai à un seul objet qui me paroît digne de remarque. On a soin, en France, de réduire toutes les pièces d'artillerie à une seule forme, qui n'est ni trop grande, parce qu'elles deviendroient embarrassantes, ni trop petite, parce qu'elles ne feroient pas assez d'effet ; mais elles sont toutes d'une médiocre grandeur et d'un même calibre : de sorte que les mêmes boulets et la même quantité de poudre peuvent servir à toutes les pièces. On emploie les mêmes instrumens pour les mettre en mouvement, les transporter, et les faire servir à l'usage auquel elles sont destinées ; ce qui est infiniment utile, tant dans les places que dans les armées, parce que tous les boulets étant propres à toutes les pièces, on évite la confusion qui naîtroit, si l'on étoit obligé de les préparer et de les choisir. De plus, quand une pièce se gâte, l'usage du boulet n'est pas perdu, parce que les boulets sont d'un poids égal, ou diffèrent de très-peu ; et que d'ailleurs, tout ce qui entre dans le service d'une pièce peut servir également à toutes les autres.

L'industrie françoise a fait une découverte fort importante touchant l'artillerie. Dans l'endroit où l'on met le feu à une pièce, on place une lumière de fer, parce que ce métal ne s'altère pas par le feu, comme le bronze qui se consume fa-

cilement, et qui après un petit nombre de coups, rend
l'ouverture si large, que le feu se disperse; le coup alors
n'ayant point de force, la pièce reste inutile. Or, une
pièce ne doit être réputée bonne que lorsqu'elle peut
tirer, en un jour, cent ou au moins quatre-vingts fois. Il est
bien vrai que la lumière de fer seroit nuisible dans les pièces qui doivent s'employer sur mer, parce que l'eau salée
rouilleroit et rongeroit le fer en très-peu de temps; mais sur
terre, il est prouvé qu'elle est fort utile, parce qu'avec peu
de pièces, on peut faire un feu considérable, chacune servant
pour beaucoup de coups. Toutes ces choses, jointes à la force
naturelle que ce royaume peut tirer de sa situation, le rendent très-puissant et le mettent en sûreté, soit qu'il se dé-
fende, soit qu'il veuille attaquer. Quant à ce dernier genre
de guerre, il en a laissé des traces en beaucoup de lieux,
tant voisins que reculés, puisqu'il n'est aucune partie du
monde qui n'ait éprouvé la valeur des armes françoises.
Mais, sans parler de faits plus anciens, on peut citer le moment où cette nation, entraînée par le désir de conquérir
les vignobles possédés par les Romains, s'arma en corps pour
les attaquer, mit en péril la grandeur romaine, et se signala
encore dans d'autres pays par une multitude de grandes actions. Dans des temps postérieurs, Charlemagne étendit
tellement sa puissance et ses forces, qu'il conquit la Germanie, la Saxe et la Bavière; battit les Sarrasins en Espagne,
détruisit le royaume des Lombards, subjugua la plus grande
et la meilleure partie de l'Italie et laissa presque la moitié
de l'Europe à sa postérité.

Rien n'est plus mémorable que l'entreprise des croisades,
décidée en France dans le concile de Clermont, et exécutée
par les François, qui s'empressèrent, à l'envi, de fournir
aux dépenses nécessaires pour une si grande expédition. Ils
y montrèrent tous une si noble ardeur, ils se signalèrent

par une constance et un courage si éclatans, que cette entreprise a surpassé la gloire de toutes celles que les anciens historiens avoient célébrées jusqu'alors.

La Grèce et l'Asie éprouvèrent aussi la valeur des armes
françoises dans la conquête de l'empire de Constantinople.
Venise, jointe à la France, s'y couvrit de gloire, et recula
au loin les limites de ses états. Sous saint Louis, la Bar-
barie et l'Égypte furent encore le théâtre où ces peuples firent éclater leur valeur ; et quoique ce prince eût été fait
prisonnier dans un combat, cependant le royaume de Tunis
fut contraint de payer un tribut annuel de quarante mille
ducats.

Dans le même temps, Charles d'Anjou conquit la Sicile
et le royaume de Naples, avec cette partie de l'Italie qui
n'avoit point encore été sous la domination françoise. Les
descendans de ce prince passèrent en Hongrie, et y régnè-
rent beaucoup d'années.

Du temps de nos pères, Charles VIII, dans le cours de
sa rapide et brillante fortune, s'empara, au-delà des monts,
en un très-court espace de temps, d'une fort grande étendue de pays. Ce fut là que se forma le germe du désir que
ses successeurs déployèrent ensuite pour la conquête de l'I-
talie, où s'illustrèrent Louis XII, François Ier et Henri II,
par leurs victoires multipliées, et les défaites sans nombre
de leurs ennemis.

Mais si l'on vient à examiner la manière dont ce royaume
s'est toujours défendu, on trouvera que depuis qu'il est un
état libre, il n'a jamais été vaincu que par les Anglais,
dans une guerre très-longue et très-périlleuse. Ils pénétrè-
rent jusque dans le cœur du royaume, et en soumirent une
grande partie : leur victoire à la vérité fut de courte durée ;
car non-seulement ils furent dépouillés de ces provinces
dont ils s'étoient emparés à force ouverte, mais ils perdi-

rent encore la Normandie et la Guienne, ancien patrimoine des rois d'Angleterre. On peut même faire remonter jusqu'à cette époque l'origine de la haine mortelle qui a toujours subsisté entre ces deux nations, et qui ne finira jamais.

Sous les règnes précédens, à deux différentes reprises, l'empereur Charles-Quint essaya d'attaquer ce royaume. Plus récemment, le roi catholique y porta les armes avec encore plus de succès que son père : mais au moment où la France sembloit toucher à sa perte, ses armées étant mises en déroute, ses provinces enlevées, les chefs de sa noblesse, ses généraux, son roi même prisonniers, elle se réveilla avec un nouvel éclat de cette espèce d'anéantissement ; et plus forte qu'auparavant, non-seulement elle échappa à sa ruine, mais porta la terreur et l'épouvante parmi ceux qui sembloient devoir l'opprimer : tant est puissant le ressort et la fortune de cet empire, dont les forces s'accroissent toujours en proportion de ses besoins.

Mais, comme le fondement principal de la grandeur et de la puissance des états réside surtout dans les individus, dont la valeur influe bien plus dans l'attaque et dans la défense d'un pays, que ne pourroient faire l'artillerie, les armes ou les forteresses ; je donnerai quelques détails succincts sur la nation françoise, le nombre et les qualités de ses habitans, l'usage auquel le roi les emploie, et les raisons pour lesquelles ce peuple a toujours joui, au plus haut degré, de l'estime universelle.

La population, en France, est très-considérable. Ce royaume renferme plus de cent quarante villes episcopales, et une infinité d'autres villes ou villages. Chaque lieu est aussi habité qu'il puisse l'être. Paris seul contient près de quatre à cinq cent mille âmes.

L'état des citoyens est divisé en trois classes ; et c'est de là que le nom des trois ordres du royaume tire son origine : l'un est celui du clergé ; l'autre des nobles ; le troisième n'a pas de nom particulier : mais comme il est composé de personnes de diverses qualités et professions , on peut l'appeler , en général , *l'état du peuple , ou le tiers-état.*

Quoique l'on admette , dans l'ordre du clergé , beaucoup de gens du tiers-état , et même un grand nombre d'étrangers qui participent aux bénéfices du royaume , soit pour des services rendus à la couronne , soit par quelque faveur particulière du prince , cependant il est principalement composé de la noblesse. Les cadets de familles nobles ayant peu de part dans les biens de leur maison , qui appartiennent ordinairement aux aînés , embrassent l'état ecclésiastique , afin de réunir en même temps sur leur tête , et les honneurs , et les richesses.

Par le mot de noble , on entend ceux qui sont libres , et qui ne paient au roi aucune sorte d'imposition ; ils sont obligés seulement à le servir en personne à la guerre.

La noblesse est composée des princes et des barons. Parmi les princes , ceux du rang royal , par le droit qu'ils ont à la couronne, jouissent d'un rang et d'honneurs supérieurs à tous les autres, quoique quelques-uns d'eux aient trop peu de fortune pour soutenir avec splendeur l'état qui convient à leur dignité.

Il y a quatre-vingts ans que le nombre des princes du sang étoit très-considérable. On comptoit la maison d'Angoulême , d'Orléans , d'Anjou , de Bourgogne , d'Alençon et de Bourbon, qui comprend celle de Vendôme , de Montpensier et de la Roche-sur-Yon : toutes, ou sont parvenues à la couronne , ou sont éteintes. Il ne reste plus à présent que la maison de Bourbon , qui étoit autrefois la dernière : son heureuse étoile l'a tellement rapprochée du trône, qu'elle se trouve la première à y succéder, après monseigneur le duc d'Orléans et monseigneur le duc d'Anjou, tous deux frères du roi. Aussi l'état de cette maison est-il beaucoup plus brillant qu'il n'a jamais été. Le roi de Navarre en est à présent le chef : il a un fils âgé de huit ans. Immédiatement après, suit le prince de Condé, son frère ; le cardinal de Bourbon ne devant plus être compté, puisqu'il a renoncé à toutes prétentions, en s'engageant dans l'état ecclésiastique. Ensuite viennent les enfans du prince de Condé, le duc de Montpensier et le prince de la Roche-sur-Yon, son frère : l'un n'a point d'enfant ; l'autre n'en a qu'un seul.

Si les femmes pouvoient prétendre au trône, la première de toutes seroit la duchesse de Ferrare : elle est plus près de la couronne que ne l'étoit François Ier, puisqu'elle est fille de Louis XII. Elle possède, à deux journées de Paris, une terre magnifique. Elle prétend avoir droit sur le comté d'Aste, comme faisant partie des propres de son père : elle réclame aussi une portion de la Bretagne, qui fut apportée en dot par sa mère.

Après les princes du sang, on devroit naturellement parler des autres princes et barons du royaume : mais si l'on vouloit détailler ce qui les concerne tous, ce récit deviendroit trop long, et même ennuyeux, parce que leur nombre est infini. Seulement on peut dire que parmi les princes, le plus puissant et le plus riche est certainement le duc de Guise. Le connétable de Montmorency tient le premier rang entre les barons.

L'état du peuple comprend les lettrés. Sous cette dénomination, l'on entend les gens de robe, les marchands, les artisans, le menu peuple et les paysans.

Dans celui de la robe, ceux qui ont le grade de président ou de conseiller, ou quelques autres places semblables, sont nobles par privilège ; et ils sont traités comme tels dans toutes les occasions où ils représentent.

Comme les négocians possèdent à présent les plus grandes richesses, ils sont favorisés et recherchés ; mais ils n'ont aucune prééminence de dignité, parce que toute espèce de commerce est regardée dans ce royaume comme dérogeant à la noblesse : c'est pourquoi cet ordre de gens est renfermé avec le reste du peuple, et paye les impositions comme les roturiers et les paysans.

Ces trois états sont employés dans les différentes circonstances à l'avantage du royaume. Parlons d'abord du tiers-état. Il possède quatre emplois très-importans ; soit que les loix ou l'ancienne coutume les lui aient donnés, soit que les nobles les aient regardés comme n'étant pas assez honorables pour eux (1).

Le premier emploi de tous est celui de chancelier : il assiste à tous les conseils ; il tient le grand sceau ; et l'on ne peut délibérer sur aucune matière importante, sans prendre son avis. Les résolutions prises ne peuvent pas non plus être exécutées sans son ministère.

Le second est celui de secrétaire d'état ; chacun, suivant son département, a le soin de l'expédition des affaires, et la garde des papiers et des manuscrits importans.

Le troisième est celui de président, de conseiller, de juge, d'avocat, et en général de tous ceux qui sont employés dans l'administration de la justice criminelle ou civile, dans toute l'étendue du royaume.

Le quatrième est celui de trésorier, de collecteur et de receveur, tant généraux que particuliers ; c'est par leurs mains que passe toute l'administration des finances, celle des

(1) On voit ici, et dans le reste de ce discours, que Soriano auroit eu besoin d'une seconde ambassade, pour y prendre des informations moins superficielles et plus certaines.

revenus et des dépenses de la couronne. Tous ces emplois,
par lesquels on acquiert de la réputation et des richesses,
restent entre les mains du tiers-état. Les gens de robe et
les gens instruits possédant toujours l'office de chancelier,
et toutes les places de judicature, qui sont très-considérables
et en grand nombre, il en résulte que chacun fait faire les
études à quelqu'un de ses enfans; ce qui produit le grand
nombre d'écoliers qui se trouvent en France. Il n'est aucun
état dans la chrétienté qui en compte autant; la seule ville
de Paris en renferme plus de quarante mille. Depuis même
un certain temps, les nobles font étudier leurs enfans, et
surtout les cadets, non pas qu'ils les destinent à ces emplois, mais pour les faire entrer dans l'état ecclésiastique;
parce que depuis quelques années, on a la plus grande at-
tention à ne donner les évêchés qu'à des personnes instrui-
tes. Plût à Dieu que pour le bien du christianisme, cet
examen eût été fait, de tout temps, avec le soin et l'exac-
titude qu'il mérite!

Le gouvernement de l'état réside entièrement dans la
main des nobles et du haut clergé. Ce dernier n'est admis
que dans les conseils, et non dans les opérations. Les nobles sont également employés dans l'une et l'autre fonction;
mais souvent ils ont cédé l'honneur de la délibération au
clergé, sachant bien qu'ils seroient toujours maîtres de
l'exécution. Ce partage sert également ces deux corps de
l'état. Les nobles, n'étant pas fort riches pour l'ordinaire,
se trouvoient ruinés par leur résidence à la cour, où tout
est plus cher, étant obligés à de grandes dépenses pour
leurs valets, leurs chevaux, leurs tables, leurs vêtemens
et ceux de leurs domestiques; mais restant dans leurs terres, y menant une vie privée et sans éclat, peu de fortune
alors leur suffit. Ils n'ont besoin ni de livrées, ni d'habillemens somptueux, ni de chevaux de prix, ni de repas splen-

dides , ni des autres magnificences qui sont nécessaires à ceux qui vivent à la cour. C'est pour cela que s'est introduit la coutume de ne servir le roi que par quartier. Celui qui est de service n'est employé que pendant trois mois de l'année ; le reste du temps , il peut demeurer chez lui , et épargner de quoi subvenir aux dépenses honorables qu'il est obligé de faire pendant le temps de son service.

Les ecclésiastiques ne considèrent pas les objets sous le même point de vue. Partout où ils résident, ils sont tenus à la même représentation, au même nombre de domestiques et aux mêmes vêtemens. Il est vrai que ces choses sont plus dispendieuses à la cour ; mais cet inconvénient est bien compensé par l'espérance d'acquérir de nouvelles richesses et de nouveaux honneurs, en restant près de la personne du roi. D'ailleurs, plusieurs d'entre eux auroient voulu résider dans leur diocèse, comme ils y sont obligés par les derniers décrets ; mais les places qu'ils occupent à la cour les empêchent d'en rester long-temps éloignés , surtout ceux qui ont été ambassadeurs chez quelque prince étranger , comme l'évêque d'Orléans et plusieurs autres. Dans la suite , il n'en sera pas de même ; par une nouvelle ordonnance du conseil , les évêques ne pourront plus être envoyés en ambassade, surtout à Rome.

Le premier emploi de la noblesse, et celui dont le roi et ses peuples tirent le plus d'utilité , est sans contredit celui des armes. Il se partage en deux genres de service : celui de la marine et celui de terre. Il y a peu de choses à dire sur la marine françoise. Le petit nombre de vaisseaux , d'équipages , de matelots et de pilotes n'a jamais permis de rassembler des forces suffisantes pour faire quelque entreprise d'éclat ou quelque attaque importante. Cependant les guerres maritimes ont été en usage contre l'armée navale des Turcs, depuis François 1er jusqu'à nos jours. Il est vrai qu'on n'a jamais eu besoin de secours étrangers pour défendre le royaume, parce que l'on a toujours pu avoir, sur l'Océan, une flotte de deux cents voiles, le plus grand navire cependant ne portant pas plus de trois cents tonneaux. Dans la mer Méditerranée, on a armé jusqu'à quarante galères, qui sont réduites maintenant au nombre de huit. On s'en sert quelquefois dans l'Océan; mais c'est plutôt pour faire passer des troupes en Écosse, et donner de la jalousie à quelque souverain, que pour aucun autre objet.

Mais le nerf principal de la milice françoise consiste dans les troupes de terre, et plus encore dans la cavalerie que dans l'infanterie. On peut attribuer cette supériorité à différentes causes. Premièrement, aux ressources que fournissent à cet égard les Allemands et les Suisses; secondement, au génie de la nation, qui voit avec peine les armes dans les mains du peuple et du paysan. Ce genre de service ayant plus de réputation, les nobles le préfèrent; d'où il arrive que la cavalerie, étant ainsi composée, est plus courageuse et plus redoutable que celle des autres pays, qui se trouve mêlée de gens de toute espèce. Cette cavalerie est de deux sortes; l'une est soudoyée, l'autre sert par obligation : c'est ce qu'on appelle communément l'arrière-ban. Ces troupes sont composées de nobles, obligés de servir le roi en personne, avec un nombre de chevaux proportionné à la qualité de leurs fiefs. Comme il y a beaucoup de nobles dans le royaume, ces troupes sont fort nombreuses. Elles le seroient encore plus, sans l'avarice et la négligence des feudataires, qui, n'étant obligés de présenter qu'un certain nombre de chevaux, bons ou mauvais, ont soin de faire passer les meilleurs dans les compagnies soudoyées : ils y passent aussi, et frustrent ainsi l'arrière-ban. Lorsqu'il est convoqué, c'est un signe que le royaume est dans une grande détresse ; mais cela ne prouve pas qu'il réunisse de grandes forces.

Les troupes les plus vigoureuses sont certainement celles des hommes d'armes et des archers soudoyés : elles sont ordinairement bonnes, bien armées et bien montées. Ce royaume n'a point, à la vérité, de races de chevaux de guerre; mais on en achète dans d'autres pays, sans même regarder au prix.

Les hommes d'armes sont obligés d'avoir deux chevaux seulement, l'un desquels est destiné à servir de monture. Pendant la guerre, ils n'en ont pas moins de quatre; un cheval de selle, et un pour porter les fourrages : sans cette précaution, ils manqueroient de tout, et spécialement de vivres. Leur obligation se réduit donc à en montrer deux, que l'on emploie dans les corps. On ne les marque pas comme il se pratique à Venise : mais si quelqu'un est accusé de les avoir empruntés, il perd aussitôt, sans espérance de grace, sa place et ses chevaux, à quelques personnes qu'ils appartiennent, et l'homme reste déshonoré.

Les compagnies d'hommes d'armes sont composées de cinquante ou de cent ; elles n'ont d'autres capitaines que le roi, le connétable, les quatre maréchaux de France, et quelques grands princes. Outre le capitaine, elles ont tous quatre officiers : le lieutenant, l'enseigne, le guidon et le fourrier ou le maréchal-des-logis. Ils ont tous leurs appointemens à part, outre leur place d'hommes d'armes, qui valoit ordinairement chaque année, sans aucune retenue, 436 livres : maintenant elle est réduite à 400 livres. Le lieutenant a de net 800 livres, l'enseigne 600 livres, le guidon 400 livres ; le capitaine et le conducteur ont plus ou moins, mais jamais moins de 200 livres, outre les 400 livres de leur place.

Avec les compagnies des hommes d'armes se trouvent les

chevau-légers qui sont armés à la légère , ou bien les archers qui portent une arquebuse à l'arçon : c'est une institution de François Ier ; mais elle nuit plus qu'elle n'est utile.

Les archers , dans les temps de guerre , sont toujours plus nombreux d'un tiers que ne sont les hommes d'armes : ils ont la moitié de la paie. Ils amènent un seul cheval , et le guidon des hommes d'armes a la moitié de la paie qu'ont les archers.

Depuis quelque temps , le nombre des hommes d'armes n'a jamais passé plus de trois mille ; celui des archers , quatre mille cinq cents : maintenant ils sont réduits à un plus petit nombre , à cause des frais qu'ils occasionnent. Il n'y a point en France d'autre sorte de cavalerie que celle dont je viens de parler , excepté le corps de la maison du roi , qui va avec sa cornette , ce qui peut composer environ mille chevaux ; et quoique dans la guerre on ait eu des maréchaux allemands , des troupes légères albanoises , italiennes et même angloises , néanmoins les armées n'en étoient pas fort augmentées , leur nombre ne formant pas un corps considérable.

Quant à l'infanterie , les Gascons sont réputés les meilleurs fantassins , comme étant plus prudens et plus propres à soutenir la fatigue et les incommodités de la guerre. Ils tiennent beaucoup des Espagnols. Leur nombre peut monter à sept ou huit mille. On pourroit encore en avoir une grande quantité , tirée des autres parties du royaume : ce seroit même de bonnes troupes , si on les exerçoit , et surtout celles qu'on leveroit sur les frontières , comme étant plus accoutumées à la guerre. Louis XI ordonna la levée des légions , et après lui François Ier : il projetoit d'en établir une milice de quarante à cinquante mille hommes , afin de n'être pas toujours , pour ainsi dire , tributaire des Suisses.

Tous ces objets sont examinés et délibérés par les trois états réunis ; mais il n'est pas permis à d'autres qu'aux nobles de s'exercer aux armes. Cette loi a été faite, parce qu'on a senti que si le peuple étoit armé, il se soulèveroit contre les nobles et les grands, y étant excité, tant par l'envie qu'il leur porte, que par le désir de se venger de l'oppression ; il ne pourroit plus être arrêté par le frein des magistrats ; il abandonneroit les arts et la culture des terres : ce qui préjudicieroit généralement à tous les individus ; il deviendroit brigand, et en peu de temps plongeroit le royaume dans le désordre et la confusion. L'expérience même nous apprend que lorsqu'un homme du peuple a été soldat, il s'enorgueillit de son état, devient insolent ; et de retour chez lui, prétend commander à son père, ainsi qu'à ses frères, et se rendre le maître de la maison. Mais cette délibération des états, ces différens motifs ne sont tenus pour rien, et l'on n'y a aucun égard, lorsque le roi veut gouverner despotiquement.

A l'égard des chefs, on peut dire que le royaume de France a toujours fourni un très-grand nombre d'hommes d'une vertu éminente, d'une expérience consommée et d'ailleurs favorisés de la fortune. Quoique le roi, depuis longtemps, soit dans l'usage d'avoir des officiers italiens, allemands, et même quelquefois anglois et espagnols, cependant il a toujours voulu que le général de ses armées fût françois. Parmi ceux qui existent dans ce moment, on peut regarder comme les premiers en autorité, le roi de Navarre, lieutenant-général du royaume, et le connétable, dont l'emploi le met à la tête de toutes les troupes : mais ni l'un ni l'autre n'est égal au duc de Guise ; soit que l'on considère sa valeur, sa prudence, ou son habileté dans le métier des armes ; on peut dire même que le duc de Guise surpasse, non-seulement par son courage, les généraux les plus fa-

meux de son temps, mais encore tous ceux qui l'ont pré-
cédé.

Plusieurs personnages remarquables se présentent ensuite. Le duc d'Aumale, soldat courageux, fin et doué
d'un rare esprit, et Nevers : tous deux ont commandé les
armées ; l'amiral, brave guerrier, génie élevé ; Brissac, un
des quatre maréchaux de France, homme subtil et courageux ; ce dernier s'est montré, dans l'affaire de la succession du Piémont, plus adroit, plus prudent et plus habile
que ne sont ordinairement les François.

Ensuite viennent Saint-André, Montmorency, fils du connétable, et de Thermes. Certainement le mérite de ce dernier capitaine éclipseroit tous les autres, si la fortune le
secondoit ; mais elle est des plus modiques. Il seroit trop
long de faire l'énumération de la multitude d'autres personnes que l'on pourroit compter après ces grands guerriers :
d'ailleurs, aucune circonstance ne les rend recommandables.

C'est avec de telles troupes que les rois de France sont
parvenus autrefois, non-seulement à acquérir un aussi
grand état, et à le défendre contre les forces des princes
leurs voisins, et celles des états plus éloignés ; mais encore
à faire connoître leur puissance dans l'Asie et dans l'Afri-
que, en Germanie, en Hongrie et en Espagne ; à subjuguer
l'Italie, et à faire trembler l'univers entier. Tant de succès
sont dus au caractère des François. Ils sont fiers et orgueilleux, ardens au commencement de l'entreprise, insolens
dans la prospérité, actifs pour leurs propres intérêts, et négligens pour ceux des autres, souvent même infidèles :
cette opinion étoit reçue parmi eux, *que l'honneur et la grandeur sont toujours en même lieu que la commodité.* C'est pourquoi l'on trouve dans plusieurs histoires cette sentence
proverbiale : *Ayez le François pour ami, mais non pas pour*

voisin , s'il est possible. Dans les faits de guerres , ils réalisent bien ce que les historiens anciens rapportent d'eux , *que dans le commencement , ils sont plus que des hommes ; et à la fin , moins que des femmes.* Néanmoins on peut dire, avec vérité, que le commencement de toute entreprise est d'une si grande importance , que bien des fois il décide entièrement des succès ; tandis que la perte que l'on essuie d'abord entraîne nécessairement des suites très-graves et très-fâcheuses pour celui qui les éprouve. C'est pourquoi , si les François sont regardés comme si fiers et si terribles , qu'on estime qu'il est très-périlleux de les attaquer, on doit convenir aussi qu'il est d'une grande difficulté d'arrêter et de modérer cette fureur et cette impétuosité qui les rend superbes et audacieux.

Tels sont les objets que je devois décrire , touchant le nombre et la qualité des troupes françoises , ainsi que les avantages que la France retire de l'assemblée des trois états. C'est ainsi que chacun , suivant les loix du devoir , écartant tout sentiment de jalousie , fournissant la portion de secours qu'il doit à l'utilité publique, aidant le roi de ses conseils , de ses biens , ou de sa vie ; c'est ainsi , dis-je , que ce royaume est devenu invincible et formidable.

Mais depuis que les nouvelles sectes , entraînant avec elles une sorte de malédiction, ont commencé à semer la dissension entre le clergé et la noblesse , à diviser même les nobles entre eux , et à soulever le peuple contre tous les ordres de l'état, un trouble universel s'est répandu dans les différentes parties du gouvernement : il a entraîné le malheur général de la nation, et celui du roi en particulier, comme on le verra dans la suite de cet ouvrage.

Après avoir examiné quelle est la constitution du royaume de France , et l'état des peuples qui le composent , il reste à faire connoître quelles sont ses productions et ses espèces numéraires, puisqu'en guerre comme en paix ce sont les deux moyens les plus puissans pour maintenir les états.

La France a toujours été regardée comme très-riche et pourvue de toutes les choses agréables et commodes, fournissant aussi, avec abondance, tout ce qui peut être nécessaire à la vie. Placée presque au milieu de l'Europe, c'est avec justice qu'elle passe pour la plus belle partie du monde, située sous un ciel doux et tempéré ; elle n'est exposée ni à ces froids rigoureux de l'Allemagne, ni à ces chaleurs excessives de l'Espagne.

Les vents y règnent souvent; cependant l'air y est salubre; il n'est point épais et marécageux, comme celui de la Flandre, malgré la proximité de cette province. Le pays est doux et riant ; il est coupé de fleuves qui sont tous navigables : on n'y trouve de montagnes rudes et sauvages que vers les confins. Le milieu, rempli de collines et de plaines fertiles et cultivées, fournit une si grande abondance de bled, de vin, de lin, de chanvre, de plantes, et de toutes les autres productions utiles, que non-seulement elles suffisent aux besoins du royaume, mais encore à ceux des pays étrangers : elles sont transportées en Espagne, en Portugal, en Flandre, en Angleterre, en Syrie, en Danemarck, et dans d'autres climats encore plus reculés. Quoiqu'il n'y ait point en France de mines d'or et d'argent, comme en Allemagne et en Espagne, cependant ce royaume ne manque point d'espèces numéraires ; elles y arrivent de tous les pays où l'on achète ses denrées. Le Portugal seul ayant toujours eu une grande liberté de commerce, a fait passer en France une quantité considérable d'or et d'argent, malgré les défenses expresses de l'Espagne. Cette dernière en a fait entrer aussi, parce que le profit qu'on en retire est évalué au moins à quinze ou vingt pour cent ; et je me rappelle que, malgré le trouble qu'entraîna la guerre contre le roi catholique, le commerce cependant ne discontinua pas avec les Flamands, les Anglois et les Espagnols eux-mêmes, tant est grande la nécessité où se trouvent ces pays de se pourvoir des vivres et des marchandises françoises. Il n'est donc pas étonnant que les troupes aient été payées avec la monnoie d'Espagne, non-seulement dans les guerres extérieures, comme en Italie, mais encore lorsqu'elles ont eu lieu au dedans du royaume.

De cette abondance universelle qui se trouve en France, on estime que ce qu'elle retire de la vente de ses productions peut faire, année commune, une importation de 15,000,000 d'or. Le clergé en possède six, le domaine particulier du roi un et demi; le reste appartient aux princes, barons et autres personnes quelconques qui jouissent des possessions et des revenus du royaume.

Le domaine est donc ce qui forme le revenu particulier et ordinaire de la couronne : à présent, il est vendu ou engagé en grande partie. Outre ce revenu, S. M. retire celui des gabelles et des tailles, qui depuis long-temps est devenu une imposition ordinaire; il a aussi celui des décimes du clergé, qui se lèvent au moins deux fois l'année. Ces deux objets montent à 4,000,000 et demi d'or; par conséquent, le roi possède en total six millions de revenus; il les augmenteroit beaucoup encore, s'il affermoit les gabelles, comme on fait en Italie; mais cet usage n'existe point en France. Aucun citoyen ne voudroit l'établir, et les étrangers n'en auroient pas la hardiesse : s'ils l'osoient, ils s'exposeroient à être massacrés par le peuple. Ainsi tout se perçoit pour le compte de S. M.; d'où il arrive qu'outre la dépense qu'entraînent les trésoriers, les receveurs, et les autres officiers nécessaires pour cette perception, chacun pille de son côté : d'abord celui qui est chargé de la recette, ensuite celui qui est taxé, et qui tâche de ne pas payer la somme qu'on lui impose. C'est donc l'opinion générale, que le roi est fraudé d'une grande partie de ses revenus : tout le reste s'emploie pour le service de sa maison, et les autres dépenses relatives à la personne et à l'administration du royaume : tels que les gages des conseillers, les appointemens des gouverneurs et des autres officiers de justice, l'entretien des hommes d'armes, des archers, des forteresses, et de tout ce qui concerne la marine. Toutes ces dépenses sont ordinaires, et il y en a une infinité d'autres extra-ordinaires, mais perpétuelles : de manière que depuis François Ier, qui laissa à sa mort une épargne de près d'un million, il n'a pas été possible de rien amasser jusqu'à présent ; mais dans les besoins extraordinaires de la guerre, ou dans d'autres circonstances, les ressources n'ont jamais manqué, les tailles étant susceptibles d'augmentation, ainsi que les décimes du clergé. Quelquefois on a eu recours à des emprunts, imposés sur les villes seulement, dans les momens de nécessité ; car, dans les autres temps, elles en sont entièrement exemptes. Enfin, les emprunts à intérêts ont été employés suivant que les besoins l'ont exigé.

Ce sont là les raisons pour lesquelles la couronne se trouve endettée de quinze millions d'or, y compris ce qui est engagé de son propre domaine ; mais aujourd'hui, l'on diminue la dépense autant qu'il est possible ; et l'on accumule les économies, afin de se délivrer de ce poids onéreux, que l'on espère anéantir en deux ans, si la paix se maintient pendant cet espace de temps.

Je compte avoir suffisamment développé ce qui concerne la dignité et la puissance du royaume de France : maintenant je vais faire connoître quel est le genre d'autorité de celui qui gouverne ; c'est la troisième proposition que j'ai établie dans le commencement de ce discours.

Ce royaume puissant, immense, extrêmement peuplé,

et abondant en toute espèce de denrées et de richesses, dépend en totalité du souverain arbitre de son prince naturel, qui est le roi, jouissant de l'amour et de la soumission de ses peuples, et d'une autorité absolue.

Il y a 1120 ans que la France est gouvernée, sans interruption, par des rois; l'ancienneté de cette origine les caractérise souverains et indépendans : l'élection des peuples ne détermine point la succession à la couronne ; on suit l'ordre de la nature, le fils succède au père ; et au défaut d'enfans mâles, le sceptre passe au prince du sang le plus proche. Les bâtards et les femmes sont exclus de ce droit. Le royaume ne doit point être divisé, mais toujours réuni dans la main d'un seul; et cette coutume est uniforme dans toute la France : non-seulement elle a été établie pour la succession à la couronne; mais toutes les grandes maisons l'ont admise. Il est de droit dans plusieurs provinces de France que l'aîné hérite de tous les biens, les autres jouissent seulement d'un usufruit, réglé suivant leur qualité : c'est là ce qui conserve avec avantage la grandeur et les richesses des maisons et des états, que l'on verroit bientôt anéanties, si l'on divisoit les biens comme il est d'usage en Allemagne.

En France, les bâtards n'ont point de part à la succession ; quelquefois cependant ils y sont admis; mais c'est par une faveur particulière. La loi défend de tenir aucun compte des bâtards de roi (je parle des enfans mâles). Depuis l'extinction de la race de Charlemagne, ils n'ont possédé aucun rang jusqu'à ce moment-ci, où nous voyons paroître un fils naturel de Henri II. Il est né d'une Écossoise, il a environ dix ans, et on l'appelle le bâtard d'Angoulême : on a confié le soin de son éducation à un nommé Mussellion ; mais puisque l'on projette de le placer dans l'état ecclésiastique, on a pris un mauvais moyen, en lui donnant pour gouverneur un hérétique déclaré.

15.

La loi salique ou l'ancienne coutume, qui a force de loi, exclut les femmes de la couronne, comme on vient de le dire ; c'est pourquoi le roi de France est toujours françois, et ne peut jamais être d'une autre nation : aussi n'arrive-t-il point dans ce royaume ce que l'on voit dans les autres, lorsque les femmes succèdent au trône, où l'on ne peut déterminer par quel roi les peuples seront gouvernés ; il en résulte même souvent que le sceptre passe dans les mains d'un prince issu d'une nation ennemie et détestée. L'Espagne assujettie aux Flamands, et le royaume de Naples et de Sicile aux Espagnols, nous en fournissent des exemples frappans. Il n'est donc aucun état dans le monde, sur lequel chaque souverain n'ait quelque prétention, qu'il cherche à faire valoir et à soutenir par les armes, ou à la faveur de la division qui y règne.

L'esprit de faction répandu parmi les sujets les rend facilement la proie de ceux qui les attaquent ; c'est ce qui a amené en Italie une si grande multitude de troupes et de coutumes étrangères. La France est à l'abri de cette calamité ; parce qu'en excluant les femmes, elle exclut tous les droits que les étrangers pourroient prétendre avoir sur cet état.

D'après toutes ces considérations, on aperçoit aisément l'origine et la base de l'amour et de l'attachement des peuples. Comme ils sont accoutumés de tout temps à dépendre de l'autorité royale, ils ne désirent aucune autre sorte de gouvernement. Sachant d'ailleurs qu'ils sont nés pour obéir et servir leur prince, ils s'assujettissent volontiers à celui qui est né pour leur commander, et qui n'a employé ni la force, ni l'artifice pour s'élever à cette suprême dignité. De son côté, le prince n'ayant nul sujet de soupçonner la fidélité de ses peuples, n'est excité par aucune raison à les tyranniser ; au contraire, il est de son intérêt de les rendre heureux : c'est même ainsi qu'il accroît sa puissance et sa

gloire. Telle est l'origine de cette popularité qui existe entre
le roi de France et ses sujets. Jamais personne n'est exclu
de sa présence ; les valets même, l'ordre le plus vil du peuple, osent pénétrer jusques dans la chambre du roi ; ils
veulent tout voir, tout entendre : c'est pourquoi lorsque
l'on doit discuter quelques matières importantes, il faut
avoir la condescendance et la bonté de les traiter au milieu
de tout le monde ; par conséquent, de parler assez bas pour
qu'on ne puisse pas être entendu : et quoiqu'une si grande
complaisance autorise cette nation insolente à devenir
présomptueuse, elle a en même temps l'avantage de la
rendre plus dévouée, plus fidèle et plus attachée à son
prince.

Mais ce qui conserve et augmente plus que toute autre
chose cette affection vive des peuples, c'est l'intérêt personnel et l'espérance d'obtenir des graces ; le roi de France
pouvant distribuer une multitude prodigieuse de différens
grades, d'emplois et d'offices de magistrature, de pensions,
de bénéfices, de gratifications, de faveurs et de dignités, qui
sont extrêmement multipliés dans ce royaume. Il accorde
tous ces bienfaits à ses propres sujets, et l'on ne voit point
arriver en France ce qui arrive dans les autres états, surtout
dans celui de Naples, où les peuples sont mécontens et dé-
couragés ; les places et les honneurs qui leur devroient être
distribués, étant donnés à des étrangers. On en voit cependant quelques-uns, surtout des Italiens, recueillir des graces du roi de France ; mais ils sont toujours en petit nombre, et elles ne leur sont accordées qu'après qu'ils les ont
méritées en servant l'état. C'est sans doute par cette raison que l'on n'a jamais entendu dire en France, que les
peuples se soient soulevés contre leur roi, pour se donner à
un autre prince ; au contraire, chacun aime son maître, le
respecte, et sacrifieroit volontiers ses biens et sa vie pour

son service, préférant les travaux, la fatigue, les périls, à
sa propre commodité et à son repos. Ils sont tous guidés
par quelque mobile puissant ; tels que l'amour du devoir,
le désir de se distinguer, ou enfin par l'espoir des récompenses.

Le roi étant donc chéri, obéi et servi généralement, possède une autorité suprême et absolue dans son royaume ;
c'est de sa volonté que dépendent la paix ou la guerre, l'imposition de toutes les taxes, la distribution des graces, des
bénéfices, des emplois, des gouvernemens et des offices de
magistrature. En un mot, le roi est reconnu pour véritable
et souverain seigneur dans toute l'étendue de son empire,
et il n'est aucun conseil, aucun tribunal, dont l'autorité
soit assez grande pour pouvoir contre-balancer la sienne : de
même qu'il n'est aucun prince, ni aucun seigneur qui ait
assez d'énergie, ou plutôt assez d'audace pour oser s'opposer à sa volonté ; comme il arrive bien souvent dans les autres états. Ici les princes du sang et les grands du royaume
sont si mal partagés de la fortune, et leur puissance est si
bornée, en comparaison de celle du roi, que s'ils se soulevoient
contre lui, ils n'auroient aucun partisan. Ils sont pauvres,
parce que toutes les possessions et toutes les richesses considérables des plus grandes maisons de France finissent toujours par se réunir à la couronne ; soit à défaut d'hoirs mâles, comme il est arrivé à celles de Provence, d'Anjou, de
Berry, d'Alençon, de Guyenne, de Bretagne, etc. ; soit
qu'un héritier collatéral, parvenant au trône, y apporte les
biens de ses ancêtres, comme on peut le voir par les branches d'Orléans, d'Angoulême, et précédemment par celle
des Valois : soit, enfin, que la confiscation ait lieu, ainsi
qu'il est arrivé aux possessions de la famille des Bourbons,
sous Louis XI et François Ier.

Les grands ont peu d'autorité, le roi seul ayant la jurisdiction sur les peuples ; et quoique ses deux frères portent les noms, l'un de duc d'Orléans, et l'autre celui de duc d'Anjou, ils n'ont que le titre et le revenu de ces apanages ; le roi seul y commande.

Quant aux membres de ses conseils et aux magistrats, le roi seul les choisit à sa volonté ; par exemple, le conseil *des affaires*, dans lequel on a coutume de traiter des matières d'état, est toujours composé de peu de personnes, et de celles qui sont le plus dans l'intimité et la faveur du roi ; quelquefois même il n'y admet qu'une seule personne, comme on a vu le connétable sous Henri II, et ensuite le cardinal de Lorraine.

Ce conseil est nouvellement établi ; il a commencé à exister sous François Ier : ce prince n'aimoit pas que son conseil fût nombreux. Il fut le premier des rois de France qui rendît ses délibérations arbitraires : on a appelé ce conseil, *le conseil des affaires*, afin de le décorer d'un titre honorable. Il se tenoit dans le moment où le roi sortoit de son lit, et de la manière qui lui étoit la plus commode ; d'ailleurs, il n'y appelloit que ceux dont il faisoit le plus de cas. Ce conseil a donc tiré son nom du lieu où il se tenoit, et il s'est conservé encore sous les règnes suivans ; mais il a fort changé de forme, puisqu'il est devenu un conseil ordinaire, dans lequel on a coutume d'introduire des personnes de la plus grande distinction, et celles en qui sa majesté a le plus de confiance.

Les matières importantes appartiennent maintenant au conseil *des affaires* ; on les a retirées du conseil-privé, dans lequel on examine aujourd'hui les objets qui doivent être réglés selon les constitutions du royaume, ou bien celles dont la discussion seroit fastidieuse pour le roi.

Ainsi le conseil *des affaires* est celui où le roi emploie une autorité absolue ; et le conseil-privé, celui où il la restreint dans ses justes bornes. C'est pourquoi il arrive quelquefois que les parlemens qui ont le suprème pouvoir sur la justice et sur les loix, principalement le parlement de Paris, modèrent, interprètent, désapprouvent même entièrement les délibérations du conseil-privé. Mais il n'en est aucun qui ose porter ses regards sur les matières qui se traitent dans celui *des affaires.*

Les états-généraux peuvent seuls mettre un frein à l'autorité et à la puissance du roi ; ils représentent le corps entier de la nation, comme le parlement en Angleterre et en Écosse, ou la diète en Allemagne. On avoit coutume de les assembler tous les ans, et toutes les fois qu'il y avoit quelque objet important à traiter. Voici comment cette assemblée se tenoit.

Dans chaque province, dans chaque bailliage, même dans chaque jurisdiction, on élisoit un certain nombre de députés tirés des trois ordres de l'état ; un pour le clergé, un pour la noblesse, et un pour le peuple : ils se rassembloient tous en présence du roi ; c'étoit une audience publique et libre, ou un conseil suprême, dans lequel on écoutoit les plaintes des peuples, les différens des nobles, et les demandes pour les besoins du royaume. La délibération portoit sur des matières que les circonstances amenoient, telles que d'aviser aux moyens de se procurer de l'argent ou des troupes ; d'augmenter ou de diminuer les charges et les impôts ; de réformer les abus de la guerre, de la justice et des mœurs ; d'assigner des apanages aux fils ou aux frères du roi ; de corriger les défauts du gouvernement et de l'état ; d'établir un conseil de régence pour la minorité du roi : enfin, on y traitoit de toutes les choses qui étoient nécessaires à la conservation et à la tranquillité du royaume. Les résolutions qu'on y prenoit avoient force de loi, et obligeoient non-seulement les peuples, mais le roi même : c'est ce qu'on appelloit la tenue des états. Les anciens rois s'y prêtoient sans peine, dans le temps où l'on n'étoit pas encore livré au faste et à l'ambition ; on estimoit alors qu'il convenoit mieux à un souverain de gouverner ses peuples avec équité et modération, que d'augmenter son empire par la force, ainsi qu'on le pense aujourd'hui.

Mais les rois s'étant écartés d'une règle aussi sage, et chacun ayant étendu ses désirs au-delà des justes bornes, l'usage de tenir les états alla toujours en diminuant : on espère pouvoir secouer peu à peu ce joug importun. Sous le règne de Louis XI, on regardoit comme un rebelle celui qui parloit de les convoquer, et ce monarque avoit coutume de dire qu'*il étoit hors de page et sorti de l'enfance : enfin qu'il n'avoit plus besoin de tuteur :* d'où il est résulté que depuis ce temps, on n'a tenu les états-généraux que deux fois, l'une en 1483, lorsque Charles VIII parvint à la couronne ; comme il étoit mineur, il fallut pourvoir au gouvernement de l'état ; l'autre en 1560. Ces états furent assemblés sous le règne de François II , par le conseil du cardinal de Lorraine , pour des raisons que je dirai dans la suite. Après la mort de ce prince, son successeur actuel étant dans un âge tendre, on a continué de les tenir ; mais comme ils ont donné naissance à des désordres aussi grands que l'ordre et la règle qu'ils procuroient autrefois, il est à croire que l'usage de la tenue des états s'anéantira entièrement, et que l'autorité du roi s'augmentera toujours de plus en plus

Tels sont les fondemens et les colonnes qui ont soutenu le vaste édifice de la monarchie françoise. L'étendue de son empire, le nombre de ses villes et de ses provinces, l'avantage de sa situation, sa grande population, l'amour et la soumission des sujets et des soldats, l'autorité suprême du roi, l'indépendance de son gouvernement, sont les principales causes par lesquelles ce royaume s'est maintenu si

long-temps. On peut attribuer à ces mêmes causes le bonheur qu'il a eu de soutenir tant de guerres avec des succès
si glorieux ; d'avoir acquis une renommée et une domination si vaste, conservé ses amis, effrayé ses ennemis ; enfin,
d'avoir été regardé dans ces derniers temps, comme l'unique refuge des opprimés. Il eût brillé d'une lumière plus
pure encore, si les malheurs et les troubles dont je dois
parler, ne fussent venus l'obscurcir ; ils ont affoibli la vertu
de ses sujets sur laquelle étoit établi tout le plan de sa gloire
et de sa grandeur.

Je dois parler maintenant des désordres et des vices de
la constitution du royaume de France. Pour juger de leur
importance, il suffit de consulter la raison et l'expérience ;
elles nous disent que tout changement ou révolution dans
les états est toujours périlleux ; il n'en est donc point qui
ait jamais été dans un plus grand danger que celui-ci. Il a
éprouvé dans le même moment une altération visible dans
le chef, dans les principaux membres et dans tout le corps :
Dans le chef, à la mort de François II, qui avoit l'autorité
de roi. Charles IX, son successeur, et qui règne aujour-
d'hui, n'a conservé de la royauté que le vain titre. Dans
les membres, le gouvernement d'un si grand empire, est
tombé entre les mains de femmes et d'hommes inexpéri-
mentés, et qui n'ont entre eux aucune union. Enfin, dans
tout le corps, les sectes nouvelles s'y étant introduites,
ont apporté la confusion et le trouble dans la religion, qui
est le seul moyen de maintenir les peuples unis et soumis
à leur prince.

Comme je pense que l'on attend avec impatience le moment où je développerai les faits relatifs à la religion, j'en
parlerai d'abord ; mais je n'entrerai point dans la discussion
de ses dogmes et de ses opinions ; elle seroit déplacée dans
ce discours : cependant je rapporterai en peu de mots

quelle est l'origine d'une si grande révolution , de ses progrès aussi rapides qu'étendus , et des funestes effets qu'elle a enfantés.

Tout mal est foible dans son principe , et présente quelque apparence de bien qui trompe les hommes , comme les mets recherchés nuisent en flattant le goût. C'est ce qui prouve la vérité de cette maxime : Qu'il faut observer et tâcher de découvrir le mal dès son origine , lorsqu'il ne fait que naître et qu'il s'aperçoit à peine ; si on le néglige , il s'accroît et devient irrémédiable.

Je ne crois pas qu'il soit nécessaire de prouver que le principe de ce mal parut d'abord peu important. Tout le monde sait que le premier qui fit revivre les anciennes hérésies et qui donna naissance aux nouvelles sectes , fut seul à concevoir ce projet. On n'ignore pas non plus qu'il étoit d'un état entièrement ignoré ; cependant il a infecté de ses erreurs en très-peu de temps une étendue immense de pays. Il a changé la religion en Allemagne , où il jeta d'abord les semences de sa pernicieuse doctrine, qui de là s'est répandue en Danemarck , en Suède , en Prusse , en Pologne et dans tous les pays septentrionaux. Il a souillé l'Angleterre et l'Écosse , corrompu la France et la Flandre , porté le trouble dans l'Italie et dans l'Espagne ; ses dogmes sont même passés jusque dans les Indes ; de manière qu'il n'est aucune partie du christianisme qui soit exempte de cette corruption ; et quoique cette source maudite ait produit trois branches distinctes, celle des luthériens , celle des sacramentaires , et celle des anabaptistes, on peut compter plus de trente sectes différentes l'une de l'autre , qui toutes cependant reconnoissent la même origine. Quant à cette apparence trompeuse qui sert de masque au mensonge, et dont le vrai but est d'affoiblir les anciennes vérités , on la peut réduire à deux points , sur lesquels les auteurs de la nouvelle doctrine établissent leur plan. Le premier est d'enseigner la pureté de l'Évangile ; chacun voulant l'interpréter arbitrairement. Le second est de prêcher la liberté chrétienne, prétendant la trouver autorisée par ce même Évangile qu'ils ont faussement entendu. Ainsi l'on altère le véritable sens des Écritures , on enlève à la doctrine des saints pères son autorité , l'on détruit les décrets des souverains pontifes et des conciles généraux, qui n'ont, suivant les novateurs, aucune puissance établie par l'Écriture ; et, sous ce nom de liberté, nom populaire, fait pour flatter les oreilles du vulgaire, on lâche la bride aux appétits des sens ; il se glisse insensiblement une licence dans la conduite , qui corrompt les mœurs et l'ordre anciennement établi dans les villes et dans les provinces. Elle affoiblit l'empire des loix et la soumission due aux magistrats : cette rebellion, qui a d'abord pour objet les points controversés , passe facilement ensuite dans la société civile ; et avec cette variation d'opinions dans la foi, chacun prétend régler lui-même sa croyance : ainsi l'on parvient à introduire une sorte d'ambiguité et d'irrésolution dans les esprits des peuples ; et de cette incertitude sur la véritable religion , il arrive que ne s'attachant ni à l'une ni l'autre , on finit par ne croire à aucune. Voilà donc cette pureté de l'Évangile ; voilà cette liberté chrétienne , que les sectaires se vantent de prêcher et d'enseigner au monde ! Il y a déjà vingt-cinq ans, ou environ, que ce mal s'introduisit en France. Il étoit alors dans sa première origine. On le regarda d'abord comme une matière à plaisanterie ; on fit usage de placards attachés aux coins des rues, en forme de proclamations, ou plutôt d'excommunications contre ceux qui alloient à la messe. Cette impiété prit cours dans beaucoup de parties du royaume ; et réussissant à cause de sa nouveauté , donna occasion à différentes personnes d'écrire et d'envoyer leurs livres secrètement :

ils passèrent donc de main en main , tellement qu'en peu de temps le royaume en fut rempli. Mais ce qui contribua à accroître l'hérésie , ce fut l'union de la nation françoise avec les étrangers , surtout avec les Allemands et les Suisses. François Ier s'en servit dans ses armées , lorsqu'il fut obligé de défendre ses états , en 1536 , contre l'empereur Charles-Quint, qui l'attaquoit. Et comme ces peuples veulent avoir une entière liberté dans leur manière de vivre , dans leurs discours et dans leur croyance , ils corrompirent par leurs raisonnemens persuasifs , et par leur exemple , presque toute la Provence et les pays circonvoisins , non-seulement les soldats et les troupes , mais les peuples et les villes entières. Le roi, voyant ce désordre , fut contraint d'y remédier par les ordonnances les plus fermes , et les punitions les plus sévères ; l'on fit mourir un grand nombre de sectaires , et ceux dont on ne put se saisir furent dépossédés de leurs biens : on détruisit leurs terres de fond en comble, et on les réduisit à mener une vie errante et misérable.

La crainte des supplices ramena la tranquillité dans le royaume , jusqu'au règne de Henri II. Ce prince fut occupé d'une guerre importante. D'ailleurs , comme il avoit peu d'étendue d'esprit , et qu'il se livroit aux plaisirs beaucoup plus qu'il ne convenoit à un aussi grand monarque , il négligea ce désordre et n'apporta point ce soin et cette diligence qu'avoit employés le roi son père , pour purger le royaume de ce dangereux poison. Il arriva donc que le mal s'insinuant secrètement , pénétra jusques dans le sein de la cour. Beaucoup de grands en furent infectés ; et lorsqu'on le découvrit, il avoit déjà jeté de si profondes racines, qu'il étoit fort difficile de le corriger et de l'extirper. Le roi connoissant alors son péril, quoiqu'un peu tard, et voyant que ce peuple , qui avoit coutume de lui être soumis , poussoit l'insolence au point de ne plus observer ses ordonnances, et de ne plus craindre ses menaces, d'oser même enseigner de tous côtés, et de tenir des assemblées et des prêches, où se trouvoit un grand concours de monde de toutes qualités et de tout sexe, fut contraint, pour ne point laisser anéantir son autorité, de conclure la paix avec le roi catholique, quoiqu'à des conditions très-dures, afin d'employer toutes les ressources de son esprit à éteindre cet incendie qui s'étoit allumé de toutes parts : mais il mourut avant de pouvoir rien entreprendre.

François II lui succéda. La foiblesse de son âge et son peu d'esprit le firent mépriser d'abord. Il fut haï ensuite, lorsqu'à l'exclusion de tous les grands, il laissa la maison de Guise s'emparer du gouvernement de son royaume. C'est alors que l'hérésie prit un accroissement prodigieux, étant favorisée par les personnes les plus importantes de l'état. Différens motifs les guidoient. Les unes étoient entraînées par le désir de se venger ; les autres cédoient à leur légèreté ; et beaucoup étoient séduits par l'appas des récompenses : enfin tous les mécontens se réunirent à ce parti, chacun espérant se faire des créatures sous le prétexte de la religion, et obtenir assez la faveur du peuple, pour pouvoir agir de la manière la plus indépendante dans le gouvernement de l'état et dans le royaume.

Telles furent les premières causes de la conjuration d'Amboise, et des séditions que l'on vit s'élever à Orléans, à Lyon, en Provence, en Normandie, en Guienne, à Poitiers, et dans d'autres provinces encore. Fiers de la faveur dont jouissoient les séditieux, les novateurs portèrent l'insolence jusqu'à demander hardiment des temples et des lieux publics pour tenir leurs assemblées. Ils menaçoient même d'employer la force ouverte, si on ne leur accordoit pas la prérogative qu'ils demandoient ; et perdant le respect qu'ils devoient à leur roi, ils osoient avancer cette maxime dangereuse, qu'il n'avoit point le droit de les empêcher de suivre la croyance et le culte qu'il leur plaisoit d'adopter ; que son autorité ne s'étendoit point sur les consciences. Comme si le roi devoit changer les loix et les réglemens du royaume, suivant le désir particulier de chacun !

Le roi, naturellement sévère et emporté, fut extrêmement irrité de ces insolences multipliées ; et, suivant le conseil de ses ministres, il forma un projet, lequel, s'il eût eu le temps de l'exécuter, purgeoit entièrement le royaume du levain qui fermentoit depuis long-temps, et auroit donné un exemple à jamais mémorable. Il résolut d'employer toute sa puissance contre les chefs des factieux, et de leur faire subir les peines qu'ils méritoient, sans avoir égard à leur rang : c'étoit le seul moyen qu'on pût mettre en usage pour éteindre en un moment cet incendie. Mais deux difficultés se présentèrent dans l'exécution. La première vint de la qualité des chefs qui se trouvoient composés des personnes de la plus grande considération ; ils étoient issus des plus illustres maisons du royaume, et comptoient même parmi eux des princes du sang : avec de tels avantages, ils avoient su se faire, de toutes parts, un grand nombre de partisans. La seconde difficulté naissoit de la foiblesse du roi, qui, n'ayant ni troupes ni argent, étoit hors d'état de leur résister. Il ne savoit à qui se confier, soupçonnant même la plupart de ceux qui étoient liés le plus intimement avec lui, et qui avoient place dans son conseil ; comme l'amiral, le cardinal de Châtillon, Marillac, archevêque de Vienne, qui mourut peu de temps après ; Montluc, évêque de Valence ; Mottezza, père de l'ambassadeur de Rome, et plusieurs autres encore. C'est pourquoi il pensa qu'il falloit tenir cette délibération secrète, jusqu'à ce qu'il eût rassemblé assez de troupes, et qu'il eût trouvé la ma-

16.

nière de diviser les forces et les partisans de ses adversaires ; espérant ainsi semer plus facilement la dissension parmi eux.

Cette fermentation devoit produire deux effets principaux ; l'un, de détruire la nouvelle religion, et c'étoit l'opinion universellement reçue par la multitude ; l'autre, plus secrète, de chasser la maison de Guise. Ayant donc égard à ces deux circonstances, le roi et son conseil prirent deux résolutions, quoiqu'ils n'eussent peut-être pas autant le désir de les exécuter que celui d'endormir les chefs trop vigilans, ou même de gagner du temps, comme il arriva. L'un de ces projets fut d'annoncer l'assemblée des états-généraux, qui devoit, disoit-on, être tenue dans un mois ; l'autre fut de publier aussi la convocation d'un concile national, un mois après la tenue des états. Ce dernier parti fut pris sans la participation du pape et résolu contre sa volonté et contre celle du roi d'Espagne ; ces derniers firent tout ce qui étoit en leur pouvoir pour l'empêcher, parce que ni l'un ni l'autre n'étoient instruits du mystère auquel il servoit de voile. Cette espérance amusa ceux qui désiroient le changement de religion ; et la convocation des états persuada chacun qu'il verroit bientôt s'établir un nouvel ordre dans le gouvernement, puisqu'ainsi que je l'ai dit, chaque député, dans cette assemblée des états-généraux, peut avoir le droit d'exposer ses griefs, et de proposer les remèdes qui y sont convenables, lorsque les résolutions sont prises d'un consentement unanime, ou par le vœu du plus grand nombre.

La promesse de la tenue des états et celle du concile, opérèrent trois effets très-importans ; elles appaisèrent tout d'un coup les troubles, firent déposer les armes à ceux qui s'étoient soulevés, soit pour la cause de la religion, soit pour celle du gouvernement, et remplirent enfin parfaitement les vues du roi et de celui qui le conseilloit : mais afin de colorer encore davantage cette apparence trompeuse , le connétable, en faveur duquel le soulèvement sembloit être excité, fut prié de rester à la cour, et d'entrer dans tous les conseils, comme si l'on eût voulu lui rendre sa première grandeur. Ce plan étoit l'ouvrage du cardinal de Lorraine , plus habile que personne dans l'art de dissimuler.

Cette faveur du connétable fut de peu de durée. Pendant que le roi s'occupoit à tout pacifier , il faisoit rassembler les troupes du royaume : on leva par ses ordres 4,000 lansquenets et autant de Suisses. Il fit à la ville de Paris un emprunt de 50,000 livres : enfin, il s'assura de l'Espagne, de la Flandre et de la Lorraine, qui lui promirent des secours ; cependant il ne s'en servit pas : mais lorsqu'il eut rétabli sa puissance par le nombre de ses soldats, qu'il eut divisé et désarmé ses adversaires, tellement qu'il ne pouvoit plus les craindre, il résolut de se découvrir, et tout-à-coup il déclara la guerre aux rebelles, sans nommer personne expressément. Il envoya de Thermes avec un corps de troupes du côté de la Guyenne ; car il avoit de grands soupçons sur cette partie du royaume. Il fit arrêter le vidame de Chartres, homme d'un sang illustre, et le bailli d'Orléans, qui jouissoit d'une grande autorité, et qui se trouvoit être, dans cette ville, le chef de la nouvelle secte. Il fit exécuter en effigie Maligny, un des chefs de la conjuration d'Amboise, et Montbrun, chef des révoltés en Provence. Il fit ajourner le roi de Navarre et le prince de Condé, son frère, premiers princes du sang, pour venir se justifier en sa présence des crimes qui leur étoient imputés ; et dès qu'ils eurent comparu, le prince de Condé fut arrêté, et le roi de Navarre reçut l'ordre de rester à la cour. Cette résolu tion épouvanta tellement tous les esprits, que pendant le peu de jours qui précédèrent la mort du roi, ce royaume, que l'on avoit vu dans un désordre extrême, recouvra la

plus parfaite tranquillité. Il n'étoit plus question , ni d'é-
meute , ni de tumulte, ni de huguenots : c'étoit ainsi qu'on
appelloit les partisans de cette secte hérétique qui nie la
présence réelle. On n'entendoit plus parler de prédicans ,
ni de ministres, qui peu auparavant inondoient la France,
et dont Genève étoit le berceau ; personne n'eut un courage
assez ferme pour ne pas chercher son salut hors des confins
du royaume.

Le roi de Navarre alloit à la messe , soit qu'il fût véritablement catholique , soit seulement qu'il voulût le paroître.
Il envoya même à Rome prêter obéissance à sa sainteté ; il
dissimula sur d'autres objets encore ; mais tous tendoient
au même but. Le prince de Condé , son frère, qui étoit réputé principal fauteur de l'hérésie , donnoit aussi publiquement quelque témoignage de catholicité (1). En général,
tous les citoyens des différens ordres de l'état, surtout
ceux qui avoient été le plus soupçonnés , faisoient extérieu-
rement tous les actes qui pouvoient démontrer qu'ils
avoient abandonné ces nouvelles opinions ; tant la majesté
du roi imprime de respect à ses peuples. S'il eût vécu un
peu plus de temps , non-seulement il auroit réprimé , mais
éteint en totalité cet incendie , qui consume à présent le
royaume , puisque l'on peut remarquer que par sa nature
le mal augmente ou diminue , suivant qu'il est plus ou
moins fomenté par les princes et les grands ; et quand nous
n'aurions pas d'autre preuve que ce système de religion
n'est qu'une erreur , et qu'il ne vient point de Dieu , elle
suffiroit seule pour nous convaincre : car ce que la faveur
des hommes peut accroître ou anéantir, n'est sûrement pas
l'ouvrage du Très-Haut. Telles sont les principales raisons
qui peuvent développer la cause d'un aussi grand désordre.

(1) On a vu , au contraire, dans Regnier de la Planche, que ce prince
avoit refusé d'entendre la messe dans sa prison.

Mais il a fait un progrès infini depuis la mort de François II. Les moyens que Henri II a négligés, et que la vie trop courte de son successeur ne lui a pas permis d'employer avec un succès complet, n'ont pu même être tentés par Charles IX, qui règne aujourd'hui ; la foiblesse de son âge l'obligeant à gouverner par le ministère des autres. Il en est résulté un plus grand trouble, et une plus grande confusion. Tandis que les esprits étoient occupés à décider qui l'on mettroit à la tête du gouvernement, l'hérésie reprit sa première force, d'autant plus qu'il n'y avoit personne qui la réprimât : le roi de Navarre ayant ensuite été déclaré chef de l'état, elle s'accrut tellement, qu'en peu de mois elle surmonta tous les obstacles qui pouvoient l'arrêter. Mais ce qui mit le comble au malheur du royaume, ce fut la faveur que le roi accorda à toutes les nouveautés ; soit qu'il projettât dès-lors les choses dont je parlerai dans la suite, soit qu'il s'abandonnât à sa négligence naturelle. La reine-mère craignant de se nuire à elle-même, n'osa combattre les nouvelles sectes. Le chancelier, soupçonné d'être l'ennemi de la religion catholique, fournit par les ressources de son génie tous les moyens qui pouvoient être propres à la détruire ; et les grands réunis tous ensemble n'étoient pas en état de contre-balancer l'autorité du roi de Navarre.

Telles sont les causes des différentes fautes que l'on commit, et qui ont plongé par degrés la France dans les malheurs dont elle se trouve aujourd'hui accablée. La première de toutes fut de donner un édit, en vertu duquel on pardonna généralement à tous ceux qui étoient accusés pour fait de religion. C'étoit ce que l'on ne devoit jamais faire, indépendamment que ce droit n'appartient point aux laïques, qui ne peuvent s'arroger une autorité ecclésiastique de cette nature. On détruisoit tout ce qui avoit été fait par

les rois précédens , et l'on excitoit les peuples à la licence,
les laissant à couvert de l'impunité sous ce bouclier. On
donna par-là un moyen facile à chacun d'apporter le trouble dans le royaume ; l'expérience même l'a prouvé. L'intention du gouvernement étoit de faire revenir en France
tous les bannis ; ce qui ouvrit la porte à une foule d'étrangers , qui rentrèrent avec eux : et comme si les naturels du
pays n'eussent pas suffi pour corrompre la nation , il en vint
d'Angleterre , de Flandre , de Suisse , d'Italie , et beaucoup
de Luques et de Florence , ainsi que de Venise. On se mit
alors à prêcher de toutes parts ; et quoique le plus grand
nombre des prédicans fût composé d'ignorans , et de ces
gens qui haranguent le peuple dans les places publiques,
cependant chacun avoit ses sectateurs.

On fit une seconde faute en permettant de parler ouvertement contre la religion catholique , dans les états-généraux , dans les assemblées publiques , en présence du roi et
du conseil ; on fit plus mal encore , en consentant de diminuer l'autorité de l'Église ; mais le pis de tout, fut de tolérer
les écrits scandaleux , de mettre en question si l'on donneroit aux hérétiques un lieu où ils pussent tenir leurs prêches et leurs assemblées , et si on leur accorderoit la liberté
de discuter leurs opinions en présence des évêques ; comme
si l'on eût dû nourrir les divisions de l'état par l'autorité
publique. Quoiqu'il semble quelquefois que les princes
doivent fermer les yeux sur beaucoup d'objets , et n'user ni
de rigueur , ni de sévérité dans certaine conjoncture , cependant on ne pouvoit alors faire un plus mauvais calcul ;
car il en résultoit le danger de souffrir que l'on parlât et que
l'on traitât des matières qui devoient nécessairement favoriser toutes les nouveautés. L'on éprouva bientôt les suites
funestes de cette imprudence ; puisqu'elle encouragea beaucoup de sectaires à se déclarer , lesquels n'avoient pas osé se

découvrir auparavant ; et les choses dont on avoit raisonné librement à la cour , et en présence du roi , s'exécutoient avec plus de hardiesse , lorsqu'on ne l'avoit plus pour témoin dans chaque province du royaume , dans chaque ville et dans chaque village. On commença bientôt à fouler aux pieds les images de Notre-Seigneur et des saints, à dépouiller les églises , à insulter les prêtres et les évêques , à forcer les prisons publiques , à outrager les ministres du roi , ceux qui le représentoient et la personne même de la reine-mère. Sur un grand nombre de faits, j'en rapporterai un seul qui se passa à Saint-Germain , il y a déjà plusieurs mois , en présence d'une assemblée fort nombreuse ; on projettoit de faire publier un édit à Rouen , relatif aux affaires de la religion : un des chefs des huguenots vint trouver Catherine , et s'efforça de lui persuader de ne le point envoyer ; mais lorsqu'il vit qu'il ne pouvoit changer sa résolution , il poussa la hardiesse jusqu'à porter la main sur la garde de son épée , en disant : *Madame , si l'on publie l'édit, cette épée et beaucoup d'autres en défendront l'exécution.* Quoique celui qui porte la main à son épée en présence de son prince doive être puni de mort à l'instant , cependant, non-seulement cet audacieux ne subit aucune peine , mais même l'édit ne fut point publié , et l'insulte faite à la reine-mère resta sans vengeance.

Lorsqu'on vit cette division se manifester dans le royaume, on sentit la nécessité de remédier à ces désordres journaliers. Mais on peut dire que les différens édits que l'on publia de temps en temps furent encore une nouvelle faute ; soit imprudence , soit malignité , ils présentoient , pour la plupart , un sens ambigu et indéterminé ; quelquefois même ils étoient opposés l'un à l'autre. Cette manière d'agir augmenta le courage des séditieux , et refroidit les magistrats, qui négligèrent souvent de les punir. En multipliant tous les jours les nouveaux édits, et n'en exécutant aucun, les sujets perdoient l'obéissance : la confusion augmentoit dans le royaume ; et il ne manquoit plus, pour sa ruine totale, que d'accorder la permission de prêcher publiquement. Il fut même souvent proposé que les jours des prêches fussent annoncés dans les villes ; et l'on auroit obtenu ce droit dès le commencement, si les égards dus au roi catholique et à la république de Venise n'eussent retenu. Peut-être cette république influoit-elle plus encore que l'Espagne ; ses négociations étoient bien plus faites pour réussir. L'ambassadeur du roi catholique employoit les *bravades* et les menaces, tandis que celui de la république ne se servoit que de la persuasion et des prières. Cette voie sembloit d'autant plus faite pour réussir, que l'autre paroissoit plus odieuse. Il est certain que la reine-mère ne pouvoit supporter l'âpreté et la dureté de l'évêque de Viterbe, nonce du pape ; et qu'au contraire, elle louoit publiquement la conduite de l'ambassadeur de Venise : elle lui marquoit de l'estime, et paroissoit être ferme dans la résolution de ne point laisser prêcher publiquement dans les villes. Le royaume doit donc de la reconnoissance de ce bienfait à la république de Venise ; car c'est sa prépondérance qui a le plus retenu le cours impétueux qui l'entraînoit vers sa ruine.

Mais, quoiqu'il semble que Dieu ait voulu donner quelque espérance de secours à cet empire, cependant les affaires sont encore dans une très-fâcheuse position : le levain de l'hérésie a eu de trop grands stimulans et une trop foible résistance. D'ailleurs, celui qui pourroit réprimer le désordre, n'en a pas la volonté ; et celui qui le voudroit, n'en a pas la puissance, ou ne connoît pas les remèdes qu'il faudroit y apporter.

Telle est la cause des progrès rapides du mal : c'est elle qui a enfanté ces effets funestes, certainement plus dangereux que tous ceux qu'on a jamais éprouvés dans les autres états. Je vais en parler maintenant, non pas de tous, ce seroit un récit trop long et trop fastidieux, mais des trois principaux et des plus essentiels.

Le premier, et certainement le plus important, est celui qui ôte le frein de la crainte, de cette crainte salutaire qui règle la vie, qui unit les hommes entre eux, et qui conserve les états et les dignités. Et comment la crainte de Dieu peut-elle subsister, lorsque l'on n'observe plus aucunes loix, ni divines, ni humaines; lorsqu'on a perdu toute obéissance pour les supérieurs civils ou ecclésiastiques; lorsque chacun peut s'imaginer et se former un Dieu suivant sa fantaisie, interprétant les livres sacrés, non selon l'ancienne doctrine de l'Église et des saints pères, mais suivant son propre sens et ses désirs personnels : comme si celui dont la vue distingue à peine les objets les plus rapprochés, vouloit mesurer l'immensité des cieux.

L'autre effet, non moins dangereux que cet affoiblissement de la religion ancienne, c'est qu'il détruit la police et l'ordre du gouvernement. De là naît le renversement des usages et des coutumes anciennement établis; de là encore le mépris des loix, des magistrats, du prince même. Déjà, dans quelques parties de la France, on a chassé des villes les jurisconsultes; et tout a été abandonné de nouveau à la disposition des séditieux. On a non-seulement empêché la publication des édits royaux, mais on a même commencé à semer parmi le peuple ces maximes pernicieuses : *Que le roi n'a point d'autorité sur lui ; et que le sujet n'est point obligé d'obéir à son prince, lorsqu'il commande des choses qui ne sont point contenues dans l'Évangile.* C'est ainsi que la monarchie et la couronne s'avançant vers leur destruction, ce royaume tend à devenir un état populaire, comme celui des Suisses. A ces deux désordres se joint le troisième, c'est-à-dire la di-

vision des peuples , les séditions et les guerres intestines ,
qui résultent toujours des disputes de religion. Bien des
gens peuvent se rappeler la révolte des serfs contre les nobles en Allemagne ; plus de 50,000 mille personnes y furent passées au fil de l'épée. Tout le monde connoît les
troubles des anabaptistes, les guerres des protestans, et tant
d'autres calamités qui ont affligé tout récemment encore ces
pays. Chacun sait dans quel déplorable état se trouve l'Angleterre, et combien la religion a fait verser de sang dans ce
royaume et dans celui d'Écosse, où dernièrement la reine
éprouva les plus grandes difficultés de la part des rebelles ,
pour pouvoir suivre les usages catholiques. Telle est l'insolence de ceux qui confondent toutes les loix de la nature :
ils voudroient que le chef fût gouverné par les membres ,
tandis que c'est à lui seul qu'il appartient de les régler.

Il est vrai que la France n'a pas encore éprouvé d'effets
aussi pernicieux. On entend cependant chaque jour parler
de blessés , de morts, et d'autres violences de cette nature
exercées dans toutes les parties du royaume. On voit cette
secte unie entretenir des correspondances en Flandres , en
Angleterre , en Écosse , en Suisse , en Allemagne , et dans
d'autres lieux : on sait que non-seulement elle emploie des
fonds considérables pour soutenir ses prédicateurs et ses
ministres, mais aussi que beaucoup de princes et de grands
la favorisent. L'insolence augmente donc tous les jours,
ainsi que la difficulté de la réprimer ; et comme la fermentation existe principalement parmi le peuple, qui, naturellement envieux et pauvre , aspire à se procurer les facultés
et l'opulence des riches ; il résulte qu'il y a une défiance
universelle entre tous les individus : le commerce cesse , la
foi des contrats n'est plus observée , et dans ces temps malheureux , il n'est aucun commerçant, soit à Paris, soit à
Lyon, ou dans d'autres parties du royaume, qui puisse se

croire en sûreté chez lui ; si l'on voit aujourd'hui une si grande anarchie, quoique la dixième partie du royaume ne soit pas infectée de l'hérésie, comme des calculs exacts le font connoître, que seroit-ce si la totalité venoit à se corrompre ? Cette terrible calamité produite par de très-foibles commencemens, augmentée par la négligence et le peu de force de celui qui a gouverné, a donc enfanté ces trois funestes effets : le mépris de la majesté de Dieu, l'anéantissement de l'autorité du roi, la division des peuples, le trouble et le désordre universel.

Jusqu'à présent j'ai fait connoître la confusion que les disputes dogmatiques ont apportée parmi les peuples de ce royaume. Maintenant je parlerai de deux autres objets, moins essentiels, mais dont on a ressenti les effets dans le même temps ; l'un regarde le chef ou la personne du roi ; l'autre, les membres principaux ; c'est-à-dire ceux qui ont autorité dans le gouvernement, comme si tous les maux dont la destruction des états est la suite, eussent conjuré ensemble la ruine de la France.

Quant au premier article, chacun sait qu'un nouveau roi produit presque toujours une sorte de révolution dans les empires. Il arrive rarement qu'il conserve les mêmes idées que l'ancien : on a pu voir en France que le fils ne marche pas ordinairement sur les traces du père, et que son inclination ne le porte pas vers ceux qui ont servi son prédécesseur. Le changement de ministres occasionne un grand désordre dans le public, et beaucoup de mécontentement de la part des particuliers. Dans le public, on détruit tout ce qui avoit été fait, on n'achève point ce qui avoit été commencé, et dans l'exécution l'on suit un autre plan que celui qui avoit été formé. Pour ce qui regarde les particuliers, l'on élève l'un, l'on abaisse l'autre, l'on récompense celui-ci, l'on persécute celui-là ; l'un perd

les espérances, tandis qu'un autre en acquiert de nouvelles,
et généralement celui qui espère, songe à son utilité propre;
celui qui craint, cherche sa sûreté. Toutes ces choses en-
fantent bien souvent des séditions et des troubles: ils sont
d'autant plus dangereux, que le nouveau monarque a moins
de force et d'autorité. L'âge tendre de Charles IX l'expose
aux mêmes malheurs que les autres rois ont éprouvés par
leur imprudence. Sa foiblesse et son innocence le livrent à
la discrétion et à la volonté arbitraire de celui qui le gouverne; et si l'on a toujours pensé que c'étoit une grande
calamité que d'être assujetti à un prince enfant, cette
maxime généralement reconnue : *Væ tibi terra cujus rex
puer est!* Malheur au pays dont le roi est enfant! trouve
encore mieux son application, lorsqu'un état est déjà rempli de divisions, de désordres et de jalousies ; accablé sous
le poids de ses dettes et de son indigence; fatigué d'une
très-longue et très-périlleuse guerre. Sa perte est presque
inévitable, surtout quand deux enfans se sont succédé rapi-
dement sur le trône, et que le cours borné de la vie de leur
père les a privés de l'avantage d'apprendre, par ses préceptes
et par ses exemples, la manière de gouverner. François II
avoit à peine quinze ans, lorsqu'il parvint à la couronne.
Charles IX, qui règne aujourd'hui, en avoit dix, et il en
a à présent onze et demi; il est vrai qu'il est doué d'un esprit vif et brillant, que son maintien est grave et modeste,
ses paroles douces et pleines de bonté; que la grace et la
gaieté se réunissent sur son visage : qu'enfin, il ne lui manque aucune des qualités qui conviennent à un monarque :
on peut avec raison fonder sur lui de grandes espérances,
si le ciel veille sur ses jours; s'il conserve cet heureux caractère ; si lorsqu'il sera en état de gouverner, il ne trouve
pas déjà toutes choses détruites et anéanties, il réformera les
abus introduits par la négligence ou la malignité. J'ai dit

si le ciel veille sur ses jours, et s'il conserve son heureux caractère : en effet, ces deux choses sont douteuses ; bien des gens ont l'opinion qu'il ne doit pas vivre long-temps, parce qu'indépendamment de sa complexion foible et délicate, on ne lui fait pas observer le régime qui pourroit lui être convenable.

La prédiction de Nostradamus augmente encore les craintes. Depuis long-temps, cet astrologue prédit toujours le vrai, touchant les malheurs du royaume de France : c'est ce qui lui a attiré la confiance de beaucoup de personnes. Il a dit à la reine-mère qu'elle verroit tous ses fils rois. Elle a déjà vu François II et Charles IX. Il en reste deux ; Alexandre, duc d'Orléans, et Hercule, duc d'Anjou, l'un âgé de dix ans, et l'autre de sept. Si elle doit aussi les voir sur le trône, il faut donc que Charles IX meure promptement ; ce qui annonceroit la destruction totale de l'état, puisque le sceptre passant successivement à des enfans qui seroient nécessairement gouvernés par des tuteurs jusqu'à l'âge de leur majorité, on ne pourroit voir que dans un temps bien reculé et trop tard le roi jouissant d'une autorité suprême, en état de se faire craindre de ses sujets, respecté de ses voisins, estimé de tous, et de rendre enfin à cette couronne, par quelque action signalée, l'éclat honorable et la réputation qu'elle a perdus.

Il est fort douteux aussi que le roi conserve son heureux caractère. Il a déjà été question de confier le gouvernement de sa personne à l'amiral, qu'on peut regarder comme le principal fauteur de l'hérésie. La reine-mère n'y ayant point voulu consentir, ce projet est resté jusqu'à présent sans effet ; mais si malheureusement un semblable dessein réussissoit, il y auroit bien à craindre que ce nouvel instituteur ne changeât en peu de temps les bonnes dispositions du roi. La légèreté de son caractère est sans doute du plus

grand danger pour le salut de l'état. Cependant la foiblesse
de l'âge lui sert d'excuse ; mais il n'en est pas de même de
celui qui le gouverne, puisque ses fautes sont volontaires ,
et ont pour but son intérêt personnel. Avant d'en parler, il
est nécessaire que je donne un abrégé des coutumes françoises, que je marque l'époque de la majorité du roi , et
que je fasse connoître quelle est la manière dont on gouverne le royaume pendant qu'il est mineur. La loi décide
que le monarque demeure sous l'autorité d'un tuteur, jusqu'à ce qu'il soit parvenu à sa quinzième année.

Il y a eu trois minorités de roi, depuis que la race de
Hugues-Capet est assise sur le trône ; celle du prince actuel
est la quatrième.

La première fut celle de saint Louis, qui resta sous la tutelle de la reine Blanche , sa mère, jusqu'à l'âge de majorité ; soit qu'il n'y eût point alors de prince du sang en
France , soit que l'on voulût se conformer à la volonté du
roi précédent qui l'avoit ainsi ordonné.

La seconde fut celle de Charles VI ; on confia la tutelle de
ce prince aux ducs d'Anjou , de Berry et de Bourgogne,
ses oncles paternels. Le titre de régent fut donné au duc
d'Anjou , l'aîné des trois frères. Le duc de Bourgogne , qui
étoit le plus jeune, eut le gouvernement de l'état. On ne
parle point du duc de Berry ; on ignore quelle part il eut
dans l'administration du royaume.

La troisième minorité fut celle de Charles VIII. Quoiqu'il
eût des parens du sang royal, le soin des affaires publiques fut
confié à douze princes, du consentement des états-généraux.
Ces trois minorités ne présentent aucune règle fixe, puisque chacune a été établie sur un système particulier : cependant l'opinion commune, fondée sur le sentiment des personnes les plus recommandables , est que l'administration
du royaume appartient aux princes du sang , surtout à

ceux qui sont le plus près du trône ; et que le gouvernement de la personne du roi doit être confié à sa mère. Si
l'on ne suivit pas cette règle sous saint Louis et sous Charles VIII , ce ne fut que pour se conformer au testament de
leur père , qui, en effet , doit être toujours observé. Mais
Henri II n'en ayant point fait, et la reine-mère souffrant
impatiemment de rester sans autorité , chercha à suivre un
autre plan ; et pour s'attirer la faveur des grands du
royaume , elle admit tous les princes dans le gouvernement,
procura la liberté au prince de Condé, flatta le connétable ,
et s'unit également avec le roi de Navarre et avec la maison
de Guise : ainsi tous consentirent volontiers à lui laisser la
première place qu'elle s'étoit déjà réservée. Le royaume auroit pu jouir d'une parfaite tranquillité , si chacun , content
de son partage, n'eût cherché à envahir celui des autres.

Mais comme l'ambition des hommes ne connoît point de
bornes, le prince de Condé, qui avoit déjà essayé d'enlever
l'autorité à la maison de Guise, cherchoit tous les moyens
de l'en priver en totalité ; pour cet effet , il falloit d'abord
diminuer le pouvoir de la reine. Il fut donc déterminé dans
les états que le gouvernement du royaume, qui appartient
de droit au premier prince du sang, ne devoit jamais être
confié à des femmes ; ce qui donna lieu à de très-grands
mouvemens. Le courage de la reine s'affoiblissant alors ,
elle se laissa persuader de remettre tous ses intérêts entre
les mains du roi de Navarre ; non-seulement elle consentit
de le faire lieutenant-général du royaume, mais encore elle
s'obligea à ne rien délibérer ni exécuter sans sa participation. Quoiqu'il semblât qu'elle ne faisoit que partager avec
lui son autorité, cependant elle s'aperçut chaque jour qu'elle
la lui avoit totalement cédée , et qu'elle s'étoit livrée à sa
discrétion. Cette autorité sans borne du roi de Navarre a
exclu peu à peu du gouvernement tous ceux qui auroient pu

y avoir part. Déjà le duc de Guise s'est retiré, ainsi que ses frères ; non qu'il ne puisse rester à la cour, où son pouvoir, sa valeur et sa nombreuse suite lui attirent le respect, mais parce qu'il trouve qu'il ne peut y demeurer qu'avec une sorte d'ignominie : il a dit depuis à quelques personnes qui me l'ont rapporté, que beaucoup de choses étoient autrement exécutées, qu'elles n'avoient été décidées dans le conseil ; qu'on les changeoit même avant la publication, par l'ordre du roi de Navarre ; qu'il avoit donc résolu de s'absenter, afin de ne point paroître avoir consenti à des choses qu'il sent qu'on doit désapprouver.

Les maréchaux de Brissac et de Saint-André ont pris le même parti ; l'un par mécontentement, et l'autre par haine contre le roi de Navarre.

Le cardinal de Tournon réside encore à la cour ; mais il y a peu de crédit, par conséquent aucun partisan.

Quoiqu'il n'existe plus d'inimitié entre le connétable et la maison de Guise, cependant il reste toujours éloigné de la faveur, et voit avec peine que l'autorité du roi de Navarre, et la division qui règne entre les princes entraîneront nécessairement la ruine du royaume.

Examinons maintenant quels sont les principaux défauts de la reine-mère et du roi de Navarre, puisque ce sont les deux personnes qui tiennent les rênes du gouvernement. Il suffiroit presque de dire de la reine qu'elle est femme, et de plus, étrangère : j'ajouterai qu'elle est Florentine, et née dans un état privé, très-éloigné de la grandeur du royaume de France ; aussi n'a-t-elle ni ce crédit, ni cette autorité qu'elle auroit eus peut-être, si elle fût née sur le trône, ou au moins si le sang dont elle est issue eût été plus illustre. On ne peut lui refuser beaucoup d'esprit et de mérite ; et si elle avoit eu une plus longue expérience des affaires d'état, de manière qu'elle eût pu se former un plan fixe, elle auroit été capable de grandes choses; mais pendant le règne de Henri II, elle eut peu d'influence; et quoique depuis l'avénement de François II à la couronne elle ait paru jouir de l'autorité suprême, elle n'en avoit que l'apparence, tandis que le cardinal de Lorraine gouvernoit seul.

Elle a donc besoin de conseils; mais les différens sentimens sur la religion, la discorde des princes élevant en elle mille soupçons, elle ne sait à qui donner sa confiance.

Elle a une très-grande estime pour le cardinal de Tournon; c'est un homme plein de bonté, et qui joint à cette qualité celle d'une expérience consommée; mais dans les affaires de la religion, elle le croit trop affectionné au pape.

Elle fait beaucoup de cas du chancelier; il a de l'esprit, et réunit à cet avantage le titre d'ancien serviteur; peut-être est-ce lui qui, par son exemple, l'a déterminée à donner sa confiance au roi de Navarre. Il étoit tout dévoué à la maison de Guise, qui lui avoit rendu des services; mais il l'a abandonnée pour se joindre à ce prince, auquel la fortune l'a lié.

Elle a beaucoup d'obligation à l'amiral et au cardinal de Châtillon: c'est par eux qu'elle est parvenue à pacifier les états; ils ont donné leur voix pour qu'elle eût part dans le gouvernement, cependant bien des gens pensent qu'ils ont été les auteurs de tous les troubles.

Elle a pour le duc de Guise une profonde vénération, fondée sur son mérite personnel, et sur l'expérience qu'elle a faite de sa valeur. Aussi, comme il en convient lui-même, a-t-elle soin de lui écrire de sa propre main, quand il est absent de la cour: elle l'instruit de tous les événemens, et veut toujours avoir son avis. Mais il n'est pas ébloui de cette faveur, sa prudence lui fait penser que ces égards pourroient bien n'être que l'effet de l'art que l'on emploie pour le ménager et l'amuser, étant devenu fort suspect à la cour depuis qu'il s'en est éloigné.

On parle diversement des sentimens de la reine au sujet de la religion : la grande autorité qu'elle avoit accordée au maréchal Strozzy, qui faisoit profession de n'avoir ni foi ni religion, rend fort suspecte sa manière de penser : on sait encore que quelques dames, avec lesquelles elle vit familièrement, sont soupçonnées d'hérésie et d'inconduite ; que le chancelier, auquel elle a une grande confiance, est ennemi de l'Église romaine et du souverain pontife. On suppose que ce sont à ces raisons qu'il faut attribuer le peu de chaleur qu'elle a mis à la cause des catholiques. Mais quoique je n'aie pas pénétré le fond de l'ame de sa majesté et de ses sentimens sur la religion, je puis affirmer que j'ai eu les preuves les plus évidentes que cette princesse est affligée des troubles qui se sont élevés dans l'état ; et que si elle n'a pas montré assez d'ardeur pour les réprimer, c'est qu'elle craignoit, en employant la force, d'être contrainte d'en venir aux armes dans l'intérieur du royaume. Je sais encore qu'elle a pris un grand intérêt aux négociations qui se sont faites à ce sujet, et spécialement à celles de la république de Venise. Elle a même su tellement en tirer parti, qu'elles n'ont point été infructueuses. Je sais aussi qu'elle tâche de maintenir tous ses enfans dans la foi catholique, et dans les usages de l'Église. Elle en parle à beaucoup de personnes, et même d'une manière efficace ; c'est pourquoi l'on peut plutôt avoir une bonne opinion de sa majesté sur cet objet, que d'en avoir une contraire ; et si l'on ne voit pas les effets suivre ses désirs, c'est parce qu'elle n'a pas toute l'autorité et toutes les connoissances qui seroient nécessaires. Telles sont mes réflexions sur le caractère et la conduite de la reine.

Quant au roi de Navarre, tout le monde convient que

c'est un prince très-foible ; il a cependant de la noblesse , de l'agrément , du brillant dans l'esprit , et même beaucoup de courage ; mais il manque de l'expérience et de la judiciaire , indispensables pour soutenir le poids d'une aussi grande administration. En effet , comment les auroit-il acquis , lui qui , jusqu'à présent , ne s'est point occupé des affaires de l'état , et qui même a passé toute sa vie dans la mollesse et dans les plaisirs? Peut-on compter aussi sur le jugement d'un homme assez frivole pour porter des anneaux à ses doigts et des pendans d'oreilles comme les femmes , sans penser à son âge et à ses cheveux blancs? Dans les choses importantes , il suit les conseils de ses adulateurs et des gens légers , dont la foule l'environne ; sa femme le gouverne , et partage avec lui le plus grand crédit : je puis encore avancer que dans les affaires qui ont la religion pour objet , il n'a montré ni fermeté ni sagesse , s'attachant tantôt à un parti, tantôt à l'autre, favorisant aujourd'hui les catholiques, pour faire sa cour au pape , et demain les huguenots, afin de s'assurer des partisans dans le royaume ; ensuite les luthériens , pour conserver l'amitié de l'Allemagne ; et quoique cette variété de conduite ait son but , cependant elle montre une ame foible et irrésolue , qui ne sent pas que la multiplicité des moyens est plus nuisible qu'utile.

Ce prince a deux projets ; l'un de rentrer dans cette partie du royaume de Navarre que possède l'Espagne; l'autre d'être élu roi des Romains ; quelques-uns même prétendent qu'il a des vues sur la couronne de France , et qu'il favorise les hérétiques, afin de se les attacher. Mais ce sont des conjectures purement chimériques. Ce prince ne donne aucune preuve d'où l'on puisse conclure qu'il ait ce désir, et il n'est pas capable de tramer une aussi grande trahison.

On ne peut douter qu'il n'ait véritablement formé les

e premier même est devenu public :
tout le monde sait que, secondé de l'autorité du pape, il a
déjà commencé à traiter cette affaire ; et afin de la faciliter
davantage, il a engagé les autres souverains à employer
leurs sollicitations ; mais, si l'on en croit les politiques, et
si l'on peut juger d'après les négociations qui ont été
faites jusqu'à présent, il ne paroît pas que le roi catholique
consente à aucun accord sur cet article, ni à titre de resti-
tution, ni à celui de dédommagement ; c'est cependant ce
qui devroit faire l'objet du traité. A présent, on dit qu'en
lui donnant la Sardaigne, le roi d'Espagne y trouveroit son
avantage, parce qu'il ne perdroit rien, et qu'il supprime-
roit la dépense qu'il est obligé de faire pour la défendre
contre les attaques des Turcs. Il pourroit même espérer,
avec le temps, d'unir les forces de la France avec les siennes, pour assurer la tranquillité des mers. Mais on sait, à
n'en pouvoir douter, que le roi catholique n'est nullement
porté d'inclination pour le roi de Navarre ; à la vérité, il lui
a fait depuis peu de grandes promesses, mais certainement
elles ne seront suivies d'aucun effet, à moins qu'il ne voie
dans ce prince des marques certaines d'une volonté ferme
et permanente, et c'est ce qu'on ne doit guère attendre du
roi de Navarre.

L'autre dessein de ce prince est de se faire élire roi des
Romains. Il fonde ses espérances sur l'amitié du comte Palatin et de quelques autres souverains ; mais j'ai entendu
dire à plusieurs personnes, que ces mêmes princes se plai-
gnoient de lui ; il leur a promis de détruire la secte luthé-
rienne, pour favoriser la calviniste ; et en même temps,
ils ont eu connoissance des lettres qu'il écrivoit à sa sainteté,
dans lesquelles il s'oblige solennellement d'être toujours
catholique, et fidèlement attaché à l'Église romaine. Comme
ils entrevoient qu'il est d'un caractère inconstant, et qu'il

cherche à les gouverner, ils en font peu d'estime; c'est ainsi qu'il arrive souvent, que cette manière trop empressée de plaire généralement fait perdre le crédit que l'on pouvoit avoir sur chacun en particulier. Il reste peu de choses à dire sur ceux qui forment son conseil; puisque les seules personnes de marque, qui soient près de lui, se réduisent à l'amiral et au chancelier; encore doit-il peu se fier à ce dernier, s'il se rappelle qu'il a été son adversaire, et le principal ministre de la persécution exercée contre le prince de Condé.

Il pouvoit autrefois compter le connétable au nombre de ses amis, il fut l'auteur de son élévation. Mais la haine qu'il portoit à la maison de Guise, étoit la seule raison qui l'unissoit à lui; cette bonne intelligence ne subsiste plus entre eux, indépendamment de ce que le connétable, naturellement ambitieux, ne veut avoir aucun supérieur; il ne peut supporter de voir fomenter ces troubles de religion, qui font le malheur du royaume et entraîneront sa ruine.

Il n'est aussi que foiblement secondé par ses parens; le cardinal de Bourbon, son frère, doué d'un excellent esprit, et rempli de principes religieux, est cependant un homme dont le génie est très-borné; le prince de Condé est d'un caractère vif, et peu propre à traiter les affaires tant de la guerre que du gouvernement; il est d'ailleurs opiniâtrement attaché à sa secte, peut-être moins pour l'intérêt réel de sa religion, que pour celui de ménager les huguenots, qui lui ont promis de lui donner cent mille écus par an.

Le duc de Montpensier est bon catholique; le prince de la Roche-sur-Yon est suspect; mais l'un et l'autre ont peu de crédit, toute leur considération étant établie seulement sur leur rang de princes du sang.

Le conseil du roi de Navarre est donc entièrement renfermé dans l'intérieur de son domestique; ceux qui le composent et qui lui sont attachés, savent le flatter ; ils lui persuadent que la France l'adore, que l'Espagne le craint, que l'Allemagne le respecte, et que tous les autres souverains l'estiment et le distinguent des autres princes. On lui donne à entendre qu'il sera empereur, et qu'il gouvernera l'univers entier : on lui débite encore plusieurs autres chimères semblables qui flattent toujours la vanité des grands.

Voilà donc l'état présent dans lequel se trouve le royaume de France. Un roi jeune, sans expérience et sans autorité ; point d'ensemble dans le conseil ; le pouvoir suprême dans les mains de la reine, qui, quoique prudente, cependant est femme, par conséquent timide et irrésolue ; son appui principal est le roi de Navarre, prince dont les manières sont nobles et agréables, mais qui est en même temps inconstant, et peu accoutumé aux affaires du gouvernement. Le désordre et la dissension règnent parmi les peuples ; on ne voit partout que de ces hommes turbulens et audacieux, qui s'armant du prétexte de la religion, troublent le repos public, corrompent les usages et l'ancien ordre de la vie civile, relâchent toute discipline, anéantissent la justice, insultent les magistrats : enfin, l'autorité du roi et le salut de la nation sont dans le plus grand péril ; et si l'on vouloit comparer la situation présente de ce royaume à celle des temps passés, où il étoit si formidable aux plus grands monarques, on le trouveroit si épuisé et si foible, qu'il n'est plus aucune de ses parties qui ne soit altérée.

Mais, après avoir fait connoître l'intérieur du royaume, en montrant les imperfections et les défauts, tant de ceux qui ont l'autorité, que de ceux qui doivent obéir, il est à propos de faire voir quelle est sa position, relativement aux princes étrangers, surtout de ceux auxquels il est avantageux d'être unis avec lui, soit à cause de la proximité de leurs états avec la France, comme ceux du roi d'Espagne ;

soit pour d'autres considérations, relativement au pape, à l'empereur, à la reine d'Angleterre, et au duc de Savoie.

Le pape a beaucoup d'intérêt que la nouvelle secte n'apporte point de préjudice à son autorité et aux conventions qu'il a faites avec la France. L'empereur désire de faire valoir ses prétentions sur Metz, la reine d'Angleterre sur Calais, et le duc de Savoie sur les places du Piémont. Le roi d'Espagne est un prince très-puissant, et l'arbitre de l'Europe; il confine avec la France presque de toutes parts, et s'il avoit le même génie qu'avoit son père, ou que ce dernier se fût trouvé dans la même conjoncture, la France ne subsisteroit plus. En effet, autant les partisans du gouvernement se défient de ce prince, autant les mécontens fondent sur lui leurs espérances, surtout le clergé et les catholiques, qui ne peuvent attendre leur salut d'aucun autre côté; c'est pourquoi s'il entreprenoit la guerre, il seroit tellement favorisé, qu'il ne trouveroit presqu'aucune difficulté. L'on pense même que le duc de Guise et ses créatures penchent beaucoup pour lui; ce qui seroit de la plus dangereuse conséquence, parce qu'indépendamment de son autorité et de son habileté, il entraîneroit à sa suite la plus grande et la plus saine partie des peuples. Les marques singulières de faveur qu'il a reçues du roi catholique depuis un certain temps, et qu'il reçoit encore, l'ont rendu suspect à la cour, où toutes ses démarches sont observées : mais cependant il n'est personne qui osât s'opposer ouvertement à lui ; et dernièrement, lorsque le bruit se répandit que le roi d'Espagne alloit porter les armes contre la France, on débitoit aussi de plusieurs endroits, que le duc de Guise avoit tenté de se faire chef des catholiques pour combattre les huguenots; et comme il s'étoit alors retiré dans ses terres, la reine lui envoya un gentilhomme, pour savoir de lui si les discours publics avoient un fondement réel. Il

répondit qu'il étoit vrai qu'on lui avoit fait des propositions,
mais qu'il les avoit rejetées : et il y a apparence que cette
réponse l'a rendu encore plus suspect. On redoute donc
extrêmement le roi catholique, on craint sa puissance, et
l'on imagine aussi qu'il a un grand nombre de partisans
dans l'intérieur du royaume. Il y a quelque temps que ces
soupçons firent naître l'idée de mettre en réserve quelques
sommes d'argent, afin de les avoir prêtes au besoin. Mais
l'on pensa que l'on exciteroit peut-être par ce moyen quelqu'un à s'en saisir, et à les employer à favoriser ceux contre
lesquels elles étoient destinées ; c'est pourquoi ne sachant où
placer ce dépôt pour qu'il fût en sûreté, le projet fut abandonné. Ainsi, quoique la querelle avec sa majesté catholique subsiste toujours, puisque l'on persévère dans cette
hérésie qu'elle abhorre, et au sujet de laquelle elle a entre-
tenu tant de négociations, mettant en usage tantôt la voie
de la persuasion, tantôt celle des menaces, cependant on
ne voit pas que jusqu'ici la France ait fait aucun préparatif
pour se mettre en état de défense ; j'ai entendu dire seulement que les fauteurs de l'hérésie avoient promis au gouvernement, que si le roi d'Espagne faisoit le moindre mouvement, toute la Flandre se révolteroit en un jour ; et qu'ils
garantissoient le succès de cette opération, ce pays étant
rempli de leurs sectaires. Tels sont les objets relatifs au roi
d'Espagne ; j'ai cru qu'il étoit nécessaire de les expliquer.

Il me reste à donner quelques détails concernant le pape :
il n'est pas dans une grande recommandation en France,
surtout si l'on considère ses forces ; la foiblesse de l'Église a
été suffisamment prouvée dans la dernière guerre ; et d'ailleurs, la réputation que la France se flattoit d'avoir parmi la
nation italienne, loin d'être augmentée comme elle l'espéroit,
en plaçant sur le saint-siége un pape françois, est fort diminuée par cette guerre inutile que fit le pontife précédent,

ainsi que tout le monde le sait. L'autorité de sa sainteté est encore affoiblie par ces nouvelles sectes, qui, quoique multipliées et diverses entre elles, cependant s'accordent toutes pour l'abaisser. On peut ajouter que le pape n'est point issu de souverain; que par conséquent, la nature ne l'a point créé pour commander; que bien des catholiques regardent le nom de Médicis comme fatal au christianisme, parce que, sous le pontificat de Léon X, l'Allemagne se sépara du saint-siége, l'Angleterre sous celui de Clément VII, et qu'aujourd'hui sous celui de Pie IV, la France est à la veille de s'en détacher. C'est à cette diminution de l'autorité du pape dans ce royaume que l'on doit attribuer le peu d'égard que l'on a eu pour lui, lorsqu'afin de satisfaire les hérétiques, on a délibéré dans les états de suspendre la prévention et les annates, et d'annuler la pragmatique accordée depuis plusieurs mois.

18.

LE LIVRE
DES MARCHANS,

OU

DU GRAND ET LOYAL DEVOIR,

FIDÉLITÉ ET OBÉISSANCE

DE MESSIEURS DE PARIS,

ENVERS LE ROY ET COURONNE DE FRANCE,

Adressé à MM. Claude Guyot, seigneur de Charmeaux, conseiller du roy, et maistre ordinaire en sa chambre des comptes à Paris, et prevost des marchans, Jehan le Sueur, bourgeois, marchant et conseiller de ville, Pierre, prevost, esleu pour le roy en l'élection de Paris, Jehan Sanguin, secrétaire du roy et de la maison de France, et Jehan Meraut, aussi bourgeois et marchant, eschevins de ladite ville de Paris ;

PAR

LOUIS REGNIER, SEIGNEUR DE LA PLANCHE.

A MESSIEURS

LES PREVOSTS DES MARCHANS,

ET

ESCHEVINS DE LA VILLE DE PARIS.

Vous eussiez eu, Seigneurs, ce livre imprimé trois mois sont passez, mais j'attendois le retour de nostre autheur qui estoit allé en cour pour les affaires de nostre ville : à fin de vous bailler par mesme moyen, le deuxiesme qui traitte des moyens de faire anéantir toute religion contraire à la nostre catholique, selon les ouvertures qui par aucuns bons personnages et bourgeois de nostre dite ville de Paris, en furent faites à nostre autheur. En quoy il ne touche aucunement de la doctrine : pource qu'aussi il n'en fut parlé entre eux. Et n'a rien fait en l'un et en l'autre que rendre comme au vif les mesmes propos, sentences et devis de vos bourgeois, sans y adjouster du sien. Et comme aux chefs d'une ville est deu principallement l'honneur du bon gouvernement d'icelle, il vous a adressé ce premier livre, comme le fruict de vostre sagesse : mais le second qui touche à tous, il l'a adressé à toute la ville, comme le fruict de sa devotion envers Dieu, de laquelle nous devons plus que de nulle autre ville de la chrestienté, espérer (pourveu qu'elle le veille entreprendre avec la grace de Dieu) une vraye paix et repos en la chrestienté.

LE LIVRE

DES MARCHANS,

OU

DU GRAND ET LOYAL DEVOIR.

J'estois en vostre ville de Paris, seigneurs, le huictiesme
de janvier dernier, au temps et à l'heure proprement que
monsieur le cardinal de Lorraine y arriva, venu, comme
assez d'autres, au son de la renommée, pour estre présent,
et si besoin estoit, moy-mesme mettre la main à ce que
tous les nostres s'attendoient devoir estre faict en ces jours
à la venue tant desirée dudit sieur cardinal, et ne me tenois
pas moiennement heureux d'estre si à point arrivé au lieu
et en la saison qu'un jeu auquel y avoit tant à escrimer, se
devoit ouvrir, veu le grand malheur où nous sommes pour
le jourd'huy, de n'avoir jamais de certaines nouvelles, et
de sçavoir moins ce que nous devons croire des choses qui,
par manière de dire, se sont faittes et dittes en nos présences,
que non pas des drogues et denrées que l'on nous apporte
des plus barbares nations de la terre, plus reculées et moins
cognues de nostre soleil. Car à cognoistre les bonnes denrées des contrefaittes, y a certains préceptes, marques et

enseignemens : l'une se cognoist au feu, l'autre à l'eau;
ceste-cy à la couleur, ceste-là au goust; l'autre à l'odeur,
au poids, au manier, et en maintes autres manières infail-
libles. Mais la dignité de personnes qui anciennement (ainsi
que Nestor parle en Homère) souloit donner aux songes
mesmes foy et auctorité, s'est tant escoulée et esvanouye des
plus grans; qu'il n'y a rien qui moins face croire en eux
que leur excellence et grandeur. Lors n'avois-je rien encore particulièrement cogneu, ny au vray entendu des desseins et conseils de monsieur le cardinal, et n'en avions la
pluspart d'entre nous catholiques (1) autre gaige ny pleige
qu'une espérance donnée par gens (à ce que je voy) mal sol-
vables : laquelle nous commandoit de croire que sa venue
apporteroit premièrement à l'Église et puis au reste de
l'estat un remuement tel, qu'il (comme les pilotis que l'on
fiche en terre, plus on les secoue, plus ils entrent avant et
s'affermissent) donneroit à tout le royaume un si stable, si
puissant et ferme establissement, qu'il ne seroit pas en la
puissance des rois ny de tous les humains ensemble, tant
soit peu l'esbranler. Or, comme gens qui sentent un mal
continuel, se plaignent, remuent, tournent et virent, et sans
allégeance changent incessamment de place en leur lict,
viennent aisément à aprehender une opinion et désir de
changer de lict, de maison, d'air et de pays : ainsi y avoit
en nos cœurs et entendemens pour le calamiteux estat où
nous sommes, une merveilleuse pente, roide et glissante à
mutation avec une ouverture large et spatieuse pour y entrer, et la matière à cela toute taillée et disposée. L'eslon-
gnement et absence du roy y apportoit une commodité; le
changement en l'estat des finances du roy y donnoit couleur; monsieur le cardinal de Lorraine instrument propre

(1) Regnier de la Planche étoit de la religion réformée. Mais dans cet
écrit, publié d'une manière anonyme, l'auteur se dit catholique.

et dextre à cela en estoit (ce disoit l'on) le chef : Paris en
estoit le champ, le nerf, le conseil et la force ; l'entreveuë
et abouchement de M. le prince et dudit seigneur cardinal, comme une taie qui enveloppe deux bourses à fiel, fer-
moit la bouche à ceux qui doubtoyent un soulèvement de la
religion réformée (entreveuë notoire, réconciliation tenue
pour certaine). L'on faisoit à cela toutes choses riantes et fa-
vorables. Le doubte mesme que l'on avoit du gouverneur
de Paris (sans lequel l'on jugeoit bien que toutes entreprises seroient vaines), estoit, au dire de nos gens, ce en
quoy nous devions avoir plus de fiance. « Car c'est luy, disoyent-ils, qui plus en son cœur le désire et plus sous main
y adhèrera. » Ce qu'il parle quelquefois contre M. le cardinal, ce n'est, disoit-on, que pour la bonne mine : comme
aussi de la part de M. le cardinal le procès de Dammartin,
et le comte, par luy suborné, n'estoit qu'un masque, une
feinte et couverture de son jeu. Mais viendroit ledit seigneur
gouverneur s'y trouver en personne, ou se retirant, laisser
et rendre la place vuyde ; et s'il faisoit du restif, l'on y ad-
mèneroit tant de forces que les siennes seroyent pour rien
comptées. D'ailleurs, cette harquebouserie que M. le cardinal admenoit quant et luy, et la présence de M. le gouverneur au jour de l'arrivée, que je voyois arresté à l'un de
ces coings des Innocens, qui entrent en la rue Sainct-Denis,
laissant paisiblement passer tous ceux du train dudit sieur
cardinal qui n'avoyent arquebouses ne pistolles, convertis-
soit mon opinion en foy toute certaine. Car j'estimois pour
certain que par un devoir qui me sembloit deu à la dignité
cardinale, il feust tout exprès venu là pour recueillir, ha-
renguer et convoyer monsieur le cardinal jusques en son logis, me semblant bien encores qu'il ne s'y portoit que trop
escharsement. A cela s'adjoingnoit (pour mieux me dece-
voir) un gracieux maintien, accueil honneste et bon visage,

que ledit sieur gouverneur et les siens faisoyent à ceux de
M. le cardinal qui arrivèrent des premiers ; et passans auprès de luy le saluoyent, ne regardant pas de si près, quant
à moy, si les uns et les autres estoyent armés ou non.

Mais comme en toutes assemblées d'hommes y a tousjours
plus de prudence et bon conseil, qu'en eux-mesmes prins chacun à part, ainsi en cette grande assemblée d'attendans, espandus à grosses trouppes et monceaux par les rues et boutiques, je fus bien estonné quand j'ouy, ainsi que l'espérance
des sages (je parle des choses humaines) est tousjours harcel-
lée de quelque deffiance, les uns qui disoyent : « Le prince auroit-il point gaigné ce cardinal si avare, et si ambitieux de nature, que l'avarice et ambition mises dedans des balances,
elles demeureroient égalles entre deux fers ? » — « Il a, disoit
un autre, toutes volontés convenables à l'estat et au mespris
où il se trouve maintenant réduit, ne cherchant que sauver
ses biens et retourner en court. Viendroit-il point icy luy-
mesme prendre congé de la messe, et que M. le prince feust
un Candiot qui eust affiné un Candiot ? » — « Son naturel,
disoit un autre, sa vie passée, les articles qu'avec tant de
prières et promesses, et à si grande peine, il tira du roy et
de son conseil pour porter au concile, les menées et pratiques qu'il feit au contraire, ceste confession d'Auguste (1), la
pratique d'Allemagne, les secrettes communications qu'il a
si souvent avec les ministres des huguenots, son synode de
Reims, sa censure de nos petittes messes, cest appareil
aussi, et tout cela n'est point sans embusche. » — « Si son
dessein, disoyent des prestres, est bon, nous sommes perdus ; car comme Caton, celuy qui se tua dedans Utique, disoit du temps des guerres civiles, qu'il voyoit une grande
incertitude au fait et gouvernement de leurs dieux, parce,

(1) Augsbourg.

disoit-il, que lorsque Pompée ne faisoit rien de bien, ne selon le droict et l'équité, il avoit esté accompagné de toutes les plus grandes et plus spécialles faveurs que les dieux peuvent donner aux humains, et à présent qu'il combat pour les loix, pour la patrie, pour les dieux mesmes, il est acablé de malencontres. Ainsi, disoyent nos prestres, M. le cardinal est si malheureux en toutes ses entreprinses, que rien de bien n'advient, sinon quant il pense malfaire. » — « En vérité, dirent certains religieux, qui de plusieurs ordres estoyent là attendans (non pas de ces gros bedons ventrés depuis le menton jusques au genouil, ny de ceste nouvelle ordure de jésuites, mais de ces bons et vénérables mendians ; car à telles personnes qui ne mangent pas tousjours leur saoul, l'esprit est prompt et souvent se communique), l'esprit nous dict que ce cardinal affamé mangera, à faute de pain, les pierres dures ; il se précipitera du pinacle ; il adorera la beste, et fera icy du scandale. » Et là-dessus s'en vont.

« Si des ongles (disoit un sage et vrayement honorable marchant, assis sur l'estail de sa boutique) on peut juger le lion, si j'ay rien cogneu de nostre gouverneur, si j'ay jamais rien aprins des meurs, du port et de la contenance des hommes allant par le monde, nostre gouverneur, quoy qu'on die, n'est point là pour la mine. Ce n'est point là le visage, l'habit ne la grace d'un harangueur, d'un attendant ne d'un meneur d'espousée au moutier. » Et hochant la teste, « trop hastif s'eschauda (disoit-il). »

Et là-dessus se met à discourir de la vaine espérance et folle crédulité des hommes : « Comme un manger glout et précipité est subjet à vomissement ; que le vomissement est d'autant plus moleste qu'il vient tard après le repas que la viande est desjà (comme dit Erasistrate) broyée en l'estomac, ou selon Plistomèque pourrie au ventre, ou selon Hypocrates cuitte à la chaleur, ou en quelque autre manière, que Asclepiade la fasse toute creue tourner en nostre substance (car ainsi en l'art et science de tuer les hommes, que l'on appelle médecine, s'accordent comme chiens et chats, les bouchers de nostre corps), tout de mesme en prend (ce disoit ce marchant) à ceux qui croyent de léger ; car c'est un regret plus fascheux que tout vomissement, et comme une spoliation de nostre propre, quand une nouvelle qui a donné goust et plaisir à la croire, et desjà prins pied entre nous, vient à se trouver fausse ; et le pire encores quant le contraire mesme se trouve véritable. »

Ce marchant parloit encores, que voicy ledit sieur gouverneur à la première pistolle ou harquebouse qui se monstra en la trouppe dudit sieur cardinal, se lança en rue, et marchant droict en teste de ceux qui arrivoyent , feit crier les armes bas. A ceste seulle voix, toute ceste trouppe qui arrivoit, ne plus ne moins que biches ou chevreux (1), au premier bruit qu'ils oyent, s'arrestent, lèvent la teste, ouvrent l'oreille et puis fuyent, ou, comme dit le poète grec :

> Que faict l'homme passant,
> Qui quelquefois les hauts monts traversant,
> Sans y penser trouve un dragon en voye.
> Lors tout craintif se destourne et desvoye.

s'arresta court , et au mesme instant , comme si quelque tourbillon ou coup d'esclair les eust esblouis, tourna si court qu'en un clin-d'œil la teste devint la queuë, montans ceux de derrière sur les premiers, ne plus ne moins que beufs ou moutons pressés en un destroict. Les uns rebroussans contre mont la rue , s'escoulloyent par les rues et traverses ; les autres donnoyent carrière jusques à Sainct-Denis, et comme gens qui au partir du logis ont oublié

____

(1) Chevreuils.

bourse et ceinture, couroyent à vau de route et bride avallée (1), sans qu'autre les poursuivist qu'eux-mesmes, et remplissans l'air et les champs de leur honte, prévenoyent de leur présence la renommée de leur retour, se deschargeans cependant (comme en un naufrage, et que l'on dit que le castor se chastre de luy-mesme) de leurs arquebouses et pistolles par les chemins. Les autres, comme gens qui arrivent tard et à la foulle, et qui logent sans fourrier, se saisissoyent des premières portes et boutiques qu'ils trouvoyent ouvertes, laissans armes et chevaux en rue. De ces derniers furent ledit sieur cardinal, M. de Guise, son neveu, et assez d'autres.

Je laisse icy le désarmement, ce qui y fut tué ou blessé, le passage dudit sieur gouverneur jusques à la porte de Sainct-Denis, son retour par autre rue, l'amas du peuple (comme abeilles après l'orage) venant à troupes et monceaux à l'endroit ou ledit sieur cardinal s'estoit retiré, l'issue aussi dudit cardinal et de quelques arquebousiers de sa garde, hors des boutiques, ayant ledit sieur la teste pendante en bas comme un pavot batu de pluye, ou comme dit le poëte :

> Palle en couleur, de ses membres tremblant,
> Mieux un corps mort qu'homme vif ressemblant.

mais certainement je fus fort estonné quand je vy que pour contenance quelconque de monsieur le cardinal, tant fut-elle composée à pitié, pour doux yeux, tristes regards et œillades, larmes ne souspirs, ne pour parolles tremblantes et humiliées, soit qu'il se les laissast eschapper, soit que tout à propos (mendiant une faveur) il les jettast aux uns et aux autres en passant, appellant jusques aux plus déchirés

____

(1) A bride abattue, de *a val*, en bas.

19.

crocheteurs et portefais, « ses messieurs, ses voisins, ses compères et bons amis ; » car encores n'avoit-il pas (comme l'on dit que Thémistocles savoit les noms et surnoms de tous ses citoyens, et à celuy qui faisoit profession d'art de mémoire, demandoit celle d'oubliance) apprins à nommer ceux desquels il ne pensoit jamais avoir affaire ; nul ne s'en remua, nul tant soit peu feit semblant d'en estre marry. Bien y eut-il quelque populace de ceux qui ont accoustumé courir après les bastelleurs et les condamnés qu'on meine à l'exécution, qui coururent après luy, lequel on faisoit à grans pas arpenter et marcher en haste, comme sergens qui craignent une rescousse, ou voïagers qui voyent l'orage prochain. Mais quand se vint à passer, je dy approcher, de ce coing des Innocens, la plus part, ainsi que :

> Du fier lion le giste espouvantable,
> Quoy qu'il n'y soit, est tousjours redoutable,

porta telle révérence au lieu où il avoit veu son gouverneur par quelque espace séjourner, que là, comme à une borne sacrée, ils s'arrestèrent tout court, prenant de là congé, et des espaules disant adieu à M. le cardinal ; merveille certainement, et d'un peuple sage grande obéissance.

Ce spectacle ne m'estonna pas tant, comme le desplaisir de veoir toute nostre espérance renversée m'irrita contre M. le gouverneur ; et en ceste cholère me précipitay en un merveilleux erreur que ces remueurs d'estat nous avoyent tout d'une main enfoncé au cœur et en l'entendement. « Car cestuy-là, disoyent-ils, estoit par les lois de Solon notté d'infamie, qui en une sédition civille ne se rangeoit dès le commencement à celle part qu'il estimoit la plus juste, pour y courir les mesmes hasars, risques et fortunes, sans attendre (comme tallonneurs de marché) quelle part tourneroit la victoire ; afin que par-là chacun feust apprins à regarder plustost à la seureté du bien public (sans lequel le particulier ne peut demeurer sauve), que non pas pourvoir à celle de son propre, et que d'un vice tant reprochable que de n'estre point touché des misères et calamités de sa patrie (laquelle comprent en soy toutes les charités ensemble), l'on ne feist pas gloire et vertu. »

Pourtant ne voyant plus à l'entour de moy (tant j'estois esperdu) prestres, religieux, marchans, ne autres, et venant là-dessus penser en moy, que (comme pigeons effarouchés, vollètent à l'entour du coulombier, jusques à ce que l'un y entre, puis le second, puis le tiers et le quart, enfin, en l'asseurance et envie l'un de l'autre, y retournent tous à plus grande foulle, que d'effroy ils n'en estoyent sortis) aussi il ne tint qu'à mettre ce peuple en train, je me jettay en rue, et à ce peuple qui estoit là assemblé :

« Est-ce la manière, dy-je, messieurs de Paris, est-ce ainsi que vous traictez les princes? Cestuy-cy, race ancienne des rois? ce cardinal, membre du sainct siége, apostre du très-sainct père? Est-ce l'opinion, l'espérance et l'expectation que tout le royaume a de vous? Est-ce la recognoissance de tant de biens-faicts et services faicts au roy et à la couronne de France, que luy et les siens ont tant et de si longue main obligés? Est-ce la récompense de ses biens-faicts envers vous? Est-ce le sallaire que vous rendez au frère et à l'enfant de celuy auquel vous devez, vous, vos femmes et enfans, vos biens, vostre ville, et, ce que je devois premier dire, vos temples et autels, et ce que vous avez de reste de religion? Sera-t-il dict aux autres villes, sera-t-il annoncé aux nations estranges, et à l'advenir reproché à vos enfans que vous ayez trahy celuy qui venoit à vostre adveu? couru sus à celuy qui venoit à vostre secours? et que tous ensemble n'ayez daigné (car qui doute que ne le puissiez bien) exempter de honte celuy qui seul vous a, en si grand nombre, et au péril de sa vie, sauvés de l'encombre de mort ignominieuse? Cinquante hommes qui ont fait ce scandale, que voilà la pluspart désarmés, se vanteront-ils d'avoir foullé aux pieds dedans Paris, le cœur, la teste et l'honneur du royaume? Braveront-ils de vous et diront, comme jadis des Philistins : *Cestuy-cy en a frappé mille et cestuy-là dix mille?* Laisserez-vous aller ce cardinal à pied, par lequel vous allez à cheval? Souffrirez-vous qu'en vostre face soit désarmé celuy qui vous a mis les armes au poing? et que l'on chasse de vostre ville celuy qui vous a mis dedans? Que craignez-vous? des gens qui ne sont que mouches contre éléphans? Qu'attendez-vous? du secours à ceux qui sont mille contre un? Que tardez-vous? sauver l'homme après qu'il sera mort, et chasser les autres après qu'ils s'en seront fuis? Quoy! que de vos mains l'on recherche à l'avenir sa vie, et qu'à vous-mesme il convienne mourir, pource que par vostre faute il sera mort? Ne faictes point, messieurs, ceste injure à tout le royaume, qu'au millieu d'iccluy, en sa ville capitale et entre les bras de toutes ses forces, soit ainsi le tuteur de la France outragé. Ne vous faictes point ceste honte, que le patron et second fondateur de vostre ville soit par ses propres cliens et affranchis si laschement abandonné. Souvienne-vous du compérage du frère qui est mort pour vous (1), de la bourgeoisie des enfans qui sont vostres, et vivent pour vous, et des beaux sermons qu'il vous a faicts. Venez, voyez et regardez! ce coing est vuyde; le gouverneur n'y est plus; ce ne sont plus que huguenots, ses ennemis et les vostres. Les voilà! ils tremblent de paour, ils s'estonnent, ils s'en vont. Allons, fuyez, venez, faites contenance, je vous en délivre; et s'ils nous attendent, je vous les livre! »

(1) Le duc de Guise.

Et là-dessus j'advance cinq ou six pas en rue ; mais, à la bonne heure pour moy, au lieu de me suyvre, les plus apparens, reculans quelques pas en arrière, se retirèrent tout bellement au devant d'une boutique, suyvis d'une multitude de peuple qui les regardoit et environnoit. Les uns hochant, les autres secouant et tournant la teste en diverses façons. Cela me feit soudain entrer en opinion que ce feussent de ceux de la religion que l'on dict refformée ; mais y ayant recongneu mon hoste, et quelques-uns des nostres, une plus grande frayeur me vint tellement saisir de ce recullement (croyant qu'ils eussent veu plus que moy quelque danger où je m'allois précipiter), que je retournay si court, et me jectay entr'eux de telle impétuosité, qu'euxmesmes, estimant que j'eusse veu, pour avoir approché de plus près, ce qu'ils n'eussent aperceu, rendirent d'effroy ceste boutique pleine à crever, me portans dedans avec eux : retraicte heureuse pour moy, et pour tous ceux qui sçauront bien gouster les sages devis, les sentences et conseils admirables qui y furent tenus par aucuns marchans et artisans de ceste ville là (Paris vraiement sans pareille). Qu'à la mienne volunté M. le cardinal, ses frères, ses neveux, les siens, leurs favoris y eussent esté, pour le bien et repos que je leur désire. Mais pleust à Dieu que nostre roy eust luymesme veu à descouvert, le cœur, la foy, la loyauté et affection ardente de ces bons seigneurs-là, et veu de ses yeux combien de prudence, de vertu et bonté y avoit en une seulle boutique, pour de là faire jugement du reste de la ville. Quels trésors d'esprit et bon vouloir sont meslez parmy les draps, les laines, les cuirs, le fer, les drogues et merceries ! Quelles richesses d'ames sont enfouyes et cachées ès corps mesprisés de tant de louables bourgeois ! Et combien en cela, comme en assez d'autres choses, ceste villelà surpasse d'un costé toutes les autres, et luy seul plus riche et plus heureux que tous les roys, princes et potentats de la terre ! Car après que ceux qui estoyent demourés dehors en la rue eurent leuë une risée de nostre paour, n'estant rien survenu qui nous eust deu espouvanter, et que la boutique se fut deschargée de gens, et tant allegée que les neuf ou dix qui y restoyent se trouvèrent au large, mettans fin au ris et aux propos joyeux qu'ils avoyent eus de leur paour, l'un d'entr'eux, de l'estat de la drapperie, ainsi que j'entendy lors et que j'ai depuis congneu, personnage desjà chargé d'ans, mais au reste de face, maintien et vieillesse vénérable, s'addressa à moy, et parla comme il s'ensuit :

DISCOURS DU DRAPPIER.

Je ne doutte point que ce que vous avez fait devant nous, et ce que nous avons ouy de vous, ne vienne d'une singulière faveur et affection que vous portez à monsieur le cardinal, soit pour l'amour de luy, comme son serviteur domestique, son familier, son amy, son obligé, ou vrayement pour la cause que vous pensez qui l'ait amené pardeçà. Pourtant je ne blasme point vostre action, comme d'un homme passionné ; et en sa passion, prévenu le danger inopiné, je ne la louë pas aussi. Ce n'a pas esté non plus de nostre part sans regret, que nos yeux ont veu ce qui s'est présentement faict. Ce n'est pas aussi sans grande raison et juste occasion ne autrement que pour nostre devoir, que chacun de nous s'est contenu en la modestie que vous avez veu. Or, graces à Dieu, l'on ne recherchera point de nos mains la vie de monsieur le cardinal, et ne nous conviendra point (comme vous disiez) mourir puis qu'il n'est point mort. Il va et marche très-bien (comme vous avez veu) ; et n'y a plus de danger, Dieu mercy. Et combien que l'issue vous puisse faire suffisamment cognoistre quelle faute nous eussions faite, si votre légèreté eust esté accompagnée d'une folie de nostre part, si ne veux-je pas vous laisser en l'erreur auquel je vous voy tombé, que monsieur le cardinal ne les siens aient à eux obligé ne le roy ne la couronne de France, ne que à ce tiltre il doive espérer de nous, ne d'autre des François, aucun secours. Je ne dy pas que ce que vous avez dit de l'obligation de nostre ville envers luy, ne soit aussi peu véritable. Toutesfois, seroit-il plus tollérable à nostre modestie, de le laisser passer comme un vent, que non pas le premier qui touche l'honneur de nostre roy, et le devoir de tous ses loyaux subjects. Or, à ce que j'ay à vous dire, regardez plustost à l'homme que à l'habit, à la substance que aux parolles ; car je ne suis pas homme de lettres pour sçavoir bien dresser une harangue ; à cela n'ay-je pas esté de jeunesse institué : j'estime bien que ne l'ont pas aussi esté tous ces seigneurs qui sont icy, que j'ay quasi tous cogneus en jeunesse. Mon père à dix ans me mit au collége. Toute la science de ce temps là estoit de faire carmes (1) et vers latins : j'en faisois de bons, ce disoit mon maistre, et Dieu sait quels poëtes c'estoient que nos maistres. Mesme cela plaisoit fort à mon père, qui n'y entendoit non plus que vous faites à mon advis, à haut allemant. A quinze ans on ramena ce poëte à la boutique ; car tousjours estoit-ce l'intention du bon homme, que je feusse de son estat. Là tout ce que j'avois à grant peine et travail appris en cinq ans, s'oublia en m'esbatant, en moins d'un mois : mes vers retournèrent en la terre dont ils estoient sortis ; car telle monnoye n'a point de cours en marchandise. Or ça, il falloit que ces cinq ans là se perdissent à apprendre ce que par après l'on vouloit perdre. Mais depuis la bonté de Dieu s'est desploiée sur nous et

____

(1) Vers, du mot latin carmen.

sur toute la France, par la main de ce grand roy François,
premier de ce nom, qui nous a tiré, comme d'un tumbeau,
les sciences, les arts, les lettres et bonnes disciplines ense-
velies en une fondrière d'ignorance; et à l'aide d'un
Amiot (1), d'un Jacques Colin (2), et de tant d'autres excellens ouvriers, nous a rendu les oustils de sagesse tran-
chans en nostre langue maternelle : tellement qu'il n'y a
artizan qui ne puisse, s'il veut, de luy-mesme, et sans
rien desrober à sa besongue, en peu d'heures se rendre
savant. Nos boutiques à gens qui ont quelque sentiment de
vertu, et aguillon de bien, sont des escoles. Car là avec le
livre l'on voyage sans frais par toutes les régions de la
terre; l'on monte avec espérance jusques au ciel, et des-
cend-l'on avec asseurance jusques aux abismes; l'on cingle
par tous les gouffres de la mer sans aucun péril, l'on se trouve
sans danger au meillieu des batailles, en assaut et prinses
de villes, l'on se sauve sans perte de la main des brigans;
bref l'on faict toutes négociations et exercices sans bouger
d'une place. Ce que long âge, un grand travail et pesante
expérience n'apportoient qu'à l'heure de la mort, nos enfans le peuvent (par manière de dire) succer des mammelles
de leurs mères et nourrices. Les lettres, je confesse, m'ont
veu desjà grand et estant bien avant au decours de mon
âge; car l'envieux de nature humaine, père des ténèbres,
nous empescha long-temps ceste lumière, sous couleur de
quelques luthériens, qui lors commencèrent à lever la
teste. J'ay, outre cela, autant ou plus que nul de mon âge,
hanté et fréquenté les pays et nations estranges, spéciallement l'Allemagne, longuement en Lorraine, où j'ay eu
grand commerce et communication avec le sire Herman qui

(1) Le traducteur de Plutarque.

(2) Lecteur et secrétaire de François Ier. Il a traduit quelques mor-
ceaux d'Homère et d'Ovide. On a de lui quelques jolis vers français.

me donna premier accès en la maison des ducs, où j'ay apprins beaucoup des particularités de leur maison, de leurs ancestres et de leurs faicts. Je n'ay pas aussi esté des derniers à entendre des affaires de nostre ville. Je me suis trouvé souvent aux assemblées et convocations. J'ay quelque fois voyagé pour eux. Et en tout cela mon estude a plus esté d'apprendre à bien juger des choses proposées, cognoistre le bon d'avec le mauvais, le vray d'avec le faux, séparer l'honneste du vilain, le proffict du dommage, que non pas à débattre les affaires par haranguer ne parler si ornement comme plusieurs feroient bien. Ce n'est pas que je mesprise une beauté de langage, ne un ornement qui l'embellisse et qui le rend plus plaisant et délectable. Mais de tant que cela ne s'acquiert que par une longue et laborieuse exercitation, convenable à ceux qui ont grand loisir, et qui sont encores en âge pour y vacquer, je me suis arresté à ce qui a plus de nerf que de pointe. J'useray doncques de nostre simplicité bourgeoise, laquelle a esté tousjours bien receue de nos roys et princes.

Pour venir doncques à ce que j'ay à vous dire. Vous vouliez qu'à la chaude et à l'estourdi nous prinssions les armes pour monsieur le cardinal : contre qui, en quelle manière, ne à quelle fin ? je vous confesse que je ne l'entens pas encores. Si cela estoit juste, et s'il estoit en nostre puissance, requiert un plus long temps que je n'ay de tarder icy. Je ne m'arresteray point à respondre à un excès de parolles, et je ne sçay quelles figures poétiques de parler par où vous faites monsieur le cardinal, la tête, le cœur, l'honneur de la France, le tuteur du royaume ; car nul n'est cela que le roy seul. Je parleray des causes pour lesquelles vous demandez aide (dictes-vous) pour monsieur le cardinal, comme chose deue. Or, ceux qui demandent le secours comme une debte et obligation deue, s'ils ont affaire aux enfans et successeurs, ou autres que ceux mesmes qui ont faict la debte, ou que ce soit (comme l'on dict) une vieille debte, que le temps, les troubles, les affaires, et semblables occurrences ayent peu effacer de nostre souvenance (ainsi que la mémoire de l'homme n'est que trop fertile aux injures et merveilleusement stérile aux bienfaicts) ils viennent à toucher et faire sonner les cordes de l'obligation pour préparer le debteur à une bienveillance et promptitude de payement ; car autrement telle commémoration de bien-faits incognus se convertit (comme un reproche), en desdain des escoutans ; et au lieu de les incliner à soy, on les tourne et provoque contre soy-mesme, estant cela comme une espèce d'injure, de dire, s'il n'est vray, que nous soyons debteurs ou obligés à quelqu'un, ainsi que me disoit un praticien, mon voisin, et injure telle, disoit-il, qu'il y a pour cela en leurs livres une action en difamation toute préparée. Or n'est pas cestuy-là bon oiseleur qui jette pierres après les oiseaux, ains plustost ne les esmorce, et apaste pour les attrapper.

En cela m'est-il advis que vous avez lourdement failli ; car quelle injure pouvez-vous faire plus grande à nous tous, je dy à tous les François, que de dire que monsieur le cardinal de Lorraine ait obligé à luy le roy et la couronne de France ? voire outrage tel que, s'il advenoit encores à monsieur le cardinal à le dire en public, comme quelque fois luy advint de le dire en quelque compagnie des siens, nous ne sommes pas si mauvais François en ceste ville que publiquement et sur le champ il ne receust une responce qui en feroit la réparation. Allez pour voir dire cela à un Henry l'advocat, un Jehan Aubry, Nicolas Bourgeois, Jehan Messié, Guillaume l'Archer, Guillaume Chouart, Jehan Perrot, Jehan Musnier, Nicolas Hac, Guillaume Godefroy, Raoulin Sandras, Claude le Prestre, Nicoles Parent, Claude

Scopart, Jehan l'Escuier, Jehan de Bordeaux, ou à un Kerver, Merlin, à un Desperés, un Parfaits, de Clerc, de Pleurs, l'Escalopier (1).

Que vous diray-je plus, ou qu'est-ce que je m'arreste à vous penser nommer tous les gens de bien de nostre ville? Je ne vous parle que des marchans seulement. Et dictes-leur que monsieur le cardinal ou les siens ont obligé le roy et la couronne de France à eux, dictes-leur seullement qu'ils ont obligé nostre ville; je ne vous ay là nommé personne (d'un millier d'autres qu'il y a en nostre ville), là où autant M. le cardinal qu'un autre des grans qui y soient bons serviteurs du roy ne trouve en leur affaire particulier de l'aide et faveur de leurs biens. Mais ne cerchez pas en leur cœur des armoiries de Lorraine ne des escussons de Jérusalem ou de Sicille (2), n'autre que des fleurs de lys toutes pures et nettes, si vivement empraintes qu'ils ne souffriront à nul quel qu'il soit, braver l'amour du roy ne du nom françois; un amour, dy-je, qui ne peut embrasser le père sans les enfans. Car nous sommes tous si naturellement amoureux et à vray dire si jaloux de nostre roy et de ses princes, que nous ne souffrirons jamais nul autre s'apparier à eux. Pour tant veit-on, quand monsieur le prince de Condé fut arresté prisonnier à Orléans, si, pour le crédit, la faveur, ne toute la grandeur de laquelle monsieur le cardinal et feu monsieur de Guise se rendoyent terribles à tout le monde, la liberté du courage françois fut retenue en nous, quand en plein hostel de ville fut dict tout hault que l'on ne souffriroit pas le sang de France estre foullé par des estrangiers. Car à la vérité, combien que monsieur le

(1) Noms des hommes les plus respectables parmi les familles bourgeoises, et la plupart revêtus de l'échevinage.

(2) La famille de Lorraine, pour se donner plus de lustre, mettait en avant ses droits à ce royaume.

cardinal et ses frères soient nés en France, et les premiers
François de leur race ; toutefois, comme il faut du temps
beaucoup à despouiller le sauvagine des meurs et du naturel du pays paternel, l'on ne tient pas ceste première
portée et génération pour naturelle et légitime, comme les
vrais et anciens patriotes qui seroyent de quatre et cinq
races, comme nous avons assez de maisons en nostre ville
qui peuvent monstrer leur origine continuée dedans Paris
de père en fils de plus de trois cens ans. Dictes-nous que
pas un des clercs de Marle, Marcel, ne des Boursiers (j'en
laisse encores de plus anciennes) souffre que le fils d'un
Italien, d'un Anglois, d'un Lorrain, ou Escoçois se die aussi
bon François que luy? Je vous prie que le fils d'un qu
s'est faict ennoblir, fasse comparaison de sa noblesse à la
maison de Montmorenci. Je vous baille celle-là pour la
plus prochaine de nous, et que nous cognoissons tous, et
la tenons pour la plus ancienne, yssue du premier chrestien du premier royaume de la chrestienté. Or, si je vous
monstre que vos prétendues obligations ne sont pas véritables, et que celuy qui me doit (comme l'on dit) me demande, vous me tiendrez à mon advis bien deschargé de
vous prouver qu'elles ne sont pas suffisantes aussi ; car pour
néant se soucie et travaille des espèces du payement celuy à
qui n'est rien deu.

Vous dictes que luy et ses prédécesseurs ont tant obligé
le royaume : vous deviez dire en quoy et comment. Car je
vous promets que pour l'envie que j'ay eu de luy faire
plaisir, j'y ay maintesfois pensé ; mais plus je considère les
faicts, les actes, les exécutions de feu son frère et de luy,
plus je trouve que tout au rebours ils n'y ont faict ne pourchassé que mal et dommage. Et les faicts mesmes en quoy
j'estimois qu'ils avoient le mieux faict, sont ceux qui se
trouvent, quand on vient à les poiser de sens rassis et sans

affection, les plus pernicieux. Si vous entendez qu'ils ont obligé le royaume pour apauvrir et endebter, nous sommes d'accord que, depuis qu'il est mémoire du nom des François en ce monde, le royaume ne fut onques tant, en tant de façons, ne à tant de personnes obligé ne endebté, et onques ne furent les subjets tant foullés ne si mal traictés. Si vous entendez que ce soit à eux qu'ils l'ont obligé, voyons premièrement de leurs prédécesseurs, et puis d'eux-mesmes.

Ferry ou Fédéric de Vaudémont, père-grand de messieurs de Guise et cardinal de Lorraine défuncts, estoit un gentilhomme yssu de la maison de Graville, en Normandie, lequel espousa en premières nopces une fille de la maison de Harcourt, en ce mesme pays de Normandie. Aussi ont bien faict les ducs de Lorraine de ceste mesme maison, et d'autres encores de simples gentilshommes. Par tout le cours de sa vie il fit la guerre en France, au service des Anglois et Bourguignons, comme un capitaine de Reistres (1), et à leur faveur trouva moyen de surprendre un jour René d'Anjou, qui de par sa femme estoit duc de Lorraine, et qui n'eut qu'une fille, son héritière, parce que Jehan et Nicolas d'Anjou, qui estoyent yssus de luy, décédèrent sans enfans. Le tint quinze ans et plus prisonnier à l'appétit des Anglois, et ne le laissa onques aller qu'il ne luy eust payé grosse rançon, et outre cela baillast pour femme Yollant sa fille, duchesse de par sa mère du duché de Lorraine, et mourut conjuré ennemy de France.

De ce Ferry de Vaudemont et de ladite Yolant sortit René de Vaudemont, duc de Lorraine de par sa mère, lequel premier print les armes de Lorraine et laissa celles de Vaudémont, son père, qui estoyent burlées d'argent et de

____

(1) Du mot allemand *Reiter*, cavalier.

sable ; et, pour les faire plus spécieuses (1), les escartela des armoiries de quatre royaumes, et se fit appeler roy de Jérusalem et de Sicille, comme les roys d'Angleterre s'appellent roys de France. Cestuy-là vint quereller en France les duchés d'Anjou et de Bar, et le comté de Prouvence, qui sont apennagés de la couronne : comme si par le décès de René d'Anjou, qui mourut sans hoirs masles, elles eussent peu apartenir à ladite Yoland ; et que les femmes qui, par la loy Salique, sont excluses de la couronne, ne soyent pas excluses de toutes les parties et portions d'icelle. Et s'efforça de transporter son droict au duc de Bourgongne, qui lors nous faisoit la guerre, dont il fut empesché par le roy Louys onzième. Encores luy aida le roy Louys, d'argent et de sa gendarmerie, à se défendre du duc de Bourgongne, qui y mourut par la trahison d'un comte de Campobasche (2), Italien, son serviteur. Après le décès du roy Louys, il retourna encores en France, estant le roy Charles huictième, agé de dix ans seullement, faire instance de sa querelle. Mais enfin il en fut débouté et chassé par l'admiral de Graville, et luy furent ostées pour son ingratitude toutes ses pensions et autres appoinctemens qu'il avoit tirés du roy durant les guerres : cela se veoit par les histoires.

Ce René fut père du duc Anthoine, le père de feu monsieur de Guise et de feu monsieur le cardinal de Lorraine (3). Le duc Anthoine fut assez bon homme : il vint faire à Digeon (où j'estois lors) hommage au roy François-le-Grand, du duché de Bar, duquel il jouissoit par bien-faict, et fut bien marry d'une grande faulte qu'il avoit faicte ; car ayant le feu roy François acquis le duché de Gueldres, luy qui

(1) Belles, du latin *speciosa*.
(2) *Campo-basso*. Voyez Commines.
(3) Jean de Guise, cardinal-ministre sous François Ier.

prétendoit que par succession ce duché luy devoit escheoir, practica par un Jacob Canis, bourgmestre de Nimègue, faire souslever le peuple, et empescher que le roy n'en entrast en possession ; et puis, quand il vit que le peuple ne vouloit point de luy, et qu'il se donna au duc de Clèves, cuida r'adoubler la faute, mais il ne peust : et le roy luy pardonna en faveur du feu cardinal de Lorraine, son frère, que le roy aimoit singulièrement, pource qu'il ne se mesloit point d'autres affaires que de plaisir. Or fut feu monsieur le cardinal de Lorraine premier ministre que nous ayons point veu en l'Église, et chacun a veu quelle carrière il donna, et jusques à quel point il poussa nostre pauvre Église gallicane. Toutesfois, pource qu'il ne fut pas homme fort violent, et d'ailleurs estoit despensier et libéral, on le comporta assez doucement. Encores eut-on pitié de luy quand on vit que son neveu le despouilloit avant qu'il eust envie de se coucher.

Quant à monsieur de Guise, père du dernier décédé, et de monsieur le cardinal à présent, le bon seigneur n'eut pas en son temps de grandes charges, et ne se fia-l'on à luy de grandes affaires. Je say bien que quand il mena sans congé les forces du roy secourir le duc Anthoine, son frère, qui estoit (ce disoit-on) travaillé d'Anabaptistes, que cela fut trouvé fort mauvais, et que ce fut avec grand' peine, et par toutes sortes de prières, que le connestable, qui estoit lors grand maistre et mareschal de France, le sauva d'estre mis prisonnier et que ne fust pour cela mal traicté du roy, et pense bien que cela fut voirement l'acte d'un estranger mal apprivoisé à l'amour d'un roy, duquel luy et tous les siens recevoient infinis biens, honneurs et advancemens, et qu'il y avoit de l'ingratitude beaucoup. Mais d'autant que le ramage du pays paternel et la charité qu'il portoit à son frère l'avoient poussé à telle erreur, je ne le trouve pas si mauvais que ce que l'on faict par vue deshonneste, avarice et convoitise d'avoir le bien d'autruy injustement ; comme il fit quand, à son commencement, il persécuta tant de marchans des meilleures villes de ce royaume, dont il tira des plus craintifs grosse somme de deniers ; chose qui estoit cruelle à veoir! car vous sçavez avec combien de hazars, périls et fortunes, combien de mauvaises nuicts et journées, avec quelle espargne de vivre, et avec combien d'autres difficultés les marchans employent leurs biens, leurs vies, leurs ans à pourveoir aux nécessités de leurs villes et leurs voisins et de tout le royaume. Mais quand il vint à s'attacher aux marchans de nostre ville, la ville print le faict en main et fit révoquer tous ses commissaires, et furent ses emputeurs partie prins prisonniers ; les autres fondirent comme neige au soleil. Il est vray qu'il nous en a tousjours porté une telle dent de laict que en temps de charité ne en autre saison, quelque abondance de bleds, vins ou autres vivres qu'il y eust au pays de Champagne et Bourgongne, tant comme il en a esté l'un après l'autre gouverneur, l'on n'en a guères tiré pour nostre ville qu'avec force lettres et de traictes bien chèrement acheptées. Si est-ce qu'il ne s'est pas depuis ataché à pas une généralité d'estat de nostre ville. Bien alloit-il alletant tousjours après quelque confiscation par-cy par-là et quelqu'un s'accrochoit ; mais son grand effort a esté sur ceux de son gouvernement.

Pourtant le feu roy Henry, par l'advertissement du roy son père, ne le voulut jamais appeler aux affaires d'estat, combien que M. de Guise et M. le cardinal, ses enfans, en fussent, et les conduisoit le bon seigneur jusques à la porte du roy, et puis s'en retournoit : en quoy je ne say, à vray parler, duquel on avoit plus de honte, du père ou des enfans. Or, il mourut à la fin empoisonné. Si c'est comme le duc de Valentinois que, au lieu d'un autre, empoisonna le pape Alexandre son père, je n'en sçay rien : tant il y a qu'il mourut, et comme bon chrestien pardonna sa mort à celuy ou celle qui par mégarde luy advança le terme de ses jours.

Voilà de leurs ancestres qui estoyent estrangers, Fédéric fut ennemy ouvert, et son effort tomba sur un seul homme, duquel il eut la fille et l'héritage d'elle, et aux biens du père, qui estoyent à apennage, il ne querella rien. René, son fils, querella l'apennage ouvertement, fut ingrat et chastié. Le duc Anthoine confessa doucement sa faute et fut bien traicté. M. le cardinal de Lorraine deffunct ne persécuta que l'Église de vices et mauvais exemple. M. de Guise ne mal traitta guères que les meschans. Tout cela n'estoit que tolérable, et leurs coups n'estoyent point avec le temps incurables ; mais je ne sçay que l'on puisse dire estre sorty entier des mains des enfans ; ne dont la playe n'ait esté mortelle. Pourtant le père ne nous auroit peut-estre pas tant faict de tort de nous priver de ce qu'il osta à nos pères, que de ce qu'il leur laissa pour le faire sur nous, proie de ses enfans. Or, je vous prie, despouillons toute affection mauvaise, parlons-en au naturel, en gens de bien et en vrais François ; ayons seullement l'honneur de Dieu et de nostre roy devant les yeux, le bien du royaume et de nostre ville, de laquelle nous avons ce bonheur et honneur d'estre enfans et bourgeois ; sequestrons et mettons à part toute grandeur, si la vertu n'y est conjoincte. S'il y a quelqu'un, comme je sais qu'il y en a aussi des nostres, qui soient receveurs, fermiers, thrésoriers, ou qui ait quelque autre trafic avec monsieur le cardinal, qu'il luy souvienne qu'il est plus tenu à sa ville que à luy, et que le gaing honneste que telles gens font avec luy ne soit point deshonoré pour y adhérer oultre mesure ; et s'ils s'oublient en cela, ne nous oublions pas pourtant de trop les croire, et ne nous

fions pas tant à eux , que eux-mesmes se moquent de nous
et nous tiennent pour bestes. Car qu'est-ce autre chose dire
à monsieur le cardinal : «Laissez-moy faire de nostre ville, je
la tiens en ma main ; elle ne sera que ce que le compère tel
et moy voudrons , sinon que nous sommes des veaux , qui
par deux ou trois, plus ou moins, nous nous laissons comme
buffles mener par le nez , ne pouvant de nous-mesmes juger
ce qui est honneste , juste et profitable pour nous tous ;
ou vraiement si nous le cognoissons , que nous sommes si
lasches , et de cœur si failly, que nous ne l'oserions dire, ne
vertueusement résister à ceux qui par là voudroyent , en
trahissant nostre ville, la faire partialle de quelque seigneur , luy substrayant l'honneur , le bien , la gloire et la
liberté qu'elle a tousjours eus de n'estre qu'au roy , et autre ne recognoistre que luy et les envoiés de par luy ; et
par là eux-mesmes, qui en biens , en lignée et en toutes
choses sont inférieurs de plusieurs, acquérir un commandement et domination sur tous.

Il faut sans point de faute que nous soyons doresnavant
plus advisés quand quelqu'un nous parlera de gratifier, aider ou autrement complaire à quelqu'autre que le roy, et
que ceux qu'il ordonne pour nous commander , que regardons qui est celuy qui cy parle, et de quelle affection il est
meu, et ne poiser pas moins ses propos et moyens, que l'orfèvre poise sa vaisselle , sa bague , son joyau : ostant et adjoustant respectivement tant en la balance de ce qu'il pro-
posera , que sa proposition et demande vienne au juste
poix de la raison. Mettons aussi en ceste affaire le faict de
la religion à part : car icy n'en est-il point question.

En cela, je confesse que je ne m'accorde pas bien avec
ceux de la religion réformée ; non pas que je veuille entreprendre d'en disputer, tenir escolle ne faire le prescheur,
ou le ministre, ne mettre la main aux armes à l'appétit de

nos prestres et prélats, jusques à ce que je voye qu'ils soyent réformés comme il apartient ; car là en faut-il venir, ou bien leur ruine est à leur dos. Mais en tous autres affaires mesmement èsquels ceux de la religion réformée courront mesme fortune que nous, je les tiens pour frères et bons amis. J'en cognois un bon nombre de nostre estat, je parle de la marchandise, lesquels, auparavant qu'ils se fussent séparés de nostre religion, estoyent, et les tiens encores pour tels, autant honnestes personnages, gens de bien, bons citoyens, loyaux marchans, et bourgeois honnorables qu'il est possible d'en trouver. Quels personnages sont-ce que les Canayes? quels personnages que Nicolas Croquet, Jaquemin et tant d'autres que je ne nomme point? pour lesquels je voudrois en autre chose qu'en la religion, employer corps et biens, comme je croy, et vrayement m'en tiens asseuré qu'ils voudroyent aussi faire pour tous nous autres. Car à la vérité comme nostre ville soit ainsi comme une nef de plusieurs marchans et voyageurs, aussi elle porte un navire pour armoiries. Cestuy-là seroit bien malheureux et aliéné de toute humanité, hors de sens et d'entendement qui voudroit percer le navire auquel il seroit, sous prétexte d'inimitié particulière qu'il auroit contre quelqu'un du mesme navire, et en perdant les autres se perdre luy-mesme; car, comme dit l'ancien proverbe : Qui vend son pays se vend luy-mesme le premier. Or, comme je ne voudrois en façon quelconque faire ceste méchanceté de controuver ne mettre en avant choses fausses contre ceux qui sont d'autre religion que la mienne, pour les rendre plus odieux et mal voulus, comme quelque fois s'est faict par aucuns des nostres ; et estime bien que les autres ne nous espargnoyent pas de leur costé ; tant y a que c'est une chose vilaine et injuste qui ne peut venir de cœur assis en bon lieu. Aussi je ne voudrois pas sous ombre qu'un meschant, un volleur, un fau-

saire, un brigand, tiendroit le party de ma religion, l'espargner en son vice et méchanceté. Pourtant je vous diray
librement et sans feintise, comme je le dirois en pleine assemblée d'estats, ce qu'il me semble des obligations de
messieurs de Guise : je ne parle principalement que de
monsieur le cardinal que vous nous avez proposé, et de feu
monsieur de Guise, son frère ; car ce que les autres, leurs
frères, seurs, niepces, neveux, cousins, cousines, parens,
aliés, amis et serviteurs ont faict, n'a esté que par leur
moyen, à leur adveu et crédit, et comme dit le poète :
« Coups rués sous le bouclier d'Ajax. » (Je n'ay pas oublié
tous mes poëtes du temps passé, tant ce qui est imprimé de
jeunesse, comme le premier odeur du vaisseau, est de longue durée.)

Je n'ay pas entreprins de vous dire tous les torts qu'ils
nous y ont faicts, ne les plus grands aussi ; car à l'un les parolles me failliroyent, à l'autre le cœur vous feroit mal à
vous-mesmes. Mais comme nous ne portons pas au marché tout le bled ne tout le vin que nous voulons vendre,
ains nous y envoyons seulement comme un eschantillon par
lequel l'on juge du reste, et par l'eschantillon le tout est
vendu ; aussi, de chacun des trois estats, je ne vous diray
qu'un exemple de tous ceux qui sont les plus cognus et si
notoires qu'il n'y ait homme qui ne les ait veus, et qui,
par manière de parler, n'en ait goutté et participé au
malheur.

Je commenceray par le tiers estat, auquel celuy de la
marchandise tient à mon advis le plus honnorable lieu.
L'on ne nous peut oster cet honneur, que nostre estat de
marchandise ne soit celuy de tous qui plus donne de moyen
de hanter et trafiquer avec les nations estranges, de gaigner
l'amitié des roys et princes estrangers, sçavoir de leurs nouvelles, de leurs entreprinses et déportemens, d'acquérir ex-

périence de plusieurs choses, ne qui en plus de manières fasse secours à son pays des choses que Dieu a données aux autres. L'or et l'argent (sans lesquels toute la vie humaine est comme manchotte) vient de là. Vous sçavez s'il y a gendarme qui pour un coup mette sa vie en plus grand hazard que ceux-là, avec leur bien, hazardent la leur sans cesse et jusques à la dernière heure. Quel bien est-ce qui est mieux nostre, ne semblablement mieux acquis que celuy qui, avec la commodité de tous, nous vient par nostre industrie et labeur? Pourtant les plus sages de la terre et les plus célèbres de vertu et preud'hommie, furent en leur temps marchans. Thalès Milésien, le premier des sept sages de la Grèce, exerça cest estat; Solon, second fondateur et restaurateur des loix et de l'estat de cette grande ville d'Athènes et l'un des sept sages, l'exerça aussi; Hypérates le mathématicien fut marchant; le tant renommé Platon, et pour l'excellence de son sçavoir et science accomplic surnommé le Divin, soustint la despence du voyage qu'il fit en Égypte de ce qu'il gaigna sur les huyles qu'il y vendit; plusieurs marchans ont esté fondateurs de grosses villes, et sans rechercher les estrangers, Marseille fut par un marchant phénicien fondée et édifiée, ayant acquis l'amitié des Gaulois, habitans le long de la rivière du Rosne. Venons à nostre faict : y eut-il onc de la mémoire des vivans de plus honnorables marchans, mieux renommés et dedans et dehors le royaume, dont soyent yssues de plus honnorables familles ne mieux alliées, ou plus honnorées en tous les estats de la justice et finance du roy, que les Hennequins, les du Val, les Lieurs, les Hotmans? et autres qui, dès et depuis soixante et dix ans passés, ont faict le trafic du sel, tant à Paris qu'ès autres villes de ce royaume? Au contraire, dites-moy, je vous prie, si entre tous les monstres d'hommes que nature a créés, y en eut jamais un

si meschant et abominable, ne une telle peste, que ce malheureux François Allamant ou Chastellet, ainsi que vous le
voudrez appeler, à présent prisonnier en la conciergerie? Y
eut-il jamais accusation en laquelle tant de personnes de
tous estats, de tous sexes et de tous ages, ayent esté en tout
un siècle appelés de leur vie, de leur bien et de leur honneur, comme pour un coup nous en avons veu au seul advènement du feu roy Henry à la couronne? J'ay dict de tous
estats, car vrayement la noblesse, jusques aux barons et
autres de grandes maisons et des estats de la justice aussi, font
bien cest honneur à ceux de nostre estat qui ont bien et
honnorablement vescu, rechercher leurs alliances pour
s'en accommoder à leurs affaires; j'ay dict aussi de tous
ages, car la plus part estoyent de pauvres enfans orphe-
lins encores au berceau, recherchés du faict de l'exercice
et négociation de leurs pères, ayeulx et bisayeulx. Où fut
la retraitte de ce calomniateur, qu'au giron de la duchesse
de Valentinois et entre les bras de feu monsieur de Guise
et cardinal de Lorraine, son frère? Qui est-ce qui le présenta
au roy, qui parla pour luy, ne qui soustint et embrassa tous
ses desseings, que l'un et l'autre de ces deux frères? Qui en
voudra sçavoir les occasions, qu'il lise les rolles des dons du
roy en ce temps-là. Au contraire, où fut le recours des pauvres affligés, qu'aux deux clefs de la France? tous deux natifs
de nostre ville, l'un pour les armes, l'autre pour la justice:
monsieur le connestable pour l'un, et monsieur le chancelier Olivier pour l'autre. Je ne veux pas laisser derrière
monsieur le cardinal de Chastillon, qui plus que nul de
tout le reste de la France supporta en cela le droict et
qui en parla en plus grande liberté, et au roy et en plein
conseil, et en privé à la dame et aux frères. Car après que
messieurs de Guise, à l'appétit de l'Allamant et de sa dame,
eurent faict chasser le chancelier, et que faussement ils eu-

rent tiré monsieur le connestable, en soupçon que l'aide qu'il faisoit aux nostres estoit soubs prétexte de profit (car ce leur estoit comme un lieu commun contre la plus part des gens de bien), le cardinal de Chastillon demeura seul, contre lequel ils n'avoyent que dire. Car toute affection de religion particulière sequestrée, il faut confesser, à la vérité, que toute la France luy doibt cela, que par tout le règne du roy Henry, ne du règne précédent, il n'y a homme qui puisse dire avoir esté recherché, fasché ou persécuté par ceste maison-là; ne au contraire personne affligé, quelque pauvre et misérable qu'il ait esté, qui n'ait trouvé en luy support en son bon droict, et que ce seigneur-là n'ait parlé pour les opprimés, quand tous les plus grans ont esté muets, et qui luy est commun avec peu d'autres, n'y a homme qui puisse dire que pour bien, faveur ou support que l'on ait receu de luy, et si en a autant faict que nul de son temps, l'on ait desbourcé jusques à la valeur d'un seul denier. Or que demandoit le delateur? Commissaire de la forge d'Anjou! que demandoit l'innocence? des juges au coing et aux armes du roy. Quel spectacle, je vous prie, veoir en un conseil du roy quinze ou seize testes blanches, testes vénérables, personnages pleins d'honneur et de renom, et le reste enfans, neveux et arrière-neveux, des pères, ayeulx et bisayeulx décédés, tous à genoux, testes nues, les larmes aux yeux, appellans Dieu et les hommes tesmoings de leur innocence, demander justice? Et de l'autre costé un seul truant, puant, sentant sa charongne, estre debout du costé des princes. Les princes honteux et de regret les yeux fichez en terre, et monsieur le cardinal de Lorraine tout joyeux et teste levée, tantost luy dire le mot à l'oreille, tantost luy mettre la main sur l'espaule, et en la présence du roy l'appeller monsieur l'Allamant, monsieur Chastellet. Véritablement c'estoit une chose dure à tant de gens de bien se veoir si injurieusement poursuivis de leur honneur pour avoir leurs biens. Mais comme les Athéniens ne furent pas si faschez des deux cens talens que Demetrius leur imposa et fit payer, comme ils furent de veoir qu'il les donna aussitost à l'Amia, sa putain, et autres courtisannes de sa court pour leur avoir du savon. Aussi la vergongne de veoir que celuy qui estoit dédié à un gibet fust aussi caressé par un cardinal, leur juge et leur partie ensemble, greva plus ces gens de bien-là que nul autre mal qu'on leur brassast. Quel regret encores à tous ces gens de bien, qui tant de fois avoyent esté pleiges et cautions du roy et de tous les princes, tant de fois et si libérallement mis la main à la bourse en ses plus pressés et urgens affaires, tant de fois rempli le fons des finances que l'Allemant son père, et ceux avec lesquels il s'entendoit, avoyent par faussetés, larcins et péculat, taries et espuisées, estre appellés larrons par un tel brigand. Qu'en est-il advenu? la ruine de la meilleure et plus certaine richesse du royaume. Quoy plus? un chancelier de France (ornement de nostre ville) chassé par la menée des deux frères, pource que luy seul empeschoit les opérations d'Anjou. Quoy encores? commencement de l'inimitié qui depuis a prins de grands accroissemens entre messieurs de Guise et ceux de Chastillon, et qui, avec une calamité publique, est venu de fil en fil jusques au point où nous la voyons. Car d'autant, disoyent-ils, faisoit le cardinal de Chastillon plus de tort à monsieur de Guise, et à la dame de soustenir contre eux les marchans, qu'il sçavoit bien l'intérest que lesdits seigneur et dame y avoyent et qu'il n'avoit nul profit à les soustenir, comme s'il n'estoit pas plus honneste gratuitement deffendre des gens affligés encores qu'ils soyent incognus, que d'en prendre argent, ou que prendre argent soit une juste et honneste occasion de deffendre autruy, soit à tort ou à droict, comme je monstrerois par plus de vingt exemples, si j'avois du temps assez, et sans en prendre d'autres que de nostre ville, que l'un et l'autre des deux frères ont fait. Nous avons veu une vieille, estayée de deux frères, tenir par l'espace de douze ans le ciel si clos, qu'une seule goutte de justice n'est tombée sur nous qu'à la desrobée.

Quelle justice, à fin que je ne sorte de l'exemple que j'ay pris, quand les pauvres gens des marais salans vindrent à genoux remonstrer au roy que son édict de la gabelle estoit comme un glaive tranchant à deux costés ; car, disoit ce Rochelois qui parla pour eux, comme le cousteau, soit qu'il tombe sur nous, soit que nous tombions sur luy, nous blesse, ainsi si nous pensons garder vostre édict, il nous faut tous mourir de faim ; si nous y contrevenons, la peine de mort y est comme à rebelles et désobéissans; et toutesfois pour raisons apparentes, pour offres qu'ils feissent, ne pour protestations qu'ils sceussent faire, monsieur le cardinal seul demeura opiniastre : et comme un peu de levain lève toute la paste, luy seul par une ruze arresta tout le cours de la bonté du roy et de la sagesse du conseil qui vouloyent révoquer ce cruel édict ; car, dit-il, l'essay nous fera sages, et faut veoir comme se portera la première année : malheureux royaume, sur le corps duquel se faict un si long et si périlleux essay : car qui veut essayer si le vase, la bouteille, ou le vaisseau auquel il veut mettre, soit vin ou autre liqueur, est entier ou s'il est cassé, ne l'essaye pas par la mesme liqueur qu'il veut garder, ains faict l'essay sur de l'eau premièrement.

Toutesfois monsieur le cardinal faisoit son malheureux coup d'essay et apprentissage ; il essayoit son édict sur la vie mesme des hommes. Ainsi s'en allèrent ces pauvres gens les plus misérables du monde, ne pouvant obéir ne désobéir au roy, je dis à l'édict d'Allamant et de monsieur le cardinal, sans mourir ou de faim ou par le cousteau, comme

21.

l'un et l'autre advint : car les premiers qui estoyent morts de faim , ayant donné occasion aux autres de tenter si en la désobéissance se trouveroit point une plus gracieuse mort qu'en la faim, furent cause de la sédition de Guyenne, en quoy la cruauté de monsieur le cardinal se descouvrit plus apertement : car craignant que monsieur le connestable, qui avoit de tout son pouvoir résisté à leur édict , ne se portast en cela selon son naturel, qui est doux et gracieux, luy baillèrent monsieur de Guise pour adjoint, qui fut cause des cruelles exécutions que nous ouysmes parler avoir esté faites ès pays de par-delà , dont toutesfois ils faisoyent sous main tomber tout le mal-talent sur le connestable, et cependant (tant il fait bon avoir le lyon pour compagnon) ils en recueilloyent tout le sang, la substance et le profit. Le surplus de ceste misérable tragédie est si cruel, et puis tout le monde l'a veu, chacun l'a cogneu, que l'horreur que j'en ay du souvenir seulement me serre tellement le cœur, que je n'en puis parler.

Venons donc au second estat qui est la noblesse : nous confesserons tous que c'est celle qui maintient au roy la couronne sur la teste ; les princes en sont comme le chef , les nobles comme les bras, et nostre tiers estat les y soustient comme les pieds. La foy et la loyauté deuë au roy est propre et commune à tous ses subjects ; mais surtout elle a quelque obligation et comme une hypothèque spécialle en la noblesse pour le droict de l'espée qui leur est baillée, pour les fiefs qu'ils en tiennent, la foy et hommage qu'ils en font, et par vœuz et par sermens solemnels plus estroitement s'y obligent. Pour qui furent dressés les commissaires des infidélités et desloyautés , que pour la noblesse ? Quand est-ce que l'on veit jamais en France, en dix ou douze règnes de roys , tant de cages faites, tant de barrières dressées, tant de nouvelles prisons basties , comme à la première année de l'essay de messieurs de Guise et de la dame qui les a esclos, non pas au monde (car leur mère naturelle est un vray sacraire de bonté et d'honneur), mais la vieille qui les a insinués et poussés comme à force, en la grace et cognoissance du roy, vous sçavez tous qui elle est.

Je n'ay cognoissance que d'une cage ou deux pour le plus, faictes en France depuis deux cens ans, outre celle en laquelle le cardinal Balluc, nonobstant toutes les menaces du pape, fut logé cinq ou six ans pour luy apprendre à mieux faire et mieux dire qu'il n'avoit faict (je laisse ce que l'on fit de luy par après). Mais pour qui tant de cages et cachots faicts à la Bastille, en Vincennes, en la Tour carrée, au chasteau de Melun et autres lieux? fust-ce pas pour la noblesse? Mais pour qui fut Longueval mis prisonnier? pour qui le seigneur de Grignan? pour qui le baron de la Garde, Anthibe et les autres, ne qui a eu le Marchais, maison de l'un, et Grignan, terre de l'autre, sinon messieurs les frères? Qui estoit le greffier des infidélités et desloyautés qu'un secrétaire, disoit-il, en ses tiltres, du roy et de monsieur de Guise, greffier vrayement des infidélités et desloyautés qui se faisoyent aux procès de ces seigneurs-là, à la pluspart desquels on voyoit l'ordre du roy au col, et les fers et chaines de Lorraine aux mains et aux pieds? Qui estoit le procureur de telles desloyautés, n'en quel lieu estoit-il plus ordinairement qu'en la garderobe de monsieur le cardinal, le procureur mort au gibet, et le greffier en chemin de l'y mener? Quelles infidélités et desloyautés, ou quels autres crimes avoyent commis tous ses seigneurs-là, lesquels nous avons depuis veus en leurs premières charges et estats, ne comment sont-ils eschappés s'ils avoyent si vilainement failly, ne que avoyent eux ne aussi tous ces bons et honnorables marchans forfaict envers ceux de Guise, ne leur *Lamia*, qu'il fallust despouiller les uns et les autres de leurs maisons, leur terre, leur meuble, leur argent respectivement, sinon qu'ils avoyent leurs biens plus fidellement et plus loyaument acquis que l'on ne les leur vouloit oster. Que sont-ce les délivrances et eslargissemens des uns que le tesmoignage irréprochable de l'injure et malice de ceux qui les ont persécutés, ne les condemnations et amendes des autres que le loyer de leur vertu, prud'hommie, ainsi que jadis Damon, précepteur de Périclès, fut pour cinq ans banny d'Athènes, pource, disoit la sentence, que le peuple l'estime trop sage, et Agésilaus de Sparte, mis en amende pource qu'il estoit trop aimé, et que luy seul possédoit tous les cœurs de ses citoyens qui devoyent estre en commun.

Je n'ay point en mon particulier intérests pour avoir esté né, ne aucuns des miens comprins, en toutes leurs persécutions ; mais je tiens cestuy-là pour vrayement malheureux qui n'est point touché du mal et de l'infortune de son prochain, son frère, son voisin, son semblable, car autres ne sommes-nous que vrais frères, tous citoyens ensemble. Pourtant Solon ne feit pas sans raison quand il permit à un chacun du peuple espouser la querelle de celuy qui auroit esté oultragé, et poursuivre l'oultrageant en justice, affin d'accoustumer les citoyens à se ressentir et condoulloir du mal les uns des autres, comme d'un membre de leur corps qui auroit esté offensé. Si la richesse du roy consiste en celle de ses subjects, qu'est-ce autre chose ruiner les subjects, que le roy-mesme? Si la gloire du roy, l'heur et prospérité du royaume consiste en ses sages conseillers, quel déshonneur plus grand au roy, ne malheur plus formidable au royaume pouvoyent faire messieurs de Guise, que de chasser, comme ils feirent, ce grand chancellier Ollivier ; et après ce coup reculler (où ils faillirent) le connestable, premier homme de la terre. Est-ce autre chose cela, que oster poultres, chevrons, sollives, comble, parois et autres parties de la maison, pour la réduire en aire et à néant. Il est vray qu'ils firent depuis rappeler le chancellier, mais ce fut pour en chasser un autre que eux-mesmes y avoyent mis, et ont faict tout leur effort de chasser celuy du jourd'huy.

Si cela vous semble trop particulier et n'appartenir point à toute la noblesse, prenons la chevalerie de sainct Jehan de Jérusalem, ou de Rhodes, comment vous le voudrez appeller : vous sçavez que c'est le vray temple d'honneur, l'escolle et la maison de toute la noblesse, non pas de la France seullement, mais de toute la chrestienté : voyez de quelle façon ils y ont mis le dernier de leurs frères, avec quelle force il rompit les loix et les statuts de l'ordre pour avoir la grand' croix, de quelle violence il arracha à toute la noblesse du monde le grand prieuré de France. Mais, je vous prie, quelle fust son entrée? Le prieuré de Corbeil est affecté à un frère servant de l'ordre, et estoit escheu à ce bon homme Quintin, docteur en droict, qui, aux estats d'Orléans, porta la parole pour l'Église de France : son premier coup fut d'oster à ce bon homme son prieuré. Voilà un de vos grans princes bien ravallé de cœur et de magnanimité ; de prince il devienne rotturier pour un prieuré, et d'honnorable chevallier un frère servant. Après avoir honny tout cest estat, il se voulut marier, et en voulloyent ses frères souller le sang de France, ne se contentans pas d'avoir spolié la maison de Longueville de l'estat de grand chambellan de France qui avoit, comme héréditaire, faict si long-temps séjour en leur maison, s'ils ne spolioyent encores monsieur de Longueville de sa future espouse.

Je laisse le mauvais tour et l'ingratitude dont le cardinal de Guise a usé, plus que nul autre, envers tout l'ordre des Rhodiens en la contribution des cent mille escus de revenu, vendus sur l'Église, pource qu'il est tout frais et seignant. Or est le grand prieur mort en haste, et non que trop tard.

Encores n'est-ce pas à la vérité ce que je vous voullois dire du tort faict à la noblesse. Mais sur l'heure m'est venu en souvenance combien nos gentils hommes ont le cœur haut, noble et impatient d'injures et villanie, et qu'il y a cent bonnes maisons et lignées de gentilshommes anciennes en France, pour le moins, qui, en dignité de noblesse et ancienneté de race, ne voudroyent, en façon quelconque, céder à celle de Lorraine, et qui, pour chose quelconque, ne voudroyent avoir changé le tiltre de gentilhomme françois à celuy de prince lorrain, et que vous réduisant en mémoire en quelles façons messieurs de Guise ont ravallé et comme abastardy (en tant qu'à eux à esté) le nom et la dignité des races et de la noblesse françoise, je ne ferois que souffler le feu desjà assez enflammé en plusieurs qui par-cy après vous en pourroyent ouyr parler et advancer à monsieur le cardinal les jours ; comme chose fatalle à ceste maison, où nous voyons desjà le père empoisonné, le fils aisné tué, et le dernier qui s'est hasté de mourir. Pourtant, comme j'ay changé en cela l'eschantillon de ce que je vous en voulois dire, n'en prenant qu'une lizière, je changeray du tout matière, et viendrons à l'estat de l'Église.

Je vous confesse que je me trouve fort empesché lequel de tous je doy choisir pour le plus petit : nous avons en l'Église, spirituel et temporel joints ensemble, et toutesfois l'un de l'autre distinct ne plus ne moins que l'ame et le corps. Le bénéfice, dit le proverbe, est donné pour l'office comme gages pour le service : nous avons encores deux sortes d'estats en l'Église, le séculier qui est l'ancien et le légitime, comme nos évesques et curés, qui ont la charge et maniment de nos ames et l'exercice des sacremens : il y a le régulier des moines et religieux. Que le spirituel, le temporel, le séculier, le régulier apportent leur plainte chacune à part, l'on trouvera que monsieur le cardinal a si bien dragmé, si bien compassé toutes choses, qu'il n'y a celluy qui puisse dire (non plus que de quatre personnes qu'il auroit tuées) lequel est le plus mort, bien pouvons-nous dire enquoy nous avons plus d'intérests comme de perdre nostre père à la différence d'un varlet. O que si le rocquet de monsieur le cardinal estoit d'autant de pièces de différentes coulleurs comme il y a de bénéfices et différens ordres et institutions, qu'il seroit laid et honteux de veoir ce rocquet, et toutesfois monsieur le cardinal aime mieux estre plus laid et infasme que son rocquet; il n'y a celluy de nous que si monsieur le cardinal avoit attenté l'honneur de nos femmes ou de nos filles, qui sans respect ne de sa grandeur de maison, ne de sa cardinalité, ne luy ostast sur l'heure la vie, et nous souffrons et endurons qu'il viole la vierge de Dieu, l'espouse de Jésus-Christ et nostre mère universelle l'Église : il n'est plus temps de les flatter; il y va de la perte, non pas de nos biens, ne d'une vie temporelle, mais de la mort de l'ame éternelle, d'une mort qui ne met pas fin aux peines et tourmens du corps, mais d'une qui en donne à l'ame et au corps de plus cruels et plus intollérables que nul homme ne peut en son entendement concevoir; car véritablement tant comme nous dissimulons ses fautes et des autres ses semblables, et que nous les endurons, nous signons à Dieu, de nostre propre sang, nostre propre condemnation, et nous obligeons de toutes les fautes qu'ils font par nostre tollérance, nous nous amusons à courir sus ou à réformer des huguenots qui ne sont plus nostres, et nous permettons qu'il y ait plus d'ordure, plus de honte et plus d'opprobres aux nostres mesmes que nous n'en voulons endurer en nos contraires; et le comble de la folie est que nous exposons nostre vie pour telles gens. Voilà pourquoy je vous confesse que je suis aigre maintenant ; car jamais homme ne nous trompa comme il a fait.

Mais parlons seulement de la dissipation des biens de l'Église. Où sont les cent qui en ont tant dissipé que luy et les siens, en folles despenses ou excès de bastimens et en achapt de terres et maisons? Je vous prie, affin que je me taise du demeurant, quel traict à luy qu'il n'y a eu si petit bénéfice, ne fut-il que de cent ou deux cens livres de revenu, qu'il ne se soit faict donner quand il a vacqué, et quand il a trop tardé à vacquer qu'il ne ayt eu moictié par force, moictié par récompense, pourveu qu'il y eust quantité de bois et forest pour les vendre ; et puis après les avoir despouillés de tous leurs bois, les jecter au premier venu de ses varlets ou prothonotaires, comme l'on jecte les os aux chiens après les avoir descharnés et succé la moëlle.

Or pour s'approprier à luy seul toute la curée, il pratiqua une saincte ordonnance de faire deffense à tous bénéficiers, de plus couper les hauts bois de leurs bénéfices; et par tel moyen ayant tous autres les mains liées, luy seul qui avoit permission de tout ce qui luy plaisoit, jectoit la main partout. Ce mal-là est universel à tout le royaume, et nostre ville plus que nulle autre cognoist combien la faulte des bois de haulte futaie est dommageable comme d'un cinquiesme élément qui vient à nous faillir. Pourtant, affin d'adjouster à ce mal un plus grand, et estendre le mal qu'il nous a faict sur nos enfans et postérité, il a réduit en taillis et coupes ordinaires ce qu'il a coupé de hault-bois, comme s'il portoit envie à ceux qui viendront après nous qu'ils eussent des bois de futaie.

Ce mesnage des bois a esté spéciallement faict par tous les bénéfices qui sont à l'entour de Ginville et autres biens de la maison de Guise, et encores tient-il une partie desdits bénéfices, j'entends des meilleurs : les autres ne tient-il pas, mais il tient ceux qui les tiennent, vous sçavez que cela veut dire : en ce faisant il augmentoit le revenu de ses abbayes, parce que ce qui ne luy estoit que de peu de revenu annuel en haut bois, et toutesfois estoit pour les glandées, pastures, nourritures, d'un infini proffit au public, le réduisant en bois taillis et coupes ordinaires, il le faisoit revenir à grand revenu pour luy au dommage universel du peuple, qui par-là estoit privé de nourritures qu'ils avoyent accoustumé de faire, de telle importance que chacun cognoist : par mesme moyen il contregardoit les bois et forests de la maison de Guise, qui par-là leur sont de grande recueille et vrayement en grande quantité.

Or s'il eust espargné le roy son maistre et un si libéral bienfaicteur, ou bien son pupille (puisque vous l'appelez le tuteur du royaume), c'eust esté quelque chose ; mais pour assubjectir le roy et le royaume, et le rendre en cest endroict comme à la mercy de ceux de Guise à l'advenir, il n'y a bois ne forests tout à l'entour de ceux de leurs maisons, qu'il n'ait, par coupes extraordinaires, soubs prétexte des affaires du roy, faict dégrader, et dont qui voudra de près regarder les rolles du roy, l'on ne trouve que feu monsieur de Guise ou les siens n'ayent, soubs diverses couleurs, touché les deniers : encores n'est-ce pas là tout, ne le plus grand mal ; il falloit que pour couvrir ce qu'il vouloit faire en Champagne et en quelques autres lieux, tout le royaume sentist et endurast une calamité universelle ; et que ceste mesme calamité apportast proffit à la maison de Guise, tant il a esté soigneux de ne faire mal pour néant.

Qui n'est baillé qu'à cens et rente les bois et forests du roy qu'il a faict couper en Champagne et ès environs de leurs maisons, ceste particularité eust peu quelque jour estre appellée à tesmoignage de leur desseing et intention, et eust peu, à ceux qui ont meilleur nez, donner quelque odeur de leur finesse. Pourtant après avoir bien considéré que Normandie, Champagne, Bourgongne et Daulphiné sont les pays ausquels le roy a autant ou plus de bois qu'en tout le reste du royaume, et que véritablement y a eu de grans dégats par le passé, ils font proposer au roy qu'en plusieurs pays et contrées du royaume y a un grand nombre de terres qu'ils appelloyent vacantes, vagues et inutiles, et que si elles estoyent baillées à cens et rente (les Normans, ce me semble, apellent cela fieffer), le roy en tireroit un grand revenu annuel; mais pource qu'il falloit en cela faire des frais pour les commissaires, il seroit bon de les bailler à la charge de quelques deniers d'entrée : en quoy faisant le roy, sans mettre la main à la bourse, feroit un grand mesnage; et si le roy vouloit donner à monsieur de Guise ce qui pourroit revenir bon des deniers d'entrée, les commissaires payés, il tiendroit la main et mettroit à ses despens tant de gens après, que cela s'exécuteroit promptement. Ce prétexte tant spécieux est tenu pour vérité, et aussi volontiers la chose accordée que demandée.

Or, combien que du commencement ils n'eussent pluché que soubs l'aile de la duchesse comme petits poucins à la suite de la poulle, ils estoyent desjà devenus grands et commençoyent à manger d'eux-mesmes, et quelquesfois s'escarter de la geline, revenans tousjours à une recognoissance révérentialle qu'elle les avoit couvés et esclos. Pourtant avoyent-ils rué ce coup sans elle, et cognoissans l'insatiable avarice de ceste femme, qui disoit qu'on luy avoit osté tout ce qu'elle ne pouvoit attrapper, et qu'elle pourroit en peu d'heures renverser toute leur entreprinse, advisèrent de se fortifier de deux rempars bien différens; l'un fut le feu maréchal de Sainct-André, qui, par tout le temps du feu roy Henry, a eu une singulière faveur et crédit envers son maistre, et luy proposent et font demander au roy les pays de Guyenne, Orléans et Languedoc , non pas tant pour bien qu'ils luy voulussent, que pource qu'ils sçavoyent bien qu'il falloit une plus grande faveur que la leur à l'encontre de ces testes ferrées de Gascougne , et que le connestable ne failliroit pas à prendre à main la deffence du pays de Languedoc , qui estoit de son gouvernement. Par où ils feroyent encores un traict pour eux , rendant ennemis le connestable et le mareschal , qui tousjours avoyent esté grands et singuliers amis, et soubs ombre d'un aide et commun péril , tireroyent le mareschal de leur costé, comme il advint.

L'autre fut feu monsieur d'Enguien , prince de grande valeur, et qui ne sera jamais assez loué ne regretté , et pour luy demandèrent les vacquans du Maine et d'Anjou , qui estoit, quand tout est dict, peu de chose : mais la faveur universelle que nous portons aux princes du sang rendoit ceste poursuite moins désagréable pour son regard , et faisoit envers le roy une conséquence que si on le trouvoit juste au Maine et en Anjou , il ne l'estoit pas moins pour les autres pays.

Il ne restoit que la Bretaigne qu'ils avoyent, de propos délibéré , laissée , comme l'on dict , en frische , pour en appaiser la duchesse , laquelle cuida enrager de despit , quand elle se veit ainsi tondue par ces jeunes jouvenceaux, car ainsi les appelloit-elle. Toutesfois elle s'estancha aucunement à ronger la Bretaigne, en laquelle pour les autres biens qu'elle y possédoit , et jouissoit de don de roy , elle avoit quelques arres et moyens d'en venir plus aisément à bout que nul des autres. Bretaigne, qui en toutes choses avoit esté grandement querelleuse et impatiente de choses nouvelles , la première tendit les mains et ne fut que assez doulcement traictée ; Gasgongne et Languedoc se deffendirent de toutes parts et en toutes façons (cependant messieurs de Guise bien aises

de voir le maréchal et eux lucter de toutes leurs forces). En
fin furent les pays vaincus plus par menées que par loyales
forces : le Maine et Anjou y passèrent aussi. Qu'eust fait
Dauphiné, dont monsieur de Guise estoit gouverneur;
Bourgongne, où le duc d'Aumalle son frère gouvernoit;
Normandie, qui n'avoit qu'un capitaine Martin pour gouverneur, et outre cela tenue et occupée en biens temporels
et ecclésiastiques par tous les frères, ne Champagne aussi,
où est la pluspart de leurs biens? Ceux-là assaillis par ceux
qui les devoyent deffendre baillèrent la gorge à couper, et
furent les pauvres brebis escorchées, ou les autres qui
avoyent monstré les dents, n'avoyent esté que gracieusement tondues. Il n'y eust forest, spéciallement en Champagne et de celles qui approchent de leurs maisons, qui ne
fust avec la dextérité de leurs facteurs, presque dégradée,
et avoyent messieurs de Guise si grand peur que quelque
jour un vouloir vint au roy de remettre les lieux en leur
première nature de hauts bois, que la pluspart des baulx à
rente contenoyent à la charge d'essarter, labourer et mettre
en agriculture les pièces qui leur estoyent baillées à rente,
et ce qui eust esté baillé bien gratieusement à xx, xxv, ou
xxx souls de rente l'arpent par chacun an, n'estoit baillé
à xii deniers cens ou rente, moyennant une grosse somme
de deniers d'entrée.

Cela fit qu'en ces pays dont monsieur de Guise eut le don,
les entrées montèrent à une merveilleuse somme de deniers
tombée en ses coffres ; je ne parle point icy d'un tort incroyable que en ce faisant l'on a faict au roy et au peuple.
Car quand on eust laissé en frische et pasturage toutes ces
terres comme elles estoyent, le roy en eust tiré de louage
(et en quelques endroits en avoit desjà) dix et vingt fois autant de revenu par an qu'il en a de présent de cens et rente,
et le fonds eust encore esté sien. Quant au peuple, voyez

quel tort, et s'il en fut jamais faict un semblable , de leur oster le moyen de la pasture et nourriture , de laquelle le pauvre homme qui avoit la puissance de tenir deux, trois, quatre plus ou moins de vaches, de pourceaux, de brebis, les nourrissoit sans frais, et du profit payoit sa taille, nourrissoit ses petits enfans, sa famille, et s'en entretenoit toute l'année. Le bestail en estoit à meilleur prix, en plus grande quantité partout ; y avoit aussi meilleur marché et plus grandes manufactures de laines, commodités de fumer les terres, et infinis autres profits et usages dont nous sommes privés. Ayant esté les pauvres gens contraints les uns mourir de faim, les autres changer de pays et de façon de vivre, la pluspart mendier, eux, leurs femmes, leurs filles, leurs enfans en grande foule des autres, et misère d'eux-mesmes, pour faire valoir le bien de messieurs de Guise, et les enrichir du sang du peuple françois. Je laisse aussi le tort que l'on faisoit d'ailleurs au roy, tant en ce que l'on mettoit en franchise les larrons officiers qui avoyent eux-mesmes gasté les bois. Car par là l'on ostoit la cognoissance et la preuve de leurs forfaits : estant les terres changées de face et de nature par le labour qu'aussi on le privoit à l'advenir de ce cinquiesme élément tant nécessaire, lequel avec un bon mesnage et soigneuse garde, l'on eust peu remettre sus, le temps advenir ; mais le bon estoit que les frais des commissaires se devoient prendre sur les deniers des entrées , parquoy ils estoient fort diligens et soigneux, comme ceux qui cueillent par nos églises , de faire chacun le plus qu'il pourroit, haut monter son bassin et faire croistre les deniers des entrées de leurs ventes et commissions. Car à la somme de deniers mesuroit-on leurs services. Et toutesfois, quand il les fallut payer, il n'est pas honneste , disoit-on, que les commissaires soyent payés de ce qui vient par leurs sentences et jugemens : parquoy on les assigna sur les autres de-

22.

niers plus clairs de l'espargne, foulant d'autant le fond des finances du roy pour faire plus grand le don faict à M. de Guise. Or, prévoyoit bien monsieur de Guise, que s'il en venoit quelque jour plainte, ou un désir au roy de réparer ce dommage, que cela ne se pourroit faire qu'en rendant aux bonnes gens les deniers desboursés, et que ce seroit à luy ou aux siens d'en respondre. Parquoy gardant bien de se descouvrir de son mal, prie au roy que, pour éviter l'envie de quelques-uns, et à fin qu'il n'y ait que le roy seul qui entende quel profit il aura eu de son don, que l'on fasse tumber les deniers provenans de telles entrées au fond des finances du roy, et que le roy, à la mesure que les deniers viendront, luy en fasse délivrer autant de ses autres deniers comme il en fera venir desdites entrées et alliénations. Cela accordé par une vraye bonté et royalle simplicité, il fut ainsi faict et pratiqué. Mais je demande: ou ces terres vacantes estoyent au peuple, ou elles appartenoyent au roy. Si elles estoyent au peuple, quelle cruauté (a fin que je ne dis pis) de l'en avoir spolié: si elles estoyent au roy, elles estoyent du domaine de sa couronne, car à autre droit ne luy peuvent appartenir. Si elles sont doncques du domaine, hélas! messieurs les pairs de France, je parle à vous messieurs de Guise, où est le serment que vous avez faict, et si solennellement juré sur l'autel au sacre et couronnement du roy, de luy garder et maintenir son domaine? Où est celuy qu'en ce lieu mesme vous luy fistes jurer de ne l'aliéner jamais? Si vous ne craignez Dieu par lequel vous avez juré, ne aimez le roy, auquel vous l'avez par serment promis, ou avez-vous pour le moins mis la honte et reproche des hommes, et la crainte des loix qui vous le deffendent, et (ne vous abusez pas) le rechercheront de vos sépulchres et tombeaux? Ce déguisement, monsieur de Guise, que vous faisiez de ne prendre pas proprement les deniers de telles entrées, mais d'ailleurs, autant que vous en faisiez, ce disiez-vous, venir, descouvre la cognoissance que vous aviez de mal faire, et la crainte de votre mal faict : ce bouclier-là vous trahira vous-mesme.

Mais revenons à monsieur le cardinal, et disons un mot du spirituel de l'Église : Qui est-ce qui l'a jamais tant corrompu que monsieur le cardinal ? Qui nous a jamais tant abusés que luy-mesme ? Si j'avois à monstrer que c'est luy qui a engendré les plus grandes erreurs qui y soyent, que c'est luy qui nous a amené les huguenots, luy qui les a soustenus et favorisés, et plus que nul autre, sous un masque de les persécuter, les soustient encore, non pas pour l'amour d'eux, mais pour un profit qu'il s'en est proposé, dont je m'asseure qu'il décherra : cela me seroit plus aisé et facile à vérifier que de prouver par vous-mesme que je suis présentement icy ; mais cela a un long discours, et puis voilà le cousin du sire de céans qui en sçait beaucoup plus de particularités que moy, qui le pourra dire quand bon luy semblera. Voilà doncques vostre grand prince, vostre tuteur du royaume ; voilà les bienfaits et obligations de luy et des siens, à fin qu'une autre fois vous en parliez comme il apartient, ne luy attribuant rien de l'autruy, ne luy tollissant aussi rien du sien ; vous advisant que s'il avoit rendu tout ce qu'il tient injustement des autres, le reste de ce qui luy demeureroit seroit bien petit. Car je ne veux pas estre si outrageux que celle qui luy dist à Monceaux, lors du voyage de Thionville, en la présence du roy, que « sans elle il seroit encore un maistre Charles pour toutes choses. » Et sur ce qu'il luy reprochoit qu'elle n'avoit jamais avancé aux estats que des meschans, et personnes diffamées : « Il est vray, dit-elle, que vous le dites ; mais de plus meschans que vous n'ay-je jamais avancé, ne dont j'aye tant de reproche. » Et peut-estre que monsieur le cardinal n'avoit pas tant de tort

en ce qu'il brassoit lors, que elle à luy reprochoit : bien est-
il certain qu'il ne fit jamais tant de bien à luy contredire,
qu'il a faict de mieux à luy obéir et complaire. »

Cestuy-là n'eut pas plustost achevé, qu'un autre bien honnorable bourgeois, marchant de soyes, print la parole, et
après avoir prié la compagnie de ne dire un mot, s'assit, et
parla ainsi :

DISCOURS DU MARCHANT DE SOYES.

Vous demandez si c'est l'opinion, l'espérance et l'expectation que tout le royaume a de nous, et la récompense des
bienfaits envers nous. Je ne vous responds point à l'opinion,
laquelle, comme elle n'a rien de certain et asseuré, elle
ne conduit les personnes sages et advisées; mais quant à l'espérance et expectation, monsieur le cardinal, ne tout le
royaume, que je devois mettre devant luy, ne la doyvent
avoir que bonne de nous. Nostre ville est composée d'une
église, premièrement, à laquelle j'adjoints la Sorbonne et
Université, sans laquelle il y a jà long-temps qu'il n'y eust
plus de pape ne cardinal à Rome. Car elle seule les a maintenus, non pas à fleschir et se laisser couler aux passions
extraordinaires des papes, mais à fermement résister et s'opposer à une infinité de choses mauvaises qui en sont quelquefois yssues : ne plus ne moins qu'un cheval tenu en
bride, ou que les estançons mis contre la paroy ruineuse, en
luy résistant, la soustiennent, et gardent de tomber par
terre. De cela, je vous pourrois alléguer infinis exemples,
comme annates, réservations mentales, ou pectoralles, re-
grets, dispences, unions et tant d'autres ordures et excré-
mens de ce siége, que nous n'avons jamais reçeus en France,
et dont nous oyons si souvent parler à nos prescheurs. Je
m'arresteray seulement à cette saincte et vertueuse oppo-
sition formée contre l'orgueilleuse et démesurée puissance

et authorité que les papes vouloyent usurper sur les saincts conciles. En quoy tout le reste de la chrestienté recognoist la vertu françoise et l'obligation en estre deue à l'Église gallicane.

Après, nous avons le Parlement, lict de la justice souveraine du roy, duquel nous pouvons dire que c'est un consistoire de plusieurs rois. Car il est composé du roy premièrement, et des princes du sang, des pairs de France, des principaux officiers de la couronne, et des présidens, maistres des requestes et conseillers qui y sont ordonnés en nombre certain, qui est un autre estançon fort et ferme à merveilles ; lequel estançone non-seulement le pape mesme, mais aussi la mesme Église gallicane, qui soustient le pape, si quelquefois elle vient à se fourvoyer, de manière que la vraye et légitime Rome est mieux assise en la cité de Paris qu'en Rome mesme, où elle est tant dépravée.

La suite de ce Parlement est une multitude innumérable de juges et gens excellens en la science de bien vivre, que l'on appelle justice.

Le reste de la ville est composé d'un monde de familles, les unes grandes et nobles, les autres honnorables marchans et artisans, gouvernés soubs un prévost des marchans et eschevins qui y sont esleus de deux ans en deux ans, des meilleurs et plus sages bourgeois de tous les estats d'icelle. Le conseil de la ville est de présidens, conseillers, juges, marchans, et généralement de tous autres bourgeois. Pour raison de quoy nous tenons à bon droict le premier lieu du tiers-estat de tout le royaume. Si vous prétendez quelque obligation sur nostre ville, monstrez vos lettres à monsieur nostre prévost des marchans, messieurs nos eschevins. Nostre prévost est le seigneur de Charmeaux, conseiller du roy et maistre ordinaire en la chambre des comptes, Claude

Guyot, homme qui en estats honnorables a servi quatre de nos rois, desquels et de tous les princes et grands seigneurs il a esté et est encore bien cogneu et très-bien reçeu. Voicy pour la troisiesme fois qu'il exerce ceste charge, ayant dès la première élection esté continué pour la seconde fois, non point pour occasion de troubles ou tristes accidens, mais en grande et profonde paix et félicité de toutes choses par sa seule vertu, et à ceste dernière fois préféré à beaucoup d'autres. De nos quatre eschevins, le premier et le dernier sont marchans. Le premier est Jehan le Sueur, homme qui de sens, d'entendement, et de biens est singulièrement recommandable, mais encore plus d'une nayve bonté et preudhommie qu'il tient comme héréditaire de ses prédécesseurs, et qui luy est commune avec tous ses frères. Car plus honnorable bourgeois, ne plus loyal marchant n'eust-on peu trouver en son temps, que défunct Claude le Sueur, en son vivant eschevin et conseiller de nostre ville, son frère, ne de meilleurs ne plus gracieux et traitables personnes que sont monsieur le Sueur, greffier de la cour des Aides, et Guillaume le Sueur, auditeur de la chambre des comptes, gendre de ce bon homme le seigneur d'Amboille, ses frères encore vivans. Jehan Merault est le dernier, riche de biens, et qui pour sa preudhommie a esté appellé à ceste charge. Les deux autres sont des plus célèbres familles de nostre ville, l'un de celle des prévosts, l'autre des Sanguins, desquelles sont yssus autant de gens de bien, et autant honorés en tous les estats de la justice souveraine, qu'autres qu'ils ont tenus et exercent encore, et s'y sont autant nettement portés que nuls autres; l'un est maistre Pierre Prévost, esleu pour le roy en l'élection de Paris; l'autre, maistre Jehan Sanguin, secrétaire du roy et de la maison de France; l'un et l'autre à présent eschevins pour la seconde fois.

Quelle expectation par vostre foy, ou quelle espérance doit

avoir tout le royaume de telles personnes, que de très-fidè-
les et loyaux serviteurs du roy et de la couronne, et de vrais
et affectionnés enfans et bourgeois de leur ville? Quel est le devoir d'un homme de bien, d'un bon et loyal marchant, d'un
bon bourgeois et citoyen? Est-ce d'estre mutin, séditieux
ou partial pour cestuy-ci ou pour cestuy-là, comme les pauvres malheureux Romains, lesquels, au lieu de défendre à
main commune, et d'une mesme volonté, leur ville, la fen-
dirent comme de fond en comble en deux parts, à l'appétit de deux hommes leurs citoyens, Pompée et César, se
faisans appeller les uns pompéians, les autres césarians? Et
par ceste division devindrent, de seigneurs de tout le monde,
serfs, esclaves et soldats de deux des moyennes familles de
Rome. Car Pompée estoit fils d'un Strabon qui mourut
frappé d'un coup de tonnerre; et jamais Romains ne haïrent
plus aigrement homme que celuy-là, duquel ils arrachèrent
le corps de dessus le lict ainsi qu'on le portoit en terre, et
luy firent infinis outrages et contumélies. Et César estoit de
maison encore moindre, ayant eu peu de ses prédécesseurs
eslevés aux grands estats et dignités de la ville. Que dict un
jour A. Auffidius, Romain, quand il tua son fils qui se reti-
roit pour se rendre du parti de Catilina? « Ce n'est pas, dict-
il, meschant que tu es, à Catilina que je t'ay engendré;
c'est à ta ville. » Que respondit Agesilaus, Lacédémonien, à
un roy de Perse, quand il luy manda avec grands et riches
présens, qu'il vouloit faire aliance et amitié particulière avec
luy? « S'il est, dict-il, amy de nostre ville, il ne peut faire
avec moy de plus estroite aliance que celle-là; et s'il ne l'est,
comment veut-il que je sois le sien? »

Le sire que voilà vous a nommé Jehan Aubry, Henry Lad-
vocat et un grand nombre de riches et honorables marchans
et bourgeois de nostre ville, dont la pluspart ont esté et quelques-uns sont encore conseillers et eschevins de nostre ville.

Je vous en nommeray d'autres de ma cognoissance, Jehan
et Guillaume Croquet, conseiller de ville ; Nicolas Paumier,
Philippes Chesnart, Charles le Goix, un Plastrier, un Pierre
de la Court, Nicolas Erquembourg, Claude Maret, Jehan
Gregis, Nicolas d'Auvergne, Pierre et Guillaume Poulain,
Jehan d'Aubray, un le Lieure, un Vincent Martin, Thomas
Congnet, Pierre Parlan, Jehan de la Bruière, Jehan Bou-
cher, Martin le Conte, Claude le Bègue, Pierre Guérin, un
Vascozan, un Thierrée, un Fouqueret, un de Hère, un le
Grand, un Vieillart, un Danes, un Jacques Rosny, un
Planche, un Perlin, un le Bret, un Sévin, un le Large, et
tant d'autres que je cognois autant gens de bien qu'il y en
ait en tout le royaume, quelque grand et spacieux qu'il soit.
Prenez avec cela tous nos quarteniers ; prenez qui vous voudrez des Gobelins, des Rouillarts, des Garraults, des Bouchers, et de toutes les autres bonnes et honnorables familles de Paris. Et que l'empereur ou un roy Philippes, non pas
un petit cardinal, leur mande qu'il veut estre leur amy particulier, scavoir s'ils prendront ses dons et présens, et s'ils
n'estimeront pas cela une injure faicte à leur preudhommie,
et si l'ambassadeur et porte-nouvelle s'en yront sans responce ? Car quelle opinion peut-on avoir de celuy que l'on
veut corrompre, sinon qu'il est meschant de luy-mesme, ou
qu'en prenant il le sera ? Pourtant une bourgeoise de nostre
ville respondit fort sagement à un grand seigneur qui la pressoit, vous m'entendez bien ; car après qu'il lui eust dit que
l'honnesteté d'elle estoit la seule cause de ce qu'il l'aimoit
tant : « Permettez doncques (dit-elle), monsieur, que je demeure honneste, et toute ma vie aimée de vous et prisée des
autres ; car si j'avois faict ce que demandez, je ne le serois
plus. »

Si une femmelette, proche parente de l'un de ceux qui ont
esté nommés, nourrie en boutique, a esté si remparée et

fortifiée contre les corruptions des dons et présens , qu'esti-
merez-vous que feroient tant de gens de bien qui n'ont pas
seullement leur honneur et leur vertu en recommandation
comme les femmes , mais le bien et l'utilité publicque de
leur ville en singulière jalousie et affection ? Je ly quelquefois les histoires, celles mesmement qu'Amiot, grand au-
mosnier du roy à présent, a mises en nostre langue, pource
que véritablement il a une diction fort propre; je trouve
que la principale louange de Marcus Brutus est de ne s'estre
point laissé destremper et amolir par les aléchemens , honneurs , graces ne faveurs quelconques que César luy feist
pour affoiblir la force de son courage ; ains comme un très-
digne et vertueux citoyen, qui a laissé perpétuelle mémoire
de luy, ne regarda autre chose que au bien public de sa
ville , estant sa haine pure et simple contre César. Car n'a-
voit-il chose aucune en privé pour laquelle il se peust plaindre de César, et n'avoit autres bornes pour limiter sa haine
et amitié que le droict et la justice seullement. Pourtant exé-
cuta-il bravement son entreprinse à tuer le tyran et occupa-
teur de sa patrie.

Nostre ville est la nef royalle, nostre prévost des marchans
en est le pilotte, les eschevins en sont les voiles, les fleurs de
lys et la croix blanche en sont les enseignes. Mais certainement nul vent ne la peut remuer que celuy seul qui
sort de la bouche du roy ou de ses lieutenans et gouverneurs. Qui est-ce qui ne cognoist le sire Compans, marchant recommendable entre tous les autres , capitaine des
enfans de nostre ville? Quelles enseignes avoit-il? sous
quels estendarts ont marché nos enfans de ville? Deman-
dez-leur s'ils en avoient d'autres au cœur qu'en la main,
et en leur vene. Tenez pour certain et croiez pour vray
qu'aux pères et aux enfans, toutes autres que les nostres sont
Angloises et Bourguignonnes. Soubs telles enseignes nous

avons, de la grace de Dieu, gardé nostre ville de grant encombre. Il me desplaist que ce n'a esté avec moindre perte, ennuy et fascherie d'aucuns de nos citoyens. Il y avoit lors, et nous les avons encore, des moyens plus prompts, plus doux, moins sanguinaires, et de trop plus grande force, vertu et efficace, non seulement de nous garder, mais aussi de nous opposer à toutes entreprinses de qui que ce soit ; que non pas de nous tuer les uns les autres, et nous aller embarrasser en querelles des grans seigneurs, ainsi que quelques flatteurs du peuple et imposteurs, pour nous estre fiés en eux, nous feirent faire bien légèrement à la colère, abandonnans les moiens par lesquels nous pouvions sans coup ruer et de bonne authorité purger nostre ville de l'estranger qui nous la troubloit, et rendre nostre citoyen doux et obéissant, et, s'il eust faict le rétif, l'estonner si bien qu'il n'eust pensé qu'à retourner à nostre bonne grace. Mais au lieu de cela, nous laissant mener par le nez aux passions des grans, qui finement se vouloient targuer et faire bouclier de nous, nous avons arresté avec nos propres mains la bonne fortune qui tant d'ans avoit demeuré, et s'estoit habituée avec nous, nous conduisant par la main, au comble de félicité, et avons retourné contre nos propres entrailles les armes qui devoient estre emploiées contre les ennemis, et rappellé en nostre ville la guerre qui passé sont cent ans, en avoit esté bannie. De manière que monsieur le cardinal (ainsi que monsieur que voilà a dict) nous a véritablement mis les armes au poing. Mais je voudrois que tout le monde sceust bien comment par quelles ruses et embusches, et à quelle intention ; à fin que par là tout le monde entendist si nous en sommes obligés à monsieur le cardinal, ou si plustost luy et toute la maison de Guise n'est pas tenue à nostre ville de tout ce qui leur reste en ce monde. Guerre vraiment malheureuse, en laquelle le vainqueur et le vaincu ensemble, offensoyent leur ville, leur pays, le lieu de leur naissance et nativité : car quelque chose qui tournast au bien de l'un, estoit tousjours au dommage du royaume, de la ville et du public. Mais quoy? nos péchés et ceux des principaux de l'Église (comme disent nos prescheurs) estoyent plus grans que cela. Il faut louer Dieu, et le remercier de tout ; car ce n'est que de sa grace que nous en sommes sortis à si bon compte quelque cher qu'il nous ait cousté, et le devons bien supplier qu'il nous garde d'y retourner : et si bien addresser nostre bon roy et seigneur souverain, que bien tost il s'achemine à la voye qui est propre à une paix et tranquillité d'esprit et de corps pour tous ses subjects.

Pourtant que monsieur le cardinal ne autre quelconque ne s'attende pas qu'à leur appétit ne pour leurs querelles particulières soyent nos cousteaux desgainés sur nous-mesmes, sur nos frères, nos enfans, et qu'eux et leurs ministres se contentent de ce qu'ils nous en ont faict faire. Nous avons (dont j'ay regret) de nos plus proches parens, de nos meilleurs et plus grans amis qui sont débauchés de nostre Église : ils ont, ce disent-ils eux-mesmes, pareil regret de nous, et je croy ; car je le say et en cognois beaucoup qui n'y sont allés que par une conscience craintive et une ferme foy qu'ils ont de bien faire. Mais il n'y a encore rien de désespéré. Si tost que un de nos membres se deult, nous ne le coupons pas ; si tost qu'un de nos frères ou amis est malade, et fut-il abandonné des médecins, nous ne le tuons pas. Les ladres incurables, les pestiférés contagieux sont nourris et sollicités. Il y a médecins, gardes, chirurgiens, apothicaires et barbiers à gages pour eux ; il y a lieu pour eux aussi, et ne sont pas meurtris. Nous avons des moyens aussi de pourveoir à cette maladie, qui tient tous les endroicts de nostre royaume, dont je vous parleroys ; mais pour ce que je sçay bien que la pluspart de nos ecclésiastiques, et peut-estre monsieur le cardinal le premier, ne veulent pas santé, et que ceste ouverture n'est pas de mon invention, mais des plus sages et vertueux, qui soyent en nostre religion, qui attendent le retour du roy, je n'en parleray point icy; car aussi ne sommes-nous venus en ces propos que pour rabbattre l'ingratitude de laquelle l'on vouloit charger une telle ville et tant de gens de bien qu'il y a en Paris, lesquels sont trop sages, et (comme l'on dit) assez eschaudés de ne retourner à se partialiser pour qui que ce soit, pour après nous avoir embarqués en leurs querelles et tirés à leur cordelle, se mocquer de nous, gehenner nostre bourse, nous pressurer à leur plaisir, et avecques tout cela nous regarder de travers, nous menacer, nous appeller fascheux, ingrats, vilains, mercadens et autres plus outrageuses injures qu'ils nous ont faictes et dictes durant les derniers troubles, si tost qu'à l'heure et à leur mot, tout ce qu'ils nous demandoyent n'estoit pas prest : dont ceux qui estoyent lors au gouvernement, et qui nous y avoyent précipités, feirent sagement de le nous céler, le taire et dissimuler : pource que lors il ne nous en pouvoit advenir autre fruict que de le savoir. Nous avons en nostre ville un premier président, ses frères, et généralement toute la maison de Thou pleine de grans biens et d'honneur ; ung monsieur Charron, président en la cour des aides, personnage de conseil et d'exécution telle qu'un chacun le sait et le cognoist. Je ne vous nomme point le président de la Place, qui est premier président en ceste cour-là, homme véritablement grand personnage, droiturier et sçavant, et, à ce que l'on dict, des mieux estimés de France ; mais il n'est pas des nostres (1). Nous avons aussi monsieur le lieutenant civil, ornement de la famille des l'Huilliers, famille pleine de biens, de noblesse et d'honneur.

(2) Il était de la religion réformée.

Ces trois personnages ainsi qu'ils tiennent, chacun en leur endroit, les premiers estats de la justice, aussi ont-ils esté les premiers qui ont montré exemple aux autres présidens, conseillers et gens de bien, qui ont faict le semblable, de vouer et exposer leurs propres personnes pour le salut de leur ville, embrassans eux-mesmes à deux mains comme chefs et capitaines les armes trop plus heureusement que ne Codrus ne un Curtius, ne tous ces anciens pères de patrie. Car au lieu que ceux-là en mourant ont véritablement sauvé leurs villes et pays, les nostres, en sauvant leur ville, se sont eux-mesmes sauvés et réservés d'y faire encores d'autres biens et plus grans services : chose trop plus louable que d'y estre morts. Pourtant un roy de Sparte ne respondit pas mal à propos, quand à un sien amy qui luy envoyoit des coqs d'une race si courageuse, qu'ils mouroyent en combattant, il manda qu'il luy envoyast de ceux qui faisoyent mourir les autres au combat. Ceux-là sçavent que c'est que d'obligations, et en jugent tous les jours.

Puis doncques que vous ne voulez point spécifier quels sont les bienfaicts de messieurs de Guise envers nostre ville, faictes-les pour le moins entendre à l'un de ces trois personnages-là. Allez, descouvrez-vous à eux, et leur faictes dire que nostre ville est obligée à monsieur le cardinal ou à messieurs de Guise ; et si je ne vous monstre que pour un plaisir que vous alléguez, luy seul (sans ce que ses frères y ont adjousté) nous a faict cinquante outrageuses injures et dommages, je paieray pour tout. Si ceux-là sont trop empeschés ou trop clairvoyans pour vous, prenez qui vous voudrez des juges de nostre consulat. Ce ne sont que marchans ; si ne sont-ils pas si ignorans, qu'ils ne jugent chacun jour de plus douteuses obligations que la vostre. Tous ceux-là sçavent que c'est que bien faire à une ville, et y en font chacun jour.

23.

Mais peut-estre que vous nous pensez tenus et obligés sous ombre que feu monsieur de Guise et monsieur le cardinal, son frère, ont fait donner quelques offices ou bénéfices à aucuns des nostres que nous cognoissons tous et qui vrayement ont grant accès aux affaires de nostre ville. Je vous parle des gens de la justice; car comme ce a esté tousjours aux despens du roy et du crucifix qu'ils ont récompensé ceux qui leur ont faict service (car hors cela donner n'est point à l'usage de leur maison), aussi a-ce esté à ces gens de justice qu'ils ont jetté leurs renvers et faux montans (ce sont encores des mots de la vieille escrime) et sont les moyens desquels ils se sont asseurés d'eux comme de garnisons logées en leurs consciences. En cela vous vous abusez; c'est comme qui corromproit ma femme, ma fille, mon valet, par dons et présens. Et seriez bien trompé si vous estimez que ceux-là voulussent, pour tous les biens du monde, faire une si reprochable faute de trahir leur ville pour estre odieux à ceux-mesmes qui se seroient servis d'eux en acte si malheureux. Car c'est une commune affection que l'on a envers les meschans, cependant que l'on a affaire d'eux, ne plus ne moins que ceux qui ont affaire du fiel ou du venin de quelques bestes vénimeuses, car ils sont bien aises quand ils les trouvent et qu'ils les prennent pour s'en servir à leur besoin; mais quand ils en ont tiré ce qu'ils ont voulu, haïssent leur malice. Pourtant voyons-nous que plusieurs ont faict eux-mesmes mourir les traistres qui les avoient conduits à leurs entreprinses: les autres les ont renvoyés liés et garrotés à ceux-mesmes qui avoyent esté trahis: les autres les ont chassés et bannis de leur présence et pays; et les plus gracieux leur ont faict de grandes ignominies, tant à recevoir leurs payemens, leur faisant mettre les mains derrière le dos, que autres vilenies. Tellement que je m'esbahis comment il se peut trouver des hommes si cruels et barbares, qui seulement y osent penser.

Pourtant est grandement loué un Thémistocles, de ce que estant banny du pays de Grèce, et retiré par devers le roy de Perse, venant la guerre quelque temps après à s'allumer entre le roy et ceux de la Grèce, beut du sang de taureau et s'empoisonna luy-mesme pour n'avoir point occasion de souiller ses mains au sang de ses citoyens, pour lesquels il avoit tant de fois combattu. Encores seriez-vous plus loin de compte, si vous pensez que de quelque force que la volonté de telles gens fust renversée, ils en osassent ouvrir la bouche de quelque authorité qu'ils soyent ; et quand ils se oubliroyent jusques-là de tenter le gué, il n'y a si petit marchant, ne artisan, quand tous les grans se tairoyent, qui ne leur résistassent en face, et que monsieur nostre gouverneur n'en fust incontinent adverty.

Or, si ceux-là venoyent à faire leurs brigues, leurs menées et leurs assemblées en lieux et maisons privées, nous estimez-vous si lourdaux, que par cela seulement nous n'entendions bien que leur alleure n'est pas droicte, et que sur leur parolle nous allions mettre nos biens qui coustent tant à gaigner, nos vies, nostre honneur, nos personnes que nous avons si chères, en péril et danger évident pour monsieur le cardinal, ne autres que pour le roy, auquel nous les devons ? car quelle récompense auroient de monsieur le cardinal (quand il seroit venu au-dessus de ses affaires) ceux qui y auroient perdu biens et vie ensemble : sinon un petit de mine, et un obit qui se chanteroit des espaulles seulement ? encores bien heureux d'estre mort pour monsieur le révérendissime. Et qu'en adviendroit-il à ceux qui demeureroient vainqueurs, sinon une dure et cruelle servitude achetée au prix de leur sang ? Car au lieu qu'ils sont en la plus grande et désirable liberté que l'on peut souhaiter, ne recognoissant que un Dieu, un roy, une loy, ils deviendroient pauvres et misérables soldats , serfs et esclaves , non pas de monsieur le cardinal et de messieurs de Guise seullement , mais de sire Jehan , sire Pierre , sire Claude , monsieur cestuy-cy , monsieur cestuy-là , traistres et meurtriers de leur propre mère , de leur ville , de leurs frères et citoyens , autheurs d'une si abominable entreprinse. Car comme ils ne soient à présent que des moindres de la ville , viendroient pour leur récompense à acquérir sur nous tous une intollérable domination et auctorité , et comme la félonie de leur courage soit à présent tenue close et couverte pour la crainte des loix , et qu'il n'y a riens qui tant espreuve ne plus descouvre le naturel de l'homme, que la licence et authorité d'une charge ou d'un magistrat, laquelle remue tout tant qu'il y a de pensées au fond du cœur de l'homme, et faict venir en cuidence tout ce qu'il y a de vices secrets et cachés, viendroient comme par une déclaration à la descouverte , à desgorger sur nous les torrens de leur malignité , exerçans sur nous, nos femmes, nos enfans, nos biens, toute sorte de cruauté, sans que messieurs de Guise y osassent, quand ils voudroient y résister, ne les en punir : tant pour l'obligation qu'ils leur donneroient, que de crainte de les révolter contre euxmesmes. Ne plus ne moins que nous voyons que ces meschans garnemens de Saturninus , Glaucias, Sulpicius et autres, firent soubs Marius au temps des premières guerres civiles, et que César fut contrainct d'endurer de Marc-Anthoine : et le mesme Marc-Anthoine , devenu triumvir, endura par force de ses capitaines et soldats.

Or, que monsieur le cardinal n'espère pas cela de nous , car ce n'est pas ainsi que nous vendons nostre liberté comme ce lasche Lisimachus, lequel ne pouvant d'un costé endurer la soif qui le pressoit, ne de l'autre costé assez hardy de venir au combat contre l'ennemy qui tenoit les caves en sa puissance (en quoy faisant il eust comme vainqueur beu tout son saoul en liberté, ou mourant glorieusement n'eust jamais eu soif), il se rendit et toute son armée aux ennemis, et après avoir beu : « Hélas ! dit-il, que pour un légier plaisir, et tost passé, perdant une grande et honnorable liberté, je suis entré en une plus longue et plus cruelle altération que celle que je ay évitée. »

Nous avons, graces à Dieu, des hommes qui combattent la faim et la soif, et qui se garderont bien de boire de la coupe ne du calice de messieurs de Guise, ne d'autre particulier. Car ce n'est pas pour une soupe (comme ce malheureux Ésaü) que nous vendons à nos frères puisnés et moindres que nous nostre primogéniture.

Aussi peu d'apparence et encores moins y a-t-il à ce que vous autres dictes que à monsieur le cardinal nous devons nous, nos femmes, nos enfans, nos temples, nos autels et ce que nous avons de reste de religion. Nous tenons vrayement nos biens de quelque seigneur : quant à moy je ne tiens rien de luy. Les autres en peuvent tenir de ses abbayes et bénéfices ; mais ce n'est pas de luy pourtant, ne de sa bonne grace, mais plustost à son regret qu'il ne les tient luy-mesme. Je sçaurois volontiers de qui ne comment il tient le Dampierre de feu du Val, trésorier de l'espargne, ne l'hostel de la Val, Autheuil, et les autres pièces qu'il tira de feu monsieur de Vilaines Brinon, mort de regret de s'estre veu ainsi déceu et trompé, ne en quelle monnoye il les paya, ou de quelle bourse il a payé le Cotigny du feu seigneur du Plessis-le-Grand, et de tant d'autres enfans et bourgeois de nostre ville qui y ont laissé leurs plumes. Nos femmes, nos vies, nos enfans, nous ne les tenons que de Dieu seul, lequel les nous maintienne en sa grace. Il y avoit temples et autels à Paris, premier que ducs en Lorraine, et ne voyons point encores aux nostres les armes de Guise. Quant à la religion, si vous la prenez pour le service de Dieu, il n'y en a point de reste en nous, tout y est encores entier, et y en a plustost à oster que en diminuer.

Je vous dy qu’il y a mille bons marchans outre ceux que nous avons nommés ; il y a dix mille artizans à Paris qui ne voudroyent pas avoir changé leur conscience à celle de monsieur le cardinal, et qu’ils font moins contre ce qu’ils croyent que luy contre ce qu’il presche ; et pour grandeur quelconque ne voudroyent avoir aussi mauvais bruit en leur rue, qu’il y a par tout le monde. Nous ne sommes point grands seigneurs ne cardinaux, mais nous sommes gens de bien. Si vous entendez religion pour les personnes, le reste que nous en avons est encores bon, graces à Dieu. Il nous desplaist qu’il n’est plus grand et meilleur ; il le sera quant à Dieu plaira ; et à autre qu’à monsieur le cardinal ne se faut prendre qu’il est si petit, et si nous le croyons, nostre petit viendroit bientost à néant.

Au reste, il n’est point venu à nostre adveu, et de son secours n’avions à présent que faire, car nul ne nous opprime. Si quelqu’un l’a mandé, qu’il l’appelle à garant. Nul de nous ne luy a couru sus. Si monsieur nostre gouverneur nous commande de par le roy, à ce nom nous luy obéissons. Or ne nous a-t-il en cela rien commandé, nous n’y avons aussi rien faict. Pourtant, si au faict de monsieur le cardinal y a de la honte, comme véritablement nous n’y voyons pas grand honneur, il n’est pas en nostre puissance de l’en exempter ; mais de nous avoir tous, comme vous dittes, exemptés de mort ignominieuse, cela sous correction, n’est pas véritable ; jamais nostre ville ne commist acte digne de mort et moins d’ignominie. Tels propos reviennent à ceux que luy-mesme dit un jour de nous à Fontainebleau au commencement du règne du feu roy Henry. Les Normans, à l’aide de la duchesse et de luy, impétrèrent sur leur donné à entendre, abolition d’un des plus beaux priviléges de nostre ville. C'est la compagnie françoise ; vous sçavez tous que cela importe. Sur l'heure que par l'un des secrétaires de monsieur le connestable nous en somme advertis, l'on envoye en diligence feu Perdriel, nostre greffier de ville, homme vrayement accort, versé en cour, et qui avoit sang aux ongles, pour sçavoir que c'estoit. Il trouve que monsieur le chancelier Olivier avoit arresté l'expédition des lettres, jusques à ce que nous eussions esté ouys.

Le lendemain, le connestable (qui a tousjours esté nostre bon amy et bon seigneur, aussi est-il le plus ancien voisin que nous ayons, et quand tout est dict, le plus certain amy ; et puis il est né en nostre ville, baptisé sur les fons de l'église de Sainct-Paul) et le chancelier aussi, font casser l'abolition des Normans et remettre nostre privilége. Comme de la grace de Dieu, du roy et de ces deux gens de bien-là, nous en jouissons encores. Or advint le mesme jour à Perdriel, ainsi que cela venoit à propos pour quelque autre affaire qu'il pourchassoit pour nostre ville, de dire que de plus fidèles ne plus loyaux subjects, ne qui plus libéralement, tant ne si souvent eussent secouru la couronne de France, nos roys n'avoyent trouvé que les habitans de nostre ville ; mais soit que le despit que monsieur le cardinal avoit de ce qu'il avoit veu, que le matin le roy avoit révoqué ce que par son moyen avoit esté accordé aux Normans, ou que l'autre poursuite de nostre greffier luy despleust, ou que le peu d'amitié qu'il a tousjours porté à nostre ville (tout le monde le sçait) luy feist faire ceste saillie : il vient interrompre nostre greffier, et luy demande s'il se veut rapporter aux chroniques, que les Parisiens, disoit-il, n'ayent esté plus mutins, plus séditieux, et qu'ils n'ayent attenté des choses contre leurs roys, ce que ne firent jamais les Normans, quelques ennemis qu'ils fussent lors. Je ne déclare point autrement ce qu'il en dict pour l'aigreur et as-

preté de l'injure qu'il nous improperoit ; mais nostre greffier, comme il estoit haut à la main, luy rendit bravement
et sur-le-champ : « Je ne sçay (dit-il) si les chroniques de
Lorraine parlent de nous, mais je sçay bien que nous avons
en nostre hostel de ville bonnes lettres et chartres signées
de la main de tous les rois qui ont régné depuis deux cens
ans en çà, publiées en parlement chacune en leur temps, qui
font preuve de nostre fidélité et loyauté, que je tiens pour
meilleur tesmoignage que toutes les chroniques du monde,
ne que homme quel qu'il soit, qui voudroit dire du contraire ; car je ne pense pas, dit-il, monsieur, qu'il y ait
homme qui vousist démentir un roy. » Cela un soir rapporté au roy se tourna en risée et en proverbe, qu'un bourgeois de Paris avoit démenti un prestre, et quel combat es-
cheoit là-dessus.

Si vous entendez la mort ignominieuse pour celle que les
huguenots nous eussent faict recevoir, je ne pense point
que nous ayons esté si près de la mort que cela, ne que monsieur le cardinal, feu monsieur de Guise, ne autre de leur
maison, se doyve attribuer cest honneur ; et puis, quand
cela nous fut advenu, l'ignominie eust esté à ceux qui soubs
le manteau de religion avoyent embarqué nostre simplicité
et nayve bonté entre leurs querelles et desseins particuliers.
Car, au reste, tant s'en faut que telle mort eust esté ignominieuse, que au contraire de plus glorieuse ne honorable, ne
que tout homme de bien doive plus souhaiter, n'y a-t-il
au monde que celle qui advient pour la défence de la patrie.

Vous dites encores qu'il nous a faict aller à cheval, qu'il
nous a remis en nostre ville, et d'icelle vous l'appellez le
patron et le second fondateur, et nous ses cliens et affranchis. Je ne sçay que vous appellez aller à cheval ; je ne fus
onques, ne à mon advis pas un de nostre estat, en son escu-

rie , et allois à cheval avant qu'il fust né. Il n'a point fondé
nostre ville ; il ne l'a douée , refaite ou rebastie ; il ne l'a en-
richie pour en estre patron ; il est trop jeune pour le temps
qu'il faut à prescrire droit de patronnage. Le fond n'est
point sien ; par privilége n'y a-t-il rien , et moins de succession. Nous ne fusmes onques esclaves vendus prisonniers
de guerre, ne venus de Lorraine. Nos pères estoyent libres ,
et en liberté nous ont engendrés ; et ne recognoissons qu'un
roy, duquel nous sommes très-obéissans subjets, et des siens
humbles serviteurs. Nous ne sommes point cliens de monsieur le cardinal, et il est trop grand seigneur pour estre nostre
advocat. Nos advocats plaident nos causes et les défendent
en justice : cela ne fit onques monsieur le cardinal. Appel-
lez-vous nous défendre, tollir nos priviléges? cestuy-là nous
défend-il qui nous accuse de rebellion et félonnie? Monsieur
Gayant le père, conseiller en parlement, personnage de telle
intégrité que chacun cognoist, et par une autre saison prévost des marchans de nostre ville, sçait bien à qui fut
odieuse la commémoration qu'il fit en la présence du feu
roy Henry , des anciens et nouveaux services et secours que
nous avons faicts aux roys, et en quelle indignation monsieur le cardinal voulut précipiter le roy contre luy et nostre ville , pour avoir dit rondement qu'il falloit tondre et
non escorcher la brebis; si par monsieur le connestable , et
aussi par monsieur le chancelier Ollivier, parent et allié dudit sieur Gayant, il n'eust esté excusé et défendu. Appellez-
vous nous défendre, quand à toutes les aides que le feu roy
Henry nous octroya pour rembourser ceux qui advançoyent
les soldes des gens de pied, et emprunts que l'on a infiniment
faicts sur nostre ville, il s'est de toute sa puissance tousjours
opposé , voulant que tant de pauvres artisans et manœuvres
qui sont en nostre ville y fussent cottisés ; et introduire sur
nous une taille ordinaire, jusques à dire devant le roy que

24

nous estions des trompeurs et larrons du bien et de l'honneur d'autruy, qui, par le moyen de telles aides, faisions à tout le reste du royaume payer nos soldes et emprunts; et puis les venions compter et reprocher au roy comme s'il estoit sorti de nostre bourse.

Ses empeschemens toutesfois avoyent esté tousjours vains, jusques à ce que Dieu nous osta pour quelque temps monsieur le connestable en la journée de sainct Laurens (1), après laquelle il nous contraignit de faire sur nous un impost et assiete de trois cens mille livres que nous octroyasmes au roy, nous faisant ceste injure de dire au roy devant tout le monde, qu'il n'y avoit si petit bourg ne village au royaume qui ne feist en cela plus de service au roy que nostre ville. Car ils avoyent (disoit-il) payé tous de leur bourse leurs emprunts et les nostres. Nul ne sçait mieux que le bonhomme Nicolas Perrot, qui estoit prévost des marchans, et les eschevins de son temps, de quelle sorte et avec combien d'injures il empescha que pour le reste des trois cens mille livres qui ne s'estoit peu lever par les taxes et impositions, ne nous feust donné un aide : jusques à ce que le cardinal de Chastillon print contre luy nostre cause en main. Mais peut-estre que vous entendez qu'il fut nostre patron quand en plein conseil du roy il dict une autre fois au bonhomme Nicolas Perrot et à monsieur Sanguin, lors eschevin de nostre ville, qu'il feroit croistre l'herbe par les rues de Paris. Cela sous correction n'est pas défendre, mais enfondrer : affranchir, mais deffricher une bonne ville. Quel traict fut-ce pour nostre ville, et généralement pour tout le royaume, ce malheureux remuement de nostre parlement en semestre ? Et encores la manière de laquelle il trompa

<hr>

(1) Le connétable fut fait prisonnier à la bataille de Saint-Quentin, appelée ici journée de Saint-Laurent, parce qu'elle fut livrée le jour de saint Laurent.

toute la compagnie, et en quelle façon il empoisonna l'entendement du feu roy, sous prétexte d'en faire venir deniers, et comme le roy y fut luy-mesme deceu, et combien luy et monsieur de Guise et leur duchesse y profitèrent, est digne d'estre sçeu : mais pource que j'entens que quelqu'un l'a mis par escrit, et se sçaura bientost, je n'y entreray point.

Mais laissons-là le règne du roy Henry. Combien de fois en si peu de temps que le roy François a régné, nous a-t-il, en public et en privé, parlant de nous, appellés superbes, ingrats, canaille de Paris, fiers, vilains (car mutins, séditieux et marcadens estoyent, par manière de dire, en son endroit termes d'honneur)? Et encores si cela ne luy fust advenu que quand nous pourchassions quelque chose envers le roy, ou que de nostre part il estoit refusé d'une autre, j'imputerois cela à l'importunité ; mais quelle importunité ? quelle cause ou occasion, ne quel subjet avoit-il ? ou quel ornement apportoit à son parler de dire tout haut devant tout le monde en la salle du roy, à Chambourg, lorsqu'on luy rapporta que ce François Allamant estoit prins. « O que les vilains de Paris seront fiers ! et que nous serons bien en leur bonne grace quand ils sauront la prinse de ce président. » Comme si nous ne sçavions pas bien que si le paillart d'Allamant eust voulu laisser à monsieur de Guise sa terre de Guepeau, prochaine à celle que ledit seigneur de Guise avoit achetée en ce pays-là, le larron fust en plus grand crédit qu'il n'avoit onques esté. Et que nous soyons des sots, qui ne sçavons poiser de quelle volunté l'on nous faict bien ou mal, ou comme petits enfans nous appaisons pour des pommes.

Encores s'il ne nous eust point plus injurieusement en cela traités que le truant, lequel il honnoroit du titre de président, j'aurois patience ; mais comme cestuy-là est larron qui faict larrecin, et l'injuste qui faict injustice, aussi est vilain qui faict vilainie. Pour néant sera un homme de tant grand lignage que l'on voudra, et s'en ira tapissant soubz la noblesse et vertus de ses ancestres tant qu'il pourra, si de luy-mesme il ne vaut rien, et qu'il n'ait les qualités recommendables jointes à celles de ses prédécesseurs. Le bon veneur ne cherche point ce qui est né d'un bon chien, mais le chien mesme qui soit bon. Le vice, encores qu'il soit en un subject où il y a noblesse de sang, est tousjours laid et infame; et n'est point la vertu honnorée pour estre joincte à noblesse, mais pour l'amour de soy-mesme. Une tache sur le rouge cramoisy d'un évesque ou cardinal est autant ou plus laide que sur le brun, le sor ou tenné d'un marchant. Pourtant je dy (car il est vray) qu'un bon marchant vertueux et bien vivant vaut mieux que le plus noble brigant du monde.

Je ne veux faire comparaison d'aucun particulier de nostre ville à monsieur le cardinal, je ne suis point si présomptueux et sçay bien quant aux choses humaines quelle tare il y a de chacun de nous à luy. Je sçay bien que l'escu seul vaut cinquante sols et mieux; mais cent sols aussi valent mieux que l'escu; et ne feray point de tort à personne, et m'assure que le roy et toute la France sera pour nous, quand je diray que nostre seule ville de Paris vaut mieux que tout le duché de Lorraine. Si nous ne sommes tous nobles à Paris, nous ne sommes pas pour cela vilains; si monsieur le cardinal nous a tenus et nous tient pour tels, comme nous le sçavons bien, je m'esbahis comment il est tant de fois venu, et de présent retourné en nostre ville, et qu'il daigne halener de nostre aer, passer par le chemin où nous passons, se trouver en nos festins et maisons, séjourner en mesme place, ne boire de l'eau que nous beuvons. Nous avons eu des marchans qui ont esté cardinaux : je dy des drapiers et chaussetiers. Vous sçavez tous de qui c'est qu'il fust dict : « Que d'un enfonsseur de fesses, le pape avoit faict un chanteur

de messes. » Je voudrois bien qu'il n'y eust point de cardinaux qui fussent marchans. Tout le royaume n'est qu'un
corps, et du corps tous les membres ne sont pas égaux, les
doigts mesmes de la main ne le sont pas, et des membres les
moins apparens sont les plus nécessaires ; et si vilité y a en
aucuns, les plus superbes et glorieux n'en sont que les valets. Nos rois, soit qu'ils nous commandent, soit qu'ils nous
pryent, soit que pour quelque occasion ils nous tansent, soit
que d'une singulière bénignité et naturelle débonnaireté qui
abonde en eux, ils nous caressent, nous appellent tousjours
leurs chers et bien aimés. Nostre cité est sa fille, nous en
sommes les enfans. Les princes du sang ont leurs maisons
entre nous ; là se tient le conseil de leurs affaires. Beaucoup
d'eux y en a eu, et encores y en a qui sont nés en nostre
ville ; ceux-là sont de Paris, et ne sont point vilains ; mais
vilains ceux qui se sont efforcés de leur faire vilainie. Vilain
et irréconciliable ennemy de nostre ville, quiconque leur
en pourchassera.

Laissons-là les injures de M. le cardinal, et tenons pour
vray que homme sage ne peut estre injurié, ne l'homme
de bien estre déshonoré. Et puis si un mastin nous avoit
mordus, ou un asne nous eust frappés, nous ne les ferions pas
adjourner (1). Retournons à nos obligations ; car j'ay meilleure volonté de payer mes debtes qu'il ne paya celles de
feu monsieur le cardinal, son oncle.

Vous avez tous cogneu le feu cardinal de Lorraine, et en
quelles debtes il est mort envers plusieurs marchans, spécialement de nostre ville. La richesse de ses meubles estoit
véritablement grande et plus que suffisante pour l'aquitter.
Luy décédé, les créanciers, et moy entre autres pour mes
neveux, nous retirons pardevers monsieur le cardinal son

____

(1) Traduire devant la justice.

neveu, qui avoit avec monsieur le cardinal de Guise re-
cueilly tous ses bénéfices, mais luy seul s'estoit saisi des
meubles. Monsieur le cardinal fait response qu'il n'est point
héritier; car ils n'appellent pas héritier celuy qui prend
les biens et (comme disent les praticiens) s'immisce en l'héritage, mais seullement celuy qui dict : « Je le suis. » Or, nul
ne disoit mot; car monsieur le cardinal vouloit avoir les
biens sans paier; messieurs ses frères ne vouloient pas paier
sans les avoir. Quant aux bénéfices, nous sçavions bien que
par une rigueur de droict (ainsi que l'on dict) ils n'estoient
obligés aux debtes. Or, si monsieur le cardinal eust à beaucoup dit qu'ils ne s'attendissent de rien avoir de leur deu,
en perdant leur debte ils eussent beaucoup gaigné : car ils
eussent sauvé le temps et les frais qu'ils y consommèrent à
attendre par l'espace d'environ deux ans, quelle issue prendroit un jeu qu'il faisoit jouer par l'un de ses gens, lequel
il fit commettre pour veoir les debtes du défunct, les vérifier
ce disoit-on, les mettre en leur ordre, contribuer et je ne
scay quels autres mots de pratique que ce seigneur-là, qui
est de présent maistre des requestes, nous disoit. Et cependant il fit faire, je ne sçay à quelle fin, un inventaire ce disoit l'un, l'autre disoit que ce n'estoit qu'une description,
l'autre qu'un mémoire, et sur ceste grammaire des mots,
nous cuidèrent faire un procès en Donat ou Despautaire.
Tant y a qu'il ne s'y trouva, à ce qu'on dict, guères que
des bancs par manière de dire, et des vieilles scabelles et
tapisseries à faire feste. C'estoit en bref l'inventaire de ce
que monsieur le cardinal ne vouloit point. Je ne parle point
de l'honneste et gratieux accueil, de la joyeuse réception
que l'on nous faisoit. « Il me semble, disoit monsieur le cardinal, quand il nous veoit, que les poux me mordent. »
Une autre fois, nous estions des Anglois, l'autre fois ses
salueurs et donneurs de bon jour; mais quand ce venoit à

chasque particulier, l'un estoit un usurier de Paris, l'autre n'avoit pas livré sa marchandise, cestuy-cy l'avoit vendue six fois plus qu'elle ne valoit, cestuy-là avoit receu quelque chose dessus, à l'autre il n'estoit rien deu : c'est-à-dire, vous n'aurez rien. Et beaucoup furent de ceste rubrique : aux plus favoris on disoit qu'ils aidassent à se paier. Ce n'estoit pas à dire : « Tendez la main, mais donnez et quittez. » Quand l'on avoit quitté la moitié, pour le moins, les deux tiers, les trois quarts et plus, l'on trouvoit qu'il n'y avoit rien en plus comptant receu que ce que l'on avoit donné. Et pour le reste : « Demandez, disoit-on, quelque traite, quelque droit ou privilége, ou quelqu'autre chose au roy, on le vous fera donner. » J'eusse autant aimé que l'on eust dict à mes neveus : « Allez, tuez chacun un homme ou deux et l'on vous fera bailler rémission. » Car la vente de nos chaires et scabelles estoit remise aux Calendes grecques. Sur cela, deux gens de bien entre autres, voyant une telle indignité, après plusieurs ouvertures, finalement offrent acquitter le défunt pour un quartier (ce me semble) du revenu des bénéfices du défunt; mais il n'y eut jamais ordre. Les uns en ont tiré quelque quart, un cinquiesme, un dixiesme, plusieurs moins, et la plus part rien du tout. Or, de ce que l'on quittoit, il falloit tous, ou peu s'en faut, bailler quittance comme de receu : à quel fin, je ne say, si ce n'est afin de nous oster l'honneur, et à luy la souvenance de nostre libéralité. Or, je demande si donner est pas libéralité, et si libéralité est l'acte d'un vilain, et si vilainie y a, qui est le plus vilain, ou celuy qui donne, ou celuy qui injustement exige et reçoit?

Voicy une autre de ses obligations. Les villes de Thoul et Verdun estoyent (comme chacun scait) libres, nullement subjectes ne en choses quelconques recognoissantes le duc de Lorraine ne autre que leurs évesques. Pourtant entre autres choses elles se fournissoyent de sel où bon leur sembloit, usant plus ordinairement du sel blanc des salines et fontaines de l'archevesque de Mets, plus prochaines d'eux. Ces salines avoyent esté par le feu cardinal de Lorraine, archevesque de Mets, baillées au duc de Lorraine à certaines conditions pour augmenter le duché aux despens de l'Eglise, et estoient à la vérité le plus clair denier de son duché. Ces villes ayans, avec le temps, gousté la douceur du profit et utilité qui estoit du sel noir de France plustost que du blanc des salines, jettèrent les yeux de ce côté, et, là-dessus se dresse un trafic à Paris entre quelques-uns de nos marchans pour le fournissement du sel en ces deux villes, leurs villages et ressort, qui apportoit un grand profit tant aux povres insulaires des marais que à nos marchans, qui par-là ouvroyent un autre train de grande conséquence à nostre ville : et ainsi que nos marchans avoient dressé leur faict, il revenoit pour le droict de gabelle, à peu près de xxxv mille livres tournois par an au roy. Cela descouvert, monsieur le cardinal de Lorraine, pour nous prévenir et d'ailleurs faciliter son entreprinse, fait embrasser ce fournissement de sel par l'un de ses fermiers pour l'opposer à Jehan Mauroy, marchant de Troyes, personnage honorable, et quelques autres qui avoient le fournissement des greniers de la frontière, lesquels cependant que nous dressions nostre affaire, y en portoient, à fin d'avoir occasion d'en entrer en procès, et brouiller les cartes en attendant qu'il pourroit donner avec meilleur prétexte le coup qu'il vouloit ruer comme il advint : car ayant faict arrester le sel de Mauroy et des autres, sous prétexte de la gabelle du roy et de je ne sçay quelles lettres qui se trouvoient tout à propos expédiées, contraires les unes aux autres, il fait évoquer le procès devant luy, c'est-à-dire, au conseil du roy, là où il estoit juge et partie. Mauroy, entre autres, sait comme il y fut manié par l'espace de plus d'un an et demy ; pendant lequel temps il dresse si bien ses affaires, que ayant espié l'absence de monsieur le connestable, il fait venir en jeu monsieur le duc de Lorraine, qui remonstre que ce trafic luy feroit un merveilleux dommage et que cecy est un nouveau profit que les roys ne firent onques, et sur ceste faveur il a lettres et défenses de ne mener de nostre sel en ces villes ne en leur ressort. Ayant ainsi soubs la faveur du duc de Lorraine, chassé du royaume ce trafic, qui avoit de grandes particularités pour le bien et la gloire de nostre ville, privé le roy d'un revenu qui, avec le temps, fust venu par nostre moien à plus de quatre-vingts mille livres tournois par an, pour les autres choses qui se manioient là-dessous, et réduit ces pauvres villes à une servitude. Lors ainsi qu'il ne s'est jamais servi d'hommes à qui il n'ait après fait desplaisir, il paie (comme l'on dit) son hoste tout de mesme ; Car incontinent après il oste au duc de Lorraine les salines et les remet en son archevesché. J'ai dit à son archevesché, car chacun sait la barbe de foire qu'il fait à Dieu des éveschés de Mets, Thoul et Verdun, lesquelles il fait tenir par des *Custodinos*, qui avec une pension de luy, gardent, ainsi que nos valets et chambrières nous gardent, sur nos chaires et scabelles, nos places au sermon.

Mais qu'est-ce que je m'amuse à penser déduire tous les dommages, tous les tors et injures qu'il a faites à nostre ville, veu qu'il n'y a homme qui ne sache et cognoisse que onques personnes ne furent tant ne si injustement haïs de nous tous, que l'un et l'autre de ces deux frères? Jusques à ce que pour venir chefs des troubles qu'ils avoient projettés en leur entendement, ils trouvèrent le moien de gaigner le connestable qui nous les réconcilia. En quoy vous aurez peut-estre veu des plus insignes malignités (s'il faut que j'use de ce mot là, et, par ma conscience, j'en voudrois bien avoir trouvé quelque autre pour adoucir le faict) que vous ouystes onques. Vous avez ouy raconter autresfois la fable des loups, et comme pour mieux venir à bout des brebis ils leur proposèrent que la haine qu'ils avoient contre elles n'estoit point à cause d'elles, qui estoient bestes douces et innocentes, mais pour ce qu'elles s'estoient alliées des chiens leurs anciens ennemis : et que si elles vouloyent leur rendre les chiens, ou renoncer leur alliance, il y auroit paix entre eux. Vous sçavez où cela tendoit; elles s'en donnèrent bien garde aussi. Vous avez aussi ouy l'histoire de Tarquin l'orgueilleux, dernier roy des Romains, et l'instruction qu'il donna à son fils de faire mourir ou tirer en haine et indignation du peuple, tous les meilleurs et principaux citoiens de la ville en laquelle il l'envoyoit comme fugitif, pour après avoir réduict en sa main toute la puissance et authorité d'icelle, la livrer aux Romains, comme il fit. Or, notez que le connestable a tousjours aimé nostre ville, et, quand tout est dit, a esté nostre support et nostre meilleur amy en tout temps et en tous nos affaires, et aussi qui est-ce qui hayroit le lieu de sa nativité. Tousjours y a-t-il eu inimitié dès le commencement du règne du feu roy Henry entre eux. Pource que ces jeunes hommes icy ne pouvoyent remuer le monde selon la légèreté de leur cerveau, comme ils vouloient, pour le contrepoix que le connestable leur faisoit; et luy seul avoit à combattre la puissance de leur duchesse, qui estoit estrangement grande, et leurs agilités, tromperies et finesses. Que diray-je plus la tempeste de ceste jeunesse? Et quelques courses, quelques saillies ou escarmouches qu'ils ayent faict à la desrobée, le camp, graces à Dieu, luy est tousjours demouré. Nous avons esté les brebis que luy il a gardées; et que eux ont voulu manger. Or voicy comme ils nous ont cuidé surprendre et aliéner de luy

Vous sçavez que le dernier recours et reconfort des envieux, quand ils ne peuvent faire que on les estime aussi gens de bien que ceux ausquels ils portent envie, c'est de tascher par tous moiens à monstrer que ceux-là ne sont point tels qu'on les estime. Or ne pouvoient-ils à cela parvenir sans avoir accès à nous, ne avoir accès à nous sans le connestable. Le seul moien de gaigner le connestable estoit la religion : c'estoit aussi la planche de parvenir à nous soubs ce manteau de religion, de laquelle monsieur le cardinal se scait merveilleusement bien accoustrer. Ceste vertu ronde et magnanimité françoise et aperte, qui est au connestable, fut non-seulement tirée à pardon et oubliance d'injures passées, mais à embrasser luy-mesme, non pas ce qu'ils vouloyent en leur cœur, car ils ne s'en descouvrirent pas ; mais ce qu'ils faisoyent contenance de vouloir faire qui estoit la religion. Ayant attainct ce point et nous estant insinués et recommandés par monsieur le connestable, ils n'ont jamais cessé que par leurs truchemens et courretiers ils n'eussent débauché nostre commun peuple de la dévotion qu'il avoit tousjours eu et devoit avoir audit sieur connestable, jusques à le nous rendre comme odieux, et nous à luy. Car nous ayans empoisonnés d'une opinion assez persuasible que ayant monsieur le connestable à faire contre la maison de Chastillon, qui sont ses neveux, et le roy de Navarre contre monsieur le prince de Condé, son frère, et encores le prince, neveu à cause de sa femme, dudit sieur connestable, ils se pourroyent facilement gaigner, et, par la force du sang, se laisser aller à leurs frère et neveux. Ils vindrent aisément à nous mettre en suspeçon de toutes choses, tant le roy de Navarre que ledit sieur connestable. De manière que les nostres qui négocioient avec eux, ne nous tenoient autre propos sinon qu'aujourd'huy l'amiral ou le cardinal de Chastillon avoient gaigné leur oncle sans monsieur le cardinal de

Lorraine. Le roy de Navarre estoit tourné pour le prince sans monsieur de Guise : le lendemain le connestable n'en vouloit plus manger, mais que monsieur de Guise, avec l'aide seule de nostre ville, tiendroit bon et en viendroit au-dessus. S'il y avoit quelque mauvaise nouvelle ou quelque chose à nous demander, ils le faisoient faire par le connestable. Si eux-mesmes avoient trouvé quelque mauvaise invention ou chose qui nous deust desplaire, ils le faisoyent exécuter par luy-mesme : et s'il nous estoit trop gratieux, ils l'aigrissoyent contre nous, et soubs main nous faisoient dire combien cela leur desplaisoit, mais que le connestable les forçoit eux-mesmes. Si le connestable avoit faict quelque chose de bon, ou nous eust sauvés de quelque mauvais passage, ou pourchassé quelque bien, voir contre leur advis propre, c'estoit eux qui l'avoient faict : encores avoient-ils eu de la peine à luy faire trouver bon : et Dieu sçait comme ceux (ausquels nous avions lors plus de fiance des nostres) enrichissoient l'affaire, abaissans l'un, et haut louans les autres. « Le connestable, se disoient nos gens, devient vieil et s'en va mourir, les autres sont jeunes et alaigres. » Je ne diray point le reste. Que vous diray-je plus? Nous n'avions plus (ne moy des premiers) les yeux que sur monsieur de Guise. Nos prescheurs estoient d'ailleurs par tels moiens gaignés, et ne nous preschoient que de l'un et l'autre frère.

Voilà en quelle monnoye monsieur le cardinal paie ses amis : voilà les filets où nous cuidasmes estre pris : les filets mesmes que l'on a depuis tendus à son fils. Car, quel malheur plus grand peut-il advenir à un peuple, que le mettre en mal grace de son gouverneur? et le gouverneur en haine du peuple? Que l'on demande à Henry l'advocat, à Bourgeois, à Jehan Aubery, à Jehan Merault, le sire Jehan le Sueur, à tout notre consulat. Car tous ceux-là sont gens de bien et véritables, et qui ont eu maint affaire et pour le public et pour le particulier à monsieur nostre gouverneur : s'ils luy ont jamais parlé d'affaires quelconques qu'ils n'aient eu bonne et gratieuse responce de luy; ne s'ils ont cognu en luy qu'une entière et résolue volonté de nous faire vivre en paix en ceste ville, et en toutes autres choses nous gratifier. Et au contraire si quelque autre y alloit seul ou en compagnie qu'il choisissoit, il nous rapportoit un gouverneur fascheux, qui s'estoit fait tirer l'oreille, qui avoit accordé par force et à regret. Et encores, disoit-on, qui ne luy eut montré les dens, et bravement menacé, n'eust rien laché : et je ne sçay quels autres propos qui nous ont longuement rebutés de son amour, jusques à ce que leurs menées et mensonges se sont descouvertes, qui n'a cuidé estre que trop tard. Et à présent que Dieu ayant plus de pitié de nous, que nous-mesmes, nous en a délivrés, vous voulez qu'après tant d'exemples, que celuy qui toute sa vie a esté nostre ennemy, soit soudain et à la haste, devenu nostre amy ; que celuy qui traicte ses amys comme ennemys, nous espargnera ; que celuy qui moissonne où il n'a point semé et qui assemble où il n'a point espars, se gardera de jecter les griffes sur nous ; que le plus ingrat homme de la terre sera gratieux à ceux qu'il tient pour redevables. Car n'est-ce pas beaucoup faict pour nous que de n'avoir fourragé que ceux qu'il a peu, et laissé ceux qui ne l'ont voulu, et ont peu s'en deffendre? Dictes, je vous prie, tout d'une venue, que nous battre soit nous chastouiller, injurier soit caresser, et nous tuer soit donner la vie.

Mais pour mettre fin à mon propos, qui désireroit un plus long temps et plus grand loisir, je vous puis asseurer que tant que nous n'aurons que faire à luy, l'herbe croistra en nos cymethières et non pas par nos rues. Cela est hors de son pouvoir et de tous les siens : tant que ne nous mesle-

rons point avec luy, nous ne serons mutins ne séditieux.
Tant qu'il nous devera et ne luy deverons rien, nous ne
serons point ses vilains. Je ne veux pas dire qu'il soit le nostre ; car de ma part je suis d'avis qu'on le quitte du tout, et
que le bonheur de nostre ville ne soit point infortuné de son
malheur. Je luy désire, au reste, ainsi Dieu me soit tesmoin,
aussi bonne, aussi longue, aussi heureuse vie qu'à nous-
mesmes. Mais s'il ne plaist à Dieu de le changer et amender,
je le supplie qu'il luy plaise détourner ce tonnerre, cest
orage et tempeste de dessus la France, et particulièrement
de nostre ville. »

Après que cestuy-là eut mis fin à son dire, regrettant
qu'il n'avoit du temps assez pour achever ce qui appartenoit bien à déduire là-dessus, un pelletier commença le
propos et dict ainsi :

DISCOURS DU PELLETIER.

« Ce seroit vrayement grande honte à nous, et en vérité
pareille faute, d'avouër à monsieur le cardinal une dette sur
nostre ville, si deuë n'estoit, comme luy en dénier une véritable. Parquoy à fin de vuider le faict des obligations de
monsieur le cardinal, premier que d'entrer en ce long discours du faict de la religion, je diray deux mots qui me
semblent avoir esté laissés derrière par vous seigneurs, qui
en avez premièrement parlé. J'ay en vostre dire (parlant à
moy) remarqué trois poincts, que vous avez faict sonner pour
espèces d'obligations : l'un, des beaux sermons qu'il nous a
faits ; le second, du frère qui est mort pour nous, et le dernier,
qu'il nous a mis les armes au poing. Quant aux sermons, j'en
ay ouy parlé d'une demie douzaine ; mais de moy je n'ay esté
qu'à deux, là où il me sembloit qu'il disoit merveilleusement bien, et y avoit grand presse à l'ouïr comme une chose
nouvelle. Car ce n'est pas chose commune de voir prescher

un cardinal ; mais depuis que j'oys que messieurs de la Sorbonne s'en scandalisoyent, et qu'ils le feirent prier de s'en
abstenir, ou de suivre le formulaire des nostres (car il y avoit
quelque chose qui les scandalisoit), je n'y voulus plus retourner ; et aussi vrayement feit-il sagement et vertueusement de laisser cela. Or, les sermons qu'il nous a faicts, il
les devoit, puisqu'il est évesque : voire mais ce n'estoit pas
à nous (direz-vous) qu'il les devoit, c'estoit à ceux de Reims.
C'est doncques à ceux de Reims desquels nous avons mangé le
pain, non pas à luy que nous les devons. Vous ne me nie-
rez pas ce que monsieur le cardinal confesse, qu'il n'est pas
si versé aux sainctes lettres comme nos docteurs, et tant de
bons et saincts religieux qui ne font autre mestier le jour
que prescher, et la nuict qu'estudier. Et vrayement nous es-
timons tant nos bons amis messieurs le sénéchal et Vigor,
qui sont bien de ses serviteurs, qu'ils ne nous refuseront
chacun d'eux de demye douzaine de leurs sermons, et
par ce moyen ceux de Reims y auront profit, et au nombre et pois ; et s'il veut priser les siens à l'argent, que
ceux-là les taxent, et en payant nous serons quittes et ne
luy en rabbatterons rien pour les debtes de son oncle, ne
pour cela ne serons point ses vilains. Mais je vous demande
où est-ce qu'il a apprins à prescher, ne tout le bien qu'il
sçait, sinon en nos colléges et en nostre ville ? Nous fera-t-il
payer quelque chose de nostre creu ? ou sera-t-il envers
nous plus ingrat que nos poules qui nous font des œufs ?
que les arbres qui nous donnent du fruict, ou pour le moins
de l'ombre, à ceux qui les ont plantés ? ou que la cicongne,
qui à chacune fois que elle faict ses petis, en jette un du nid
pour le louage de la maison et le salaire de celuy qui la loge ?
Et Vierge Marie ! que nous a-t-il presché en ses sermons ? la
guerre ou la paix ? S'il nous a presché la guerre, ce n'a pas
esté contre nos amis : car cela ne persuaderoit-il pas aux

plus barbares hommes du monde. Comment doncques ?
quand toutes autres considérations nous deffailliroyent, et
qu'il n'y auroit en monsieur nostre gouverneur que le nom
de Montmorency, luy courrons-nous sus, luy qui est le plus
ancien voisin et le plus expérimenté amy que nostre ville ait
point, et qui a pour le moins deux mille hommes, et des plus
riches de nostre ville qui tiennent de luy en fief ou censive,
je dy de luy puis qu'il est le fils aisné de son père, M. le
cardinal en rendroit-il autant à ceux-là comme par félonnie
ils en sa faveur en confisqueroyent ? tout le bien de Guise
n'y fourniroit pas. De quand est monsieur le cardinal nostre
amy ? depuis deux ou trois heures. De quand sont messieurs
de Guise nos voisins ? depuis trois jours. Où sont-ils nos voisins ? à Nantheuil, que ceux de Lenoncourt prétendent leur
avoir esté vollé en récompense de tant de services qu'ils ont
faicts à la maison de Lorraine, pour raison de quoy ils en
ont commencé procès. Sera-ce à Dammartin ? chacun en
sçait l'arrest ; mais peut-estre ce sera à Chevreuse, Dampierre
ou Meudon. Le premier et le dernier s'en vont en procès, et la
duchesse d'Étampes le prétend, et Dampierre n'est guères
plus asseuré : voilà leurs belles acquisitions. Nous laissons
doncques le propriétaire pour nous joindre à un locataire
qui ne fait qu'attendre que l'on le desloge, et que l'on le ren-
voye en son pays. Qui est-ce en bonne foy qui laisse le certain pour l'incertain ? La guerre doncques sera contre nos
ennemis. Hélas ! à qui la ferions-nous plus qu'à luy-mesme,
qui toute sa vie nous a haïs et persécutez au vif, et jamais
faict bien qu'en peinture ? S'il ne nous a presché que la paix,
l'amour et charité du prochain : une seulle parabole entre
les autres de ce pauvre homme qui, en descendant en Jé-
rico, estoit cheu entre les brigans, despouillé, navré et laissé
pour mort, nous apprend qui est nostre prochain, et le secours que nous luy devons faire : là ce vray Samaritain qui a

reserré nos playes, y a mis du vin et de l'huille, et nous a
chargés sur la jument de son humanité, nous monstre et enseigne cestuy-là estre nostre prochain qui a besoing de nostre aide et secours : là il ne courut pas après les brigans et
volleurs, mais s'arresta à panser celuy que le prestre, le sa-
crificateur, le lévite avoient abandonné. Pourtant si monsieur le cardinal a esté blessé, nous voilà prests de luy faire
tout aide et secours de nos biens et de nos personnes : mais
s'il n'a nul mal, que luy faut-il? ou s'il n'y a quelhonte et injure faicte, si c'est à droit, à qui s'en prend-il? si c'est à
tort, luy qui presche patience aux autres, que n'en retient-
il pour luy? Patience ne procède que de magnanimité, force
et grandeur de courage : impatience est une foiblesse et im-
bécilité de nature basse et vile. Pourtant le sage dit en ses
proverbes, que le patient vaut mieux que le fort et robuste,
et celuy qui maistrise son courage que celuy qui prend les
villes. Et puis, qui est ce qui nous a faict juges entre monsieur nostre gouverneur et luy? « Voire mais (direz-vous)
prenez ceux qui ont faict l'injure, et les livrez en justice. »
Vous devez doncques nous faire cognoistre quel mal a esté
faict, et puis nous monstrer ce volleur et brigand qui l'a faict.
Car comment courra un homme après le loup, quand il voit
que c'est un chien et une brebis mesme, non pas un loup? Nous
pensez-vous faire cognoistre nostre gouvernement? ceux que
vous nous avez monstrés sont siens, et pour le moins le suivent et luy obéissent. Mais il y a (direz-vous) des huguenots,
nous y voyons aussi des nostres ; et puis voudriez-vous que
les huguenots fussent moins obéissans aux commandemens
du gouverneur que nous-mesmes, et que cependant que
nous travaillerons, ces messieurs-là se reposassent, et jouis-
sans du bien commun de la paix et de l'heur de nostre ville,
ils ne participassent en rien aux charges et courvées com-
munes ? et quand nous les eussions arrestés, qu'en eussions-

nous faict, ne à qui les eussions-nous baillés qu'au gouverneur mesme? lequel ils suivent d'eux-mesmes, et plus voluntiers que vous ne voullez. Seroit-ce pas cela chercher les choses, premier qu'elles soyent perdues? et encores avec quoy les eussions-nous prins? Sçavez-vous pas bien que la seulle faveur que nous avons trop monstrée envers monsieur le cardinal, et l'indiscrétion de ceux qui par quelque temps nous y ont guidés, ont fait voller la coignée de nos armes hors du manche, et vous voulez que nous jettions le manche après, j'entends nos corps et nostre vye? estimez-vous que tels chats que ceux-là se prennent (comme on dit) sans moufles. Mais sortons du sermon et venons à l'enterrement du frère qui est mort pour nous : je vous prie, ne flattons personne, et ne nous chatouillons point pour nous faire rire nous-mesmes.

Quant à moy je ne suis Guisard, ne d'autre quel qu'il soit; je ne suis qu'au roy comme chef, et à nostre ville comme à sa fille très-humble, très-fidelle et loyalle. Laissons-là tous les flatteurs d'un party et d'autre, leurs mensonges et artifices. En bonne foy, qu'est-ce que jamais ny monsieur de Guise, ne monsieur le cardinal, ne pas un seul de leur maison a faict pour nostre ville? Quel plaisir, quel advantage ou bienfaict? Je voudrois que tous ces donneurs de balivernes nous en eussent monstré, par manière de dire, la moytié d'un. Qu'a-t-il fait doncques? il a prins les armes pour la religion! Pleust à Dieu que cela eust été vray, et qu'il n'eust eu autre desscin ne intention plus mauvaise; mais qu'elle eust esté pure et nette comme elle devoit. Je croy fermement qu'il fust encores en vie aussi bien que le connestable. Sy ç'a esté pour la religion, ce n'a doncques pas esté pour nous seullement; mais peut-estre (comme il a luy-mesme confessé) qu'il ne s'y fust pas mis sans nostre aide et secours.

C'est doncques à nous, messieurs les flatteurs, que vous ostez l'honneur et la gloire, pour la transporter à un autre ; est-ce ainsi que vous hayssez vostre mère pour aimer vostre voisine? Tout le royaume, le connestable mesme, nous la donne, et trois ou quatre flatteurs la nous arracheront? Or bien il a prins les armes, et je demande qu'ont faict le roy de Navarre, le connestable et le maréchal de Sainct-André? je nomme ceux-là pour les chefs principaux ; car autant en pourrois-je dire de tous les autres qui ont prins les armes, pource qu'il n'y avoit que ces trois-là qui eussent commandement à l'armée. Le roy de Navarre y est mort, luy qui estoit roy, le premier prince de la couronne, et lieutenant-général en tout et par tout du roy : Avons-nous traîné les picques après luy? Nos harquebouses ont-elles porté le dueil? Avons-nous faict le miton pour sa mort? Dieu vueille qu'un jour nostre ville innocente ne porte point la peine des flatteurs. Mais nous avons (graces à Dieu) moyen de nous en deffendre. Le roy de Navarre mort, toute l'authorité tomba en monsieur le connestable; car c'est un droict et une inviolable authorité que ce grand connestable. Matthieu de Montmorency, qui fut sous le roy Philippes-Auguste et le roy Louys, son fils, a laissé à tous ses successeurs connestables (depuis ceste grande et tant renommée bataille qu'il donna à Bouvines, où tant de milliers d'ennemis furent deffaicts, et y feit infinies prouesses, et de sa personne combatit et vainquit en bataille rangée le grand empereur Othon et toute la puissance de l'empire) que quiconque est connestable de France, il est sans autre mandement en tous lieux lieutenant-général du roy au faict des armées, ce que nul connestable avant luy n'avoit eu. Après, ledict seigneur connestable commandoit le mareschal de Sainct-André. Où est-ce qu'est mort ce mareschal de Sainct-André qu'en la bataille? Où est-ce que le connestable fut blessé, jetté par terre, prins et emmené, sinon du milieu de la bataille? Sont-ce là les actes d'un couard, d'un sainct, d'un hypocrite? Est-ce point le lict d'honneur? Ne flattons personne : où estoit monsieur de Guise? ou que faisoit-il? je n'en diray autre chose. Est-ce pas là (monsieur qui estes icy) un acte vrayement digne de traîner les picques à rebours?

Voylà l'excuse de nostre ville envers le roy, envers les princes, envers les cendres du mareschal de Sainct-André, et de tous les gens de bien qui y moururent en la veuë de monsieur de Guise, que de honte nous avons porté le dueil et caché le soleil aux armes si mal employées. Pensez-vous que ç'ait esté sans cause que Dieu ait réservé à un Poltrot, celuy qui au besoin avoit espargné sa vie à sa religion, failly à son roy et abandonné son cappitaine? Avoit-il peur que nous fussions perdus à faute de cappitaine? Il est mort : combien a-il duré? sommes-nous perdus? Or laissons-le là, et ne rompons point son sommeil. Je vous fais bon serment qu'il n'y a homme qui luy désirast meilleure ne plus longue vie que moy, ne qui plus volontiers le veist que je ferois en ceste heure : mais je vous ay bien voulu dire toutes ces choses entre nous, à fin que vous entendiez qu'en nostre ville nous ne sommes point si mercadens que monsieur le cardinal nous a faicts autres fois, et que je sçay bien qu'en son cœur il nous mesprise.

Je viens aux armes que monsieur le cardinal (dites-vous) nous a mises entre les mains. Pleust à Dieu que pour son honneur et nostre profit il n'en fust rien. Cent mille bons hommes qui sont morts fussent encores en vie, et comme cela n'est que trop véritable, vous ne pouvez alléguer de luy chose plus honteuse, ne plus reprochable aussi. Mais pource que cecy est si conjoinct et entrelassé avec les tromperies qui nous ont esté faictes au faict de la religion que chacun de nous a réservé et laissé à dire par le cousin de céans, je le tronçonneray le plus court que je pourray sans entrer aux menées de la religion. Un chacun sçait comme tous les estats d'un commuu accord, firent en l'assemblée d'Orléans une grande instance des dons excessifs des feus rois Henry et François dernier à plusieurs personnes, les unes indignes, les autres outre mesure, et de faire rendre compte à ceux qui avoyent eu charge et commandement ès finances. La première de nos plainctes, quant à l'indignité des personnes, concernoit principalement et jusques au fons du cœur la duchesse de Valentinois et toute son ordure, et quant à l'excès touchoit au vif messieurs de Guise, le mareschal de Sainct-André et quelques autres. Car le connestable, et en privé et en public, haut et clair déclara que s'il se trouvoit qu'il eust eu un seul denier de toutes les particularités dont on se plaignoit, qu'il en vouloit rendre dix pour un. Pourtant favorisoit-il fort nostre poursuite, disant souvent en proverbe: qui se sent galeux si se gratte. L'autre poursuite regardoit du tout messieurs de Guise; car des choses que faict et ordonne un roy grand et majeur, comme le roy Henry, qui usoit de son vouloir, estoit-il aisé de rendre compte. Il n'est pas ainsi d'un roy mineur d'ans comme avoit tousjours esté le roy François, lequel messieurs de Guise avoyent manié à leur plaisir. Parquoy le connestable, qui voyoit bien où cela touchoit, ne s'en faisoit que rire, favorisant plus en son cœur et en privé nostre poursuite, qu'il n'en faisoit de contenance en public. D'autre costé, ceste réformation de l'estat ecclésiastique, que la noblesse et nostre estat poursuivoyent à outrance, faisoit mourir le cardinal tout debout. Or n'y avoit-il ordre de faire esvanouir ceste poursuite, que par quelque grand désastre qui nous feist tourner visage : de plus grand n'en pouvoit-il advenir que une guerre, en laquelle ils pensoyent bien que monsieur de Guise seroit employé. Ce moyen, quant à l'estranger, leur deffailloit ; car le plus fier de nos voisins en estoit autant et plus las, et recreu que nous-mesmes. Il ne leur restoit doncques plus qu'un trouble dedans le royaume, le chemin y estoit assez battu. Pour le faire court ils craignoyent que l'édit de janvier fust révoqué pour nostre ville comme l'on en estoit en quelques termes, car en ce faisant nostre ville s'en alloit hors du jeu, et les huguenots n'eussent pas eu telle apparence de prendre les armes comme ils avoyent, estans fondez en cest édit : car en quelque façon que ce fust, messieurs de Guise vouloyent venir aux armes pour effacer ceste poursuitte des estats et réformation de l'Église. Pourtant ledit seigneur de Guise commença par ce massacre de Vassy. En quoy faisant il embarqua le roy de Navarre, le connestable, et nous dedans les armes, autrement et plustost que nous ne voulions : car Dieu sçait que l'intention de nostre ville ne fut oncques que pure et simple pour rabaisser l'outrecuidance de quelques estrangers qui desbauchoyent les nostres, et ramener les nostres à la modestie qu'il appartient : non pas souiller nos mains et nos cousteaux en leur sang. Ainsi que sans y penser, et contre nostre naturel, l'on nous a faict faire et souffrir ensemble.

Je n'entreray point plus avant en ceste matière, pource qu'elle apartient aussi et la faudroit répeter au faict de la religion : là où vous verrez les plus estranges impostures, les plus exécrables tromperies contre Dieu et les hommes simples, qui (peut-estre) furent oncques faictes, de sorte que tant qu'il y eut oncques de huguenots, ou de religion réformée, ou ainsi que les voudrez appeller (car ce n'est point par injure, et puis ce n'est qu'entre nous que je les appelle ainsi) n'ont point à la moitié près si juste cause ne raison de le hayr que nous avons. Seullement j'en ay entamé ce mot, à fin que vous cognoissiez pour quelle occasion en partie ils nous ont mis les armes au poing, et combien nous sommes

tenus à eux d'avoir au prix de nostre vie et de celle de nos
enfans, nos frères, nos parens et amys deffendu leur querelle. Je dy effacé de nostre propre sang la poursuite que
nous avions si justement commencée de leur faire rendre
compte de leurs dons excessifs, c'est-à-dire de leurs larcins
et de leur maniement des finances, ou plustost de leurs finesses ; dont nous avons bien sçeu que monsieur le cardinal, adjoustant injure sur injure, faisoit ses comptes et moc-
queries de nous : l'une fois, parlant au feu mareschal de
Sainct-André, l'autre fois quand on luy apporta les nouvelles de la journée de Dreux. Car comme nostre prévost et
eschevins fussent allés par devers luy, estans jà embouclés
bien avant en ces troubles, pour lesquels ils estoyent tous
venus en ceste ville, si tost que nos gens eurent le dos
tourné, survenant le mareschal de Sainct-André qui les
avoit trouvés et salués au sortir de la maison : « Avez-vous
» point veu (dict-il) les auditeurs de nos comptes? » et lors
le mareschal en souriant respond : « Ouy, monsieur, vous
» ont-ils point présenté les leurs? » Car lors estoit-il question de nous faire foncer à l'apointement.

Ainsi se gaudissoyent ces gens de bien là de nostre
vertu et simplicité. Et quand il receut les nouvelles de
Dreux : « Tout va bien puisque mon frère est sauvé. Parle
l'on plus à Paris de nous faire rendre compte? » et puis se
tournant devers deux évesques de ses favoris, tous deux encores vivans : « A ce que je veoy, monsieur, mon frère orra
» ses comptes tout seul : voilà où je les demandois. » Et puis
vous dictes que cestuy-là nous a remis dedans nostre ville,
qu'il en est le fondateur et que nous luy devons nos femmes,
nos enfans. Il nous a vrayement mis les armes au poing, et
par haine et despit de luy, l'on nous les a ostées ; mais les
vrayes armes des gens de bien, la vertu et bon voulloir pour
opposer à toutes les malignités des meschans, armes que

nous ne tenons que de Dieu, et nul ne les nous peut arra-
cher. Armes qui sont à l'espreuve d'enfer et de tous ses sup-
pots nous sont demeurées; elles sont, de la grace de Dieu,
entières et aussi claires et luysantes qu'elles furent oncques :
pour avoir raison quand il plaira au roy d'y entendre, tant
des comptes que tous les estats de la France ont demandés
aussi bien que nous, que de l'iniquité et mauvais tour que
monsieur le cardinal et les siens nous ont faites par leurs
tromperies plus déshonnestes qu'une force ouverte; car la
tromperie, encores qu'elle soit malséante à toute personne,
si l'est-elle encores plus à ceux qui sont en plus grande authorité. Et si est tousjours plus laide et odieuse que la violence, pource que la violence se faict par vertu et authorité
de la force que Dieu donne aux uns sur les autres; mais la
tromperie vient d'une vraye malice et meschanceté de lache
courage, contre laquelle nous avons (graces à Dieu) des pro-
visions assez. »

A tant se teut ce bon seigneur-là, qui véritablement n'en
pouvoit plus parler qu'avec amertume, tant il est mal aisé
à un bon cœur dissimuler une juste tristesse. Et un marchant apothicaire (ce me semble) ou espicier, je ne m'en suis
pas depuis autrement informé, print la parolle, s'adressant
à moy et dict :

DISCOURS D'UN APOTHICAIRE OU ESPICIER.

« Vous n'avez icy rien ouy qui ne soit notoire et véritable, mais pource que cessans toutes ces obligations que vous
avez veu esvanouir devant vous, et que vous recognoissez estre faulses, il y a assez d'autres occasions pour lesquelles vous
pourriez penser que nous aurions failly à nostre devoir envers monsieur le cardinal, luy refusant le secours que vous
demandiez, j'en toucheray un mot. Ceux qui demandent
aide ou secours à quelqu'un, s'ils n'ont droict de le demander

comme chose qui leur soit deuë, ils viennent à remonstrer que ce sera le proffit mesme de ceux que l'on prie, ou pour le péril qui leur est commun avec ceux qui prient, ou pour la récompense que leur en promettent ceux qui demandent le secours. Sy cela leur deffaut, ils viennent à toucher de l'honneur que ce sera de secourir les affligés, estant une espèce d'injustice ne revanger point quand l'on en a le pouvoir celluy qui est outragé : pour le moins ils viennent là de monstrer que celluy qui fera le secours n'en peut avoir perte ne dommage, et que néantmoins il acquerra une obligation immortelle sur celluy ou ceux qu'il aura secourus.

Mais avant que d'entrer là, je vous demande si vous voulliez que nostre ville print les armes pour monsieur le cardinal, ou que ce fussent entre nous particuliers. Le premier se doit demander, se doit requérir et persuader à la ville mesme. Le doigt, la main, le bras, le pied n'est pas le corps; aussi ne sommes-nous pas la ville ne ceux qui ont puissance de recevoir vostre requeste, assembler le conseil, ne vous y faire responce. Vous sçavez maintenant qui sont, et quelles gens ce sont, que nos prévost des marchans et eschevins. Si vous nous requérez comme particuliers, vous qui estes François, du pays où nos rois de tout temps ont plus hanté qu'en nul autre endroit de leur royaume, et du ressort mesme de nostre parlement, ainsi que vostre hoste que voilà nous a dict, ne pouvez ignorer que nous sommes (comme vous) gens vivans sous les lois d'un monarque, qui ne tient son royaume, son sceptre, son espée, sa couronne que de Dieu seul, et ce roy-là nous adorons et révérons comme vive image du Dieu vivant qui maintient et entretient toutes choses en leur estre et en leur entier. A luy seul touche, et à autre que ses officiers et ministres n'appartient la punition des offences et forfaits, luy seul tient nos armes, nostre cœur, et nostre puissance en sa main et à son seul vueil et commandement nous les desployons et employons. Pourtant comme la loy veut que l'oultrageant soit puny, elle veut aussi (autrement ce ne seroit que confusion) que ce soit par celuy auquel elle a donné la charge et la puissance de le faire. Ceux-là ne sommes-nous pas, ains très-humbles et obéissans serviteurs de ceux qui le font. Si vous ne demandez qu'un simple arrest et prinse de personne, on vous y a satisfait. Venons au reste.

Je ne veoy point en quoy le danger, le péril ne l'infortune présente de monsieur le cardinal ait rien de commun avec nous, ne que tant soit peu nous y soyons accueillis. Quel proffit avons-nous qu'il porte armes deffendues? quel dommage qu'il n'en ait point? et s'il s'en falloit juger en vérité et bonne conscience, nous avons intérest grand et tout le monde avec qu'il n'en porte point, et qu'il cognoisse qu'il n'est ne roy ne par-dessus la loy, mais né sous elle et subjet à icelle comme nous. Et puis je ne sçay à quels despens ses harquebousiers vivent par le pays ; mais je sçay bien que ceux de monsieur d'Aumalle tiennent les champs comme volleurs, et quand on leur remonstre : « Ce saffranier, dient-» ils (voilà l'honneur qu'ils font à leur maistre), mange son » bien et le nostre. » Et je sçay plus de cent cinquante villages, lesquels, outre cela, sont cottisés au foin, à la paille, à l'avoine, au vin, aux vivres et à l'argent, pour la cuisine, l'escurie et despence de ce monsieur-là. Et puis soyez voisin de tels seigneurs, et leur souffrez porter les armes. Mais je laisse cela pour ne m'escarter trop loing de mon propos. On luy faict mettre les armes bas, pource qu'il n'a pas congé, ce dit-on, ou s'il l'a, qu'il n'a pas faict son devoir de le monstrer au gouverneur. Nous n'avons rien commun à cela; car nous n'en portons ny voullons porter contre la loy, et puis quand l'on nous osta les nostres, monsieur le cardinal vint-il à nostre secours? messieurs ses frères qui estoyent au conseil ne furent-ils pas de cest advis? et sous main et en privé nous disoyent que nous ne le devions pas souffrir. Ce sont de leurs beaux traits. Mais voyons quelle récompense nous aurions de luy. Quoy? s'amour, sa paix, sa grace, sa bénédiction? (Sa bénédiction je ne refuse pas et ne crains guères sa malédiction) je vous fay bon et grant serment qu'il n'y a guères homme en tout le monde que je désirasse plustost estre parfaittement homme de bien que luy ; mais tel qu'il est je l'aime (par ma conscience) mieux mon ennemy que mon amy; car de mon ennemy me garderay-je bien, mais qui se gardera de son amy? Quoy! traicter ses amis comme il faict? Je l'aime mieux à Reims qu'icy, et sans armes qu'armé, et mieux à pied qu'à cheval, pauvre que riche, mort que vif; car « les morts, dict le proverbe, ne mordent point. » Sa marchandise est trop chère, je n'en veux à ce prix-là ne autre.

Je confesse qu'il y a de l'honneur à secourir les affligés, et de l'injustice à les laisser outrager ; il fauldroit doncques que nous fussions certains qu'il y a icy de l'outrage. Nous voyons chacun jour les sergens mener les uns en prison, les autres au gibet, et nous ne leur ostons pas leur prinse, nous ne nous enquérons pas seullement, et nous jugerons de ce que fait monsieur nostre gouverneur? Et quoy? si luy-mesme nous eust commandé luy mener monsieur le cardinal, luy eussions-nous osé reffuser? La première loy d'amitié est de ne requérir son amy de chose qui ne soit juste et en la puissance de celluy que vous requérez : vostre requeste ne l'est pas, que voullez-vous doncques? pour le moins à vostre dire fauldroit-il que nous n'eussions point de perte à faire plaisir à monsieur le cardinal. Or si nous eussions mis les mains à nous opposer à monsieur le gouverneur, qu'en fust-il advenu, sinon que nous eussions esté vainqueurs ou vaincus? en quelque façon que vous le preniez, eussions-nous pas commis crime de lèze majesté? Combien a esté chère à toute la Guienne, et principalement à la ville de Bourdeaux, la mort du cappitaine de Monins, qui n'estoit que un simple gentilhomme et un arrière-lieutenant du roy? Pensez-vous que les injures faictes à un lieutenant-général du roy, à un gouverneur en chef, à un mareschal de France, à un fils d'un connestable, à un beau-frère du roy, à la plus ancienne et mieux alliée maison de France, tant du costé des princes du sang que des estrangers et de la noblesse françoise, se mesure à ce boisseau-là? Qui doute que si l'on en fust venu là, que ce n'eust esté nostre proffit d'y estre tués et vaincus, plustost que vaincre, et avec la perte de nostre honneur et de nos biens, mourir par les mains d'un bourreau? Qui est-ce qui entreprent la guerre pour avoir pis qu'il n'a? Si nous voulons vaincre nostre gouverneur, y a-il plus beau, plus gratieux ne meilleur moyen que de le gaiguer par nostre vertu, et malgré luy (par manière de dire) nous faire aimer? luy pouvons-nous mieux commander que quand par amitié nous impétrons de luy tout ce que nous luy demandons? Quand l'amitié est guidée par raison, je pense qu'un gouverneur de ville ou de province est plustost serviteur que maistre de ceux qu'il gouverne. Pourtant disoit de soy le roy Agamenon:

> De l'apparence en grandeur nous vivons;
> Mais en effect au peuple nous servons.

Et en quelqu'autre lieu les bergers, parlans de leurs troupeaux, dient:

> Nous leur servons quoy que maistres soyons;
> Et sans parler faut que nous les oyons.

Comme au contraire j'estime ainsi qu'aux serviteurs des aveugles, le vallet estre seigneur de son maistre qui sçait mieux obéir que le maistre commander. Pourtant ne disoit pas mal ce philosophe, lequel on vendoit un jour au marché avec d'autres esclaves, quand le trompette luy commanda qu'il se levast debout et qu'il dist en quelle façon il le crieroit (car pensoit-il qu'il fust quelque artisan ou homme de mestier): Si tu voulois, dit-il, vendre une pierre, voudrois-tu qu'elle se levast d'elle-mesme? Or crie, qui voudra acheter un maistre, j'en serviray. Voudriez-vous doncques que de monsieur le gouverneur, qui jusques icy ne nous a traictés qu'en toute douceur et bénignité, nous fissions un maistre dur, aspre, colère, chagrin et fascheux commandant, et nous faisant lever et trotter à coups de baston? Le chevallier du guet Cèze a faict la planche aux fols, il sçait bien à quoy se tenir d'avoir faict le brave et le rétif. Non pas que je vueille à un tel vilain que cestuy-là comparer pas un de nos bourgeois, car (comme tout se sçait à la fin) nous avons descouvert qu'il est fils d'un boulanger de Rome, ayant luy-mesme faict le mestier; et depuis pour quelque meschanceté faicte en son pays fut fouetté et banny (tant il est dangereux eslever aux estats gens estrangers et incognus: comme afin que je me taise des autres, nous avons veu le président Gentil, après avoir faict et payé en ce mesme pays de Rome l'apprentissage et chef-d'œuvre de ses faussetés, il se vint faire pendre en nostre ville), et à la vérité l'estat de chevallier du guet ne méritoit point d'estre souillé d'une telle personne. Car avant Gabaston (qui fut mauvais présage pour Cèze, son prochain successeur) cet estat qui de soy est honnorable, avoit tousjours esté tenu et exercé par gentilshommes et personnages de qualité, jusques à ce boulanger-là.

Il me souvient avoir ouy dire à feu mon grand-père, que le roy Louys onziesme, à la requeste des habitans de Paris, déposa un chevalier du guet, pour ce seullement qu'il n'estoit point un gentilhomme de race, encores qu'il eust hanté les armes, et qu'au reste il fust bien homme de bien, et pour remettre l'estat en son honneur, le feit exercer par le père grant de monsieur le président de Harlay, qui avoit en ce temps-là desjà estat et grant crédit en la maison du roy. Qu'est-ce que j'ay dict du chevallier du guet? monsieur le gouverneur ne veut pas souffrir (et peult-estre n'a-il pas tort) que monsieur le cardinal costoye seullement la loy ; et vous estimez qu'il nous souffrira marcher dessus? Vaut-il pas mieux regarder jouer (au moins on s'en va quant on veut) que d'estre de la partie, ou souvent l'on n'est pas receu à la quitter? Et quand je pense à ce chevallier du guet, à cest Italien, nous avions bien (et moy des premiers) l'entendement tourné à rebours de tant le favoriser, et ne sçay que c'est que nous en pensions faire ne quel support nous en esperions avoir. Car oultre ce qu'il estoit estranger, et que en mourant la mémoire de luy venoit à mourir, c'estoit un ruffien public, autant mal-vivant qu'il en fust oncques, chrestien (comme l'on dict) à la romanesque, c'est-à-dire, faisant bonne mine et ne croyant rien ; et puis que pensions-nous, faisant le fier et le sot contre le lieutenant de monsieur le gouverneur, qu'il deust une autre fois faire contre nous? Pourtant le sire Claude Marcel monstra un tour de bon entendement, et en cela estre plus sage et plus homme de bien que tous ceux qui l'en ont voulu blasmer, quant il luy conseilla, et que luy-mesme le mena jusques à la porte du Louvre, se présenter à monsieur le gouverneur, qui avoit arresté faire pendre nostre Italien à l'heure mesme devant la porte du chasteau (ainsi qu'en un jour de dimanche, ayant surprins un gallant pillant une boutique en la rue Sainct-Denis, il le feist sur l'heure pendre aux fenestres de la maison) toutesfois par sa modestie il en remit au roy la punition. Vous voyez doncques quel proffit il y eust eu de prendre les armes pour monsieur le cardinal : entreprinse forgée sur le moule de son édit des Marais Salans, en laquelle, soit que

nous y eussions failly, soit que nous en fussions venus à bout,
il nous eust fallu mourir vainqueurs plus honteusement que
vaincus.

Ce ne seroit pas encores toute la perte : car, comment se
fust peu faire cela sans perdre l'amitié d'un si prochain voisin et grand amy que nous a tousjours esté monsieur le connestable? mais, qui pis est, de nostre amy faire nostre ennemy. Et considérons bien ce point. Il y a trois cens ans et
plus, que le connestable Matthieu de Montmorency vivoit
riche de quatre cens mille livres de revenu, (encores ne fut-
il pas le premier connestable, ne le plus riche de sa maison).
Il eut deux enfans, l'un retint le nom et armes de sa maison, duquel est descendu, de père à fils, monsieur le connestable. De luy aussi sont venus les comtes de Horne, et toute
ceste grande famille de Montmorency qui tient tant de biens
ès Païs-Bas, et en Allemagne, et ont tant d'alliances avec
les princes et seigneurs de l'empire; en sont aussi venus
ceux de Fosseuse. L'autre fils print le nom de Laval, qui
estoit celuy de sa mère; mais il n'emprunta point les armes
de Jérusalem, qui estoient dès lors aussi bien vacant comme
il est de présent, ne de ses voisins aussi pour embellir les
siennes (1), mais retint les armes de Montmorency, adjoustant seulement pour différence, dedans la croix, les coquilles
de Laval. De cestuy-ci est venue ceste grande et riche maison de Laval, qui a tenu un si grand lieu en Bretaigne et en
France, qui a donné maintes femmes aux roys estranges, et
en a receu en grand nombre de nos princes et princesses de
France. J'ai leu en quelque passage, et l'ai ouy tenir pour
tout commun, en Bretaigne, d'une fille de France anciennement mariée en leur maison. Si nous considérons combien
chacune de ces deux maisons de Montmorency et Laval

____

(1) Ainsi que fit la maison de Lorraine.

(qui , à vray parler , n'est qu'une) ont de parens et alliés en ce royaume seulement. Hélas ! si ce malheur et désastre nous estoit advenu, que seroit nostre pauvre ville? Demeurerions-nous dedans pour y avoir une perpétuelle guerre civile entre nous-mesmes? Car qui ne scait quel nombre de nos principaux bourgeois et seigneurs de la justice, sont vassaux ou censiers de la maison de Montmorency, et de leurs autres terres qui sont nos bourgeois? En quel endroit du royaume nous retirerions-nous sans trouver de grands et merveilleux ennemis? Nous retirerions-nous en Lorraine, qui n'est pas pour loger, par manière de parler, l'un de nos faux bourgs? Demeurerions-nous en Sicille? Ou si nous passerions jusques en Jérusalem , et à quelle enseigne logerions-nous? Quelque part que nous puissions aller, que nous diroit-on? si non, voicy de ceux qui ont tué leur amy pour complaire à leur ennemy. Voicy de ceux qui pour un estranger ont faict la guerre à leurs bourgeois : car tout le monde scait que monsieur le connestable a esté né en nostre ville. Messire Jaques de Montmorency, grand chambellam de France (duquel on voyoit encores la sépulture et les tiltres à Danville) en estoit aussi natif. Je ne scay pas bien si messire Charles de Montmorency, bisayeul de monsieur le connestable, qui tint et nomma sur les fons de Sainct-Paul à Paris le roy Charles VI, en estoit ; mais je scay bien que d'autres de leur maison nous ont faict cest honneur de venir faire les couches et gésines de leurs femmes en nostre ville : comme aussi ont faict autresfois nos roys et princes de France. Monsieur le cardinal n'a pas cela : Voicy, diroit-on, de bons voisins : faites leur place à fin qu'ils vous chassent de vostre maison ; faites-leur du bien et du plaisir, à fin que vous en receviez du mal et desplaisir ; soyez leur amy, à fin qu'ils vous soyent ennemis, et qui est plus grief, amis de vos ennemis. » Messieurs de Guise ont deslogé nos anciens voisins, et, à leur exemple, nous ferons le semblable de ceux qui sont si estroitement, et de tant d'ancienneté liez, meslés et entrelassés avec nous, de biens, d'alliances, de commerces et manières de vivres, qu'ils sont plustost nous-mesmes que nos voisins ne amis.

Ce que je vous en dy n'est point que j'aye affection particulière au connestable ne à ses enfans : car je n'ay eu jamais que faire en particulier avec eux ; mais je le dy comme celluy qui n'a receu bienfait de l'un, ne dommage particulier de l'autre. Car, quant au général, je confesse que nul ne peut bien faire à nostre ville que je ne m'y sente obligé ; ne au contraire luy faire mal que je ne m'en ressente : et à fin aussi que par là monsieur le cardinal regarde combien il seroit loing de compte, si le malheur et désastre nous amenoit là d'estre forcés de prendre l'un ou l'autre party. Mais grâces à Dieu, nous n'en sommes pas là, ne nostre ville (torche ardente qui esclaire à toute la France), si mal advisée de bander pour l'un ne pour l'autre : j'entens hors mis l'autho-rité que monsieur nostre gouverneur a de nous commander, et la nécessité que nous avons d'obéir au roy, au nom duquel il nous commande. Car vrayement nous serions habiles gens, et aurions bien mis nostre lanterne soubs le muy, si ne faisant que sortir d'une grosse et griefve maladie qui nous mettoit en merveilleux soucy, nous y retournions pour le plaisir de monsieur le cardinal, estans bien certains d'avoir l'autre pour ennemy, et incertains si celuy qui par nostre moyen auroit eu victoire, se mocqueroit point encores de nous (comme il faisoit durant les troubles), et s'il recognoistroit bien le plaisir que nous luy aurions faict, et encores si le nostre venoit à estre vaincu, que seroit-ce autre chose que nous tirer en ruine avec luy? et le pire encores si tous deux venoyent à s'appoincter à nos despens, comme il est assez souvent advenu à d'autres : encores serions-nous bien sots et mal advisés ne voulans tenir ne pour l'un, ne pour l'autre, si seullement nous souffrions que le jeu se vint départir à nostre ville et à nos portes, pour estre nous, nos mestairies et villages, proye du gendarme de l'un et de l'autre : et comme gens oisifs, les laisser faire, sans aller au devant, voire jusques en Lorraine, et vertueusement nous opposer à celuy qui y viendroit apporter le trouble. Estant à craindre que par un tel repos nice et nonchallant, nous ne fussions bien tost privés de la volupté que le repos mesme nous donne. Pourtant Solon ne fut guères plus sage en la loy qu'il fit, de suyvre en une sédition l'un ou l'autre party, qu'il fut en beaucoup d'autres choses, veu que telles séditions ont esté tousjours la ruine des cités ; et ne se pourroit aussi entendre d'une ville qui n'est point libre, mais vit sous les loix d'un monarque, comme la nostre. Mais peut-estre que la cause pour laquelle monsieur le cardinal est venu, est de soy si favorable qu'elle mérite bien (comme l'on dit en commun langage) que l'on s'en fasse pendre. Or, qui est-ce qui la sçait au vray? J'ai parlé comme les autres aux maistres du jeu, à ceux qui ont faict la menée, et je suis proche parent des uns, et grand amy des autres ; vous avez veu ceux qui ont esté en vostre païs ; nous sommes tous d'une religion, tous en désirons l'avancement ; que chacun de nous dye son opinion, des moyens d'y donner un establissement, je m'asseure que de dix que nous sommes il s'en trouvera neuf de diverses opinions. C'est icy une maladie en laquelle chacun a son goust : et le pire que j'y voy, le plus mallade se pense le plus sain, et suffisant médecin de son compagnon. Chacun veut que l'autre boive, et qu'il croye, et qu'il chante, et qu'il se remue à sa mode. J'ai parlé à beaucoup des nostres qui ont communiqué avec ces messieurs les architectes de la mutation. En somme, l'on n'y apprend autre chose, sinon : « Nous sommes mal, il faut changer. » Il n'y a qu'un moyen , et rien plus. Si vous les pensez interroger, ils vous font parler le premier ; ils ne parlent jamais à plus d'un ou deux à la fois et en secret , et encores ils usent en cela d'un silence accompagné de je ne sçay quelles flatteries et caresses des yeux , de la teste , de la main, des espaules , qui leur est un formulaire (comme un brodequin à toutes jambes) de respondre sans parler , parler sans mot dire , promettre sans s'obliger et sans rien desbourcer , satisfaire à toutes demandes et voluntés. Pourtant ne trouvez estranges toutes ces deffiances et diversités de propos que vous avez naguères ouys (car j'estois auprès de vous) de nos habitans , prestres et religieux, et moins encores si une ville si sage et si grande, qui est la lumière des autres , s'est si prudemment comportée en affaire si perplex et douteux, pour un personnage tenu pour trompeur, contre un si franc gouverneur. »

La compagnie se levoit , quant un mercier print la parole et leur dict :

DISCOURS D'UN MERCIER.

« Vous aimez (dites-vous) les princes du sang , et tenez pour ennemis ceux qui leur pourchassent injure, et vous avez ouy qu'à ce nom de prince et de race de roys l'on vous a demandé secours pour monsieur le cardinal. A cela faut-il (sans attendre à demain) satisfaire ou confesser nostre faute : car qui sçait ce que le lendemain nous garde ? Vous entendrez doncques (parlant à moy) que nostre royaume se tourne et soutient sur deux establissemens, comme sur deux gons fors et puissans à merveilles. L'un est la loi salique, l'autre les trois estats. L'un et l'autre gardons-nous si religieusement, que quiconque attente contre l'un ou l'autre , nous le tenons pour traistre et ennemy aspirant à l'éversion de l'estat. Pour telles gens fut jadis faicte , et tost après pratiquée à Rome l'ordonnance qui permettoit à toute personne,

de tuer celuy qui aspiroit à la tyrannie, pourveu qu'après
il fist apparoir que l'occis y avoit aspiré. Car comme il soit
impossible que homme prétende à si grand chose que quelqu'un ne s'en aperçoive, aussi est-il bien possible, ores que
l'on s'en aperçoive, que quelque fois il anticipe, en se faisant si puissant qu'il n'y ait plus ordre de l'appeler en jugement : auquel cas il estoit permis de prévenir par la voye
de fait la voye de justice, contre celuy qui la vouloit abolir. Par la loy salique, nul ne peut estre nostre roy s'il n'est
prince de la couronne. Nul n'est prince, si de père à fils il
n'est issu de nos roys. Et comme, par ceste loy, toute fe-
melle est forclose de la couronne, aussi l'est-elle de chasque
part et portion d'icelle : de manière qu'aux terres données
en apennage à leurs pères, elles ne peuvent succéder ; mais
venant la ligne masculine à faillir, l'apennage retourne à la
couronne. Moins peuvent-elles donner ce droit à leurs enfans : car comment donneront-elles ce qu'elles mesmes n'ont
pas! De cela advient qu'en toutes autres familles, nul ne
prend noblesse de par sa mère. Nous portons bien aux filles
de nos roys et princes (tant comme elles vivent) un certain
respect d'honnesteté publique, receue par usage ; mais à
leurs enfans, rien quelconques que ce qu'ils ont de par leurs
pères. Car comment respecteroit-on les enfans de par leurs
mères, quand eux-mesmes ne font pas cest honneur à leurs
mères d'en porter ne le nom ne les armes? Et, quand ils le
voudroyent faire ne leur seroit pas souffert : autrement n'y
auroit si salle bouvier qu'une folle princesse n'amenast par
mariage à la couronne. Ce qui a amené aux autres royaumes, nos voisins, grandes misères et calamités, desquelles
par la religion de la loy salique et la vertu de nos pères qui
la nous ont escritte et ratifiée de leur propre sang, nostre
France s'est tousjours exemptée. Tous les roys et princes de
la terre l'ont révérée et adorée ; deux seulement l'ont mes-

prisée : les Anglois, qui, pour avoir querellé le royaume, ont perdu tout ce qu'ils y possédoyent d'ailleurs ; et ce René de Vaudemont, duc de Lorraine en nature, et roy en peinture, lequel pour avoir querellé Provence et Anjou, en fut chassé, et pour cela privé de tous autres bienfaits, comme vous avez ouy. Monsieur le duc Antoine, sage seigneur, son fils après, et à présent monsieur de Lorraine, ont prudemment laissé la vanité des royaumes et la poursuite de cest apennage, et s'en sont si bien trouvés, que monsieur de Lorraine en est à présent honoré d'une fille de France. Et au contraire ces deux esponges insatiables de feu monsieur de Guise et le cardinal, son frère, furent bien si impudens (tant la gorge leur démangeoit) qu'estans François et sujets du roy, ils osèrent entreprendre de tirer de la bonté et simplicité du feu roy Henry, estant encores dauphin, une promesse, quand ils marièrent leur frère. duc d'Aumale, à la dernière fille de la grande sénéchale, de leur rendre, luy venu à la couronne, le comté de Provence. Mais comme Dieu souvent rembarre par les plus petits l'orgueil et fierté des plus grans, un seul général, de la Chesnaye, eut bien de la vertu assez de leur faire rendre honteusement, et malgré eux, ceste promesse ; bien heureux qu'en la jettant au feu, l'on y jettoit aussi la preuve et le jugement tout asseuré de leur desloyalle félonnie. Quel traict au cardinal, quand ce Réné, son père-grand, qui print bien le nom et les armes de Lorraine de par sa mère, mais n'osa onques tant entreprendre d'usurper le nom ne les pleines armes de sa mère qui estoit d'Anjou, et monsieur le cardinal à sa promotion à Rome, fut si impudent de le prendre, et se faire appeller cardinal d'Anjou. Mais le roy luy fit bien lascher premier qu'il partist de là, et reprendre tout doux le nom de son père. Je laisse la menée toute ouverte pour le duché d'Anjou, dont ce tiltre n'estoit que l'esmorche et préparatif : car un seul renfroin du connestable le renversa si rudement par terre, que onques depuis n'en osèrent ouvrir la bouche. Est-ce pas cela renverser le royaume dessus dessous? Car qu'auroyent esté, si cela avoit lieu, tant de bons et sages, tant de vertueux et légitimes roys que Dieu nous a donnés depuis Philippe-de-Vallois, sinon tyrans et usurpateurs? Faudroit-il pas rendre Bourgongne, Normandie, Guyenne, Champagne, Touraine, Anjou, Berry, le Maine, Poitou, Auvergne, Provence, Languedoc, etc. Quoy? qu'est-ce qu'il ne faudroit point rendre? Est-ce pas accuser Dieu premièrement d'injustice, nos roys de tyrannie, et puis nos pères d'avoir esté des meschans, qui ont si vertueusement combattu, et opposé leur vie à chasser tels monstres que ceux-cy? qui de leurs os ont borné le royaume, qui de leur sang ont estably la loy, laquelle par tant de centaines d'ans a maintenu ce royaume en sa fleur, en sa puissance et en son entier. Quoy que la race d'un Passarin de Gonzague, ou d'un aventurier d'Est, qui n'estoyent point gentilshommes n'y a guères que cent-cinquante ans, et qui n'ont eu honneur entier en ce monde, que d'avoir espousé des princesses de France, vienne trancher du prince en ce royaume? ou que le comte Jehan, le comte Loys, le comte Robin, qui n'ont territoire que leur propre nom, et noblesse que d'estre issus du fils, ou de la fille d'un prestre, viennent marcher devant mille races de gentilshommes françois, qui de quatre, de cinq et de six cens ans de plus, n'ont perdu de veue les roys et couronne de France? Je ne dy pas qu'aux seigneurs estrangers l'on ne porte quelque respect d'honnesteté seullement; mais s'ils le vouloyent prétendre comme chose deue, on leur feroit décliner leur nom et la race de leurs pères, de laquelle vient la noblesse ou roture des enfans. Pourtant ce fut vertu grande à feu monsieur Liset, premier président en parlement à Paris, quand au commencement

que le cardinal voulut usurper ce tiltre de prince, il luy
prononça, devant le roy mesmes, outre ce qu'il en avoit
desjà fait en parlement, qu'il n'estoit ne prince, n'égal aux
princes : et si vous en voulez, dit-il, user, dites-nous le lieu
de vostre principauté. Et au contraire grande honte à monsieur le cardinal d'avoir par imposture pourchassé depuis
de faire résigner par force l'office de président à ce bon vieillart, qui par tant d'ans avoit si honnorablement tenu le
premier lieu en la justice de France. Mais vrayement la gorge
devroit bien plus fort démanger à ceste dame (qui n'est de
France ne princesse en France, monsieur le prince de la Roche-sur-Yon sçait bien qui elle est) qui a bien esté si félonne
de dire ouvertement à la royne, qu'elle devoit de son vivant
abolir la loi salique, et donner entrée au roy Philippes de
venir à la couronne. Mais Dieu qui a mis assez de sagesse et
bonté en la royne pour résister à la tentation de la serpente
(car elle a et doit avoir meilleure espérance de la vie de messieurs ses enfans, que celle-là ne luy en donnoit), résistera
à toutes leurs machinations, et nous maintiendra s'il luy
plaist, comme chacun jour nous l'en prions, nostre roy et
messieurs ses frères et princes du sang, et confondra leurs
envieux et adversaires.

Aussi peu est monsieur le cardinal ne ceux de Guise race
des roys. Si vous n'eussiez dit que race dë roys, j'eusse
laissé aux autres esplucher quels roys c'estoyent, où sont les
royaumes, qui en porte les couronnes, et où en est la
chambre des comptes. Ce tiltre est mieux deu à d'autres
gentilshommes françois, qui ont eu infinis roys et royaumes en leurs maisons. Voyez combien il y en a eu de la
maison de Foix (je ne parle point du royaume de Navarre,
car il y est encores): quatre filles de ceste maison-là ont esté,
pour une seule saison, mariées aux quatre plus grans roys
de la chrestienté, après le nostre, desquels les roys, la race

et les royaumes durent encores : non pas de ces royaumes
en l'air, dont, pour toute royalle possession, l'un n'a que
des armoiries peintes, non plus que qui garderoit la clef
d'un garnier, dont un autre qui en jouiroit auroit changé la
clef, la porte et la serrure. En la maison de Lusignan, y a
eu quatorze roys portans couronne, et le dernier roy chrestien de Jérusalem estoit de leur maison. Les roys de Naples
et de Sicile, seigneurs de la Pouille et Calabre, sont venus
d'un puisné de Normandie, un Bertran de ce mesme païs
surnommé du blason de ses armes, le chevalier au vert
Lyon, conquesta le royaume d'Arragon ; et qui est le duc de
Lorraine qui ait jamais esté roy qu'en peinture ? Tant d'autres se peuvent dire à ce titre race de roys, que je ne m'esbahis plus de ce qu'un gentilhomme de feu monsieur le mareschal de Brissac me disoit, n'y a pas long-temps, qu'il y
avoit cent maisons de nos gentilshommes françois qui d'ancienneté et noblesse, ne de grandeur de prédécesseurs, ne
céderoient point à celle de Guise. Voire (disoit-il) sans y
comprendre la maison du connestable, qui est la plus ancienne de la France, et luy seul en ce royaume qui porte
sans emprunt le nom et les armes de son duché ; et, au paravant qu'ils fussent ducs, estoient les premiers barons de
France. Ce fut lors que feu monsieur de Guise, dernier tué,
voullant ravaller la maison de Brissac, desplaisant d'un
rapport que monsieur de Gonnor faisoit de certain lieu où
le roy l'avoit envoyé, et marry de ce qu'il en parloit si franchement, demanda s'il apartenoit à un petit gentilhomme
d'en parler ; comme si la maison de Brissac, proches parens
du connestable, laquelle a tenu si bon lieu en l'hostel des
roys, et qu'il n'estimoit pas moins que celle de Guise, n'estoit riens ; et que ledit sieur de Gonnor qui a eu de si honorables charges, et estoit desjà chevalier de l'ordre, et du
conseil privé du roy, fut au prix de ceux de Guise, quelque

rustre incognu, ou nouveau venu en France. Et il ne faisoit (ce me disoit ce gentilhomme) en cela que continuer ce qu'il avoit dit à son retour d'Italie au feu roy Henry du mareschal mesme de Brissac, qui a fait tant de belles choses en Piémont, duquel il dit au roy infinis blasmes, donnant à je ne say quels soldats, toute la gloire des beaux exploicts et faits d'armes de ce païs-là, pour l'oster audit sieur mareschal. Et ayant failly à son entreprinse, retourna à le caresser pour le mettre de son costé. En quoy faisant, il faisoit deux coups tout d'une main : car il le tournoit contre le connestable, son propre sang (en quoy il diminuoit l'un et l'autre) et le rendoit (comme le boucher qui a failly au premier coup) plus à main pour une autre fois le mieux asseurer. Mais mettons cela avec mille injures qu'il a faites à la noblesse de France, et avec le soufflet qu'il donna à la damoiselle de Bourdeilles, et revenons à nostre race de roys, dont d'autres maisons de gentilshommes se peuvent à meilleur droict vanter que ceux de Guise. Mais qui dit race des roys, adjouste une détermination expresse qui ne se peut entendre que de nos roys : ce qu'eux n'autres quelconques ne peuvent estre que ceux qui de père à fils en sont descendus, comme j'ay dit.

Je ne veux pas dire que messieurs de Guise ne se puissent dire parens des princes (l'on appelle cela en cour, ce me semble, estre seigneurs de lignage), ainsi le sont assez d'autres gentilshommes françois qui ont espousé des princesses, ou sont issus d'elles : comme nous avons veu qu'un seigneur de la Vau-Guion, ce me semble, et le sire de Rieux en Bretaigne, père de feuë madame d'Andelot, en ont espousé chacun une ; et monsieur le duc de Bouillon en a encores une autre de la mesme maison de Bourbon, dont est issu monsieur le cardinal. Comme aussi les princes se sont alliés aux meilleures et plus nobles maisons de la noblesse françoise. Ainsi sont les maisons de Montmorency et de Chastillon ; ainsi sont aussi ceux de la Roche-Foucault, parens et lignagers des enfans de monsieur le prince de Condé : ainsi le sont les enfans du feu admiral de Brion de la maison de Montpensier ; mais estre prince, race, ligne, sang, ne maison de France, ne se file point à la quenouille ny au fuseau.

Cela n'est point de si petite importance que nous ne voyons par expérience aux histoires, combien de vrais et légitimes héritiers de royaumes, et grosses maisons ont esté, les uns frustrés, les autres tués, les autres chassés de leurs royaumes et maisons paternelles, par tels fins renards qui, sous main du commencement, faisoient (comme messieurs de Guise ont faict) faire et publier de fausses généalogies, corrompre les anciennes histoires, prennent les armes, puis le nom, et enfin, à force ouverte, se jettoient dedans. Ainsi vint à l'empire ce monstre d'Héliogabale : ainsi sondoit César la volunté du peuple romain, se faisant tantost appeller roy, tantost mettre couronnes sur sa teste et sur ses statues : ainsi cuida apporter de grans troubles à l'estat de Judée, un Alexandre qui se disoit fils d'Hérodes : et assez d'autres misérables exemples.

Pourtant, si nous aymons les princes, mais plustost si nous aymons nostre roy, nostre royaume, et le lieu de nostre naissance, ceux de Guise nous doivent estre pour ennemis. Je dy les plus suspects qu'eut oncques la France. Les Anglois et leur duc René, qui estoient estrangers, ont eu des verges de justice, et ceux-cy qui se dient nostres et nos subjets, abuseront de Dieu, des sermens, des loix et des hommes, et seront marchepied de nos gentilshommes, pour après faire de nous lictière à leurs chevaux. Ce sont des actes ainsi que j'ay autresfois ouy dire à des gens de justice, qui se doivent rechercher, voire après la mort. Pour-

tant ce si malheureux de Merey eust aussi bien tué le duc
de Guise pour ce fait-là, comme il le tua pour le fait de la
religion, c'eut esté le plus beau coup, et le plus mémorable
acte de vertu qui fut oncques fait. Mais Dieu qui ne veut
pas que sa religion soit abolie ne avancée par le cousteau,
luy osta (à mon advis) en cela l'entendement. Et si nous
aimons nostre patrie, monsieur le cardinal n'en doit pas
moins espérer de quelque homme de bien, et cueur géné-
reux que Dieu esveillera pour exécuter une tant saincte ordonnance ; si luy-mesme de sa main parjure ne l'exécute,
comme assez d'autres que Dieu a sans bourreaux, d'eux-
mesmes. Si aurois-je regret qu'un huguenot plustost qu'un
des nostres eust l'honneur de le faire. Et si messieurs les
princes sont soigneux à la moindre fièvre qui les prent, se faire
saigner, et jetter de ce gros sang corrompu qui leur nuist ;
combien icy qu'il est question d'une peste, et grosse pleurésie
qui les assaut, doivent-ils, par une forte et puissante saignée, espandre ce meschant sang aduste, bilieux et corrompu, qui se dit (comme la bouze seiche dit, entre nous
pommes, nous nageons) estre à eux leur parent et lignager :
car en donnant par telle saignée salut à tout le royaume, se
maintiendront eux-mesmes en une perpétuelle santé. Car
c'est de la justice de Dieu qu'aux meschans il advient ordinairement ce qu'ils ont pourchassé à autruy. Ainsi fut un
Alexandre, roy de Macédoine, tué de mesme artifice qu'il
avoit délibéré tuer, le lendemain, le roy Démétrius. Pourtant les Romains, encores qu'Annibal feust vieil et cassé,
et que la fortune le eust comme foullé aux pieds, banny de
son pays, et fugitif : toutesfois ils pressèrent tant le roy de
Bithinie (vers lequel il s'estoit retiré) de leur livrer leur
ancien ennemy, ou bien le faire mourir qu'Annibal s'en
fit mourir et estrangler. Car ils cognoissoyent bien qu'il
estoit, tant qu'il eust vescu, un feu pour l'empire ro-

main, qui n'avoit besoin que de quelqu'un qui le souf-
flast, ayant une haine enracinée en son cœur, et une
rancune envieillie à l'encontre des Romains, ce que la
vieillesse n'oste ne diminue. Car la nature et la qualité des
meurs demeure tousjours, mais la fortune va changeant, et
en se changeant incite par espérance à nous courir sus ceux
qui nous haïssent de volunté. Or comme la morsure de l'as-
pic est telle, que sans pasmoison ne gemissement elle attire
seullement une pesanteur de teste, et cause une grande envie de dormir avec un peu de sueur au visage, et amortit
ainsi petit à petit les sens, sans que l'on aperçoive aucunement que les patiens endurent grand douleur : car ils sont
aussi marris quand on les éveille, ou que on les lève, comme
sont ceux qui sont fort espris de sommeil. Ainsi sont les
coups de monsieur le cardinal envers ceux qu'il veut ruiner.
Pourtant ceux qui le favorisent, ou qui ont pitié de luy (je
parle des grans et des petits), doivent bien penser à eux,
et ne laisser pas ainsi escouller la mémoire des choses passées ; considérans combien en adversité il est souple et
abbatu, et en prospérité intollérable et arrogant : et qu'il
est comme la panthère, laquelle mange les bestes qui la
suivent pour son odeur. Et comme la piqueure du scorpion
ne se guérit point si bien par nul remède que par le scorpion mesme apliqué dessus, j'estime en ma conscience
qu'il soit ainsi de monsieur le cardinal.

Mais disons un mot de ces trois estats, clergé, noblesse
et roture, èsquels toute la France par un conseil admirable
de Dieu, a esté comme dès son commencement, divisée ; et
puis après ces trois pièces si bien reliées, collées et entrela-
cées ensemble, que la liaison, non plus que d'une figure
ronde qui n'a bout, fin ne commencement, ne s'en peut
apercevoir, estant une telle division plustost une infusion
de tous avec tous (comme qui mesleroit trois sortes de vin

ensemble), que non pas une séparation. Et comme de plusieurs et divers tons se fait une plaisante et armonieuse musique, et que le chaud, le froid, l'humide, le sec, par leurs contraires accords, maintiennent la machine de ce monde en son entier : ainsi les offices divers de chascun de ces trois estats ont rendu, et tiennent encore nostre royaume fort, puissant, sain et entier à merveilles. Pourtant quel trait estoit-ce à monsieur le cardinal quand il proposa au roy d'abolir l'assemblée des estats! Premièrement ès païs où particulièrement tous les ans ils s'assemblent : car ce ne sont (disoit-il) que plaintes, querelles et doléances. Puis après l'assemblée générale de tout le royaume. Car qu'est-ce (disoit-il) autre chose qu'une espine au pied des roys? Aussi ne fut-il oncques si estonné et fasché ensemble, que quand il vit que l'on avoit arresté l'assemblée des estats du temps du dernier roy François, quoique le royaume fust lors comme en sa main : car il cognoissoit bien quelle bride c'est à tous les pillars qui sont autour des roys, quel rempart contre toutes meschantes entreprinses que l'on voudroit faire contre les roys et couronne de France. Or n'aiant peu ouvertement parvenir à ce but, par la prudence du feu roy et bon conseil de monsieur le connestable principallement : car cestuy-là et tous les gens de biens ont tousjours esté de fortes et poignantes espines, non pas au pied, mais au cuer et entendement de monsieur le cardinal. Lors il se tourne aux finesses ; et, comme en persécutant les huguenots, il les eslève et nous opprime (ainsi que le cousin de céans vous monstrera par expérience) au contraire, en faisant semblant de maintenir les trois estats, il en pourchassoit la ruine et subversion : car soudain que le connestable fut prins à la journée Saint-Laurent, il nous brassa avec toutes les pipperies, desquelles l'on se peut adviser, ceste mommerie d'estats qu'il feit, non pas assembler, mais amasser à Paris, où il masqua la justice d'un quatriesme estat dont je me tairay : car j'entens que quelqu'un en a escrit bien amplement, et se verra bientost son œuvre.

Et quant nous aurions les sens, le cœur et l'entendement si esgarés, de vouloir prendre les armes contre monsieur nostre gouverneur, le ferions-nous sans quelque chef? Et à vostre advis, prendrions-nous monsieur d'Aumalle qui ne sceut oncques prendre un meschant poullier qui estoit au-dessus de Rouen? et consomma (comme s'il eut tiré au papegaut) nos poudres et munitions à tirer contre je ne say quelle gargouille que les Normans luy avoient plantée par moquerie sur leur rampart. Ou si ce seroit le marquis d'Ellebeuf, qui ne sceut pas garder le chasteau de Caen, qui de soy estoit imprenable? Ou bien nous adresserons-nous à quelque estranger? Nous n'avons (que je sache) icy que le prince de Mantouë. Pensez-vous (encores qu'on luy fasse cest honneur de luy bailler une héritière en partie, de ceste opulente maison de Nevers) qu'il y ayt en toute ceste ville homme si sot, si beste et si mal advisé qui s'en vousist adresser à luy? Par vostre foy (afin que je ne die rien de sa jeunesse, inexpérience, et de ce que vous scavez tous) nous fierions-nous au neveu de Fernand de Gonzagues? Je pense bien que monsieur le cardinal, comme il est naturellement trompeur et menteur, ne faillira pas à escrire par tout qu'il n'aura tenu qu'à luy que nous n'avons faict qu'une sédition. Voilà l'honneur qu'il nous fera. Croyez qu'il me est advis que je voy desjà les uns et les autres escrire : les uns par une sottise et vaine gloire estrangère et barbaresque ; les autres par une pourpensée malice, que nous avons voulu remuer pour l'amour de luy, et se attribueront nostre prudence et vertu, comme s'ils nous avoyent contenus en nostre devoir, ou que, par faute de puissance, nous soyons demourez en reste. Mais quoy? J'ay du plaisir aussi à penser en moy, comme le roy, la royne, les princes et ceux qui entendent les affaires, se mocqueront de ces pauvres et sots escrivains : et s'ils escrivent à quelque estranger comme eux, il y a du plaisir de les voir repaistre des bayes mesmes dont ils repaissent les autres. Et puis le bon sera, quant à nostre requeste, le roy leur demandera qui sont ceux qui se sont addressés à eux. Car lors vous les verrez croistre le nez à veuë d'œil, et crier après eux au Regnard. Car c'est ainsi qu'il faut traiter les veaux et glorieux qui si audacieusement sortent hors des bornes de toute vray-semblance.

Vous direz (peut-estre) que je ne fais donques point de cas de monsieur de Lorraine, pource que son duché n'a fait que sauteller de quenouille en quenouille jusques à Ferri de Vaudemont, et que je me moque de ceux qui dient qu'ils sont descendus d'un quatriesme frère de Godefroy de Boulongne, que les Allemans appellent Bouillon, qui fut (ainsi qu'on dict) baron de Ginville, à cause qu'il ne se trouve point par les histoires de quatriesme frère qui fut baron de Ginville, et que la baronnie de Ginville fut naguères achettée par un évesque de Mets, et par sa succession venuë à messieurs de Guise, sauf vostre grâce, car je scay bien que Charles, duc de Lorraine, dernier masle de la race de Charlemagne, qui mourut avec tous ses enfans masles prisonniers à Orléans, eut une fille mariée avec le comte de Louvain, qui s'empara du pays qui n'estoit dès lors plus guères de chose, de ce que Lothaire, fils de Loys-le-Débonnaire, avoit tenu, et de son nom nommé Lorraine. A ce comte de Louvain, l'empereur donna pour compétiteur un Gozelo, comte d'Ardenne, qui se nomma duc de Lorraine. Peu de temps après le duc de Mozelane, qui n'en tenoit que quatre ou cinq places sur la rivière de Meuse, se fit aussi en sa petite portion appeller duc de Lorraine, qui est nostre Lorraine du jour d'huy, non pas celle dont est yssu ce bastard qui conquesta le royaume de Portugal, ne dont l'empereur Charles-le-Quint se nommoit, et encores se nomme le roy Philippes, son fils, duc de Lorraine. Or Gozelo eut une seur, et de cette seur trois neveux, Godefroy, Baudouin et Eustache. Godefroy voyant le païs et le tiltre contentieux, quitte tout, et avec les princes chrétiens entreprint le voyage de Jérusalem, dont il fut roy, mourut sans enfans, et après luy Baudouyn son frère.

Eustache ne fut roy ne duc, ains comte de Boulongne en Picardie. Mais soit qu'il y ait eu un quatriesme fils de Boulongne, soit qu'il fut des barons de Ginville, qui portoyent d'or à la bande de gueulles en sautoir, chargé de trois allerions d'argent, qui ne sont pas les armes de Boulongne : si faut-il confesser que c'estoit un gentilhomme françois, lequel espousa l'héritière de ce duc de Mozelane.

La race de ce gentilhomme a duré (ce dit-on) jusques à Charles, qui n'eut qu'une fille Ysabel, mariée à un prince de France, René, dernier duc d'Anjou, roy de Sicile, lequel ne fit que dire (par manière de parler) bon jour, bonne nuict à ce duché. Car ayant veu mourir devant luy Jehan et Nicolas d'Anjou, yssus de luy, vit aussi de son vivant sortir ce duché hors de ses mains par le mariage de sa fille Yolland avec ce Ferry de Vaudemont, comme vous avez ouy. Pourtant ceux qui dient que le duché de Lorraine est si petit qu'il n'y a endroit en iceluy, duquel un homme de pié ne puisse sortir hors le duché en une heure, l'entendent de ce qui est du corps du duché ; car les ducs y ont fait depuis des adjonctions et acquis quelques pièces : et puis ils ont le duché de Bar, qui est de la souveraineté de France, et à ce que j'entens, du domaine de la couronne. Mais outre cela, j'estime monsieur de Lorraine de ce qu'on veoit la vertu du bon duc Antoine et de son père, comme héréditaire en luy, ainsi qu'au contraire l'on ne veoit que malignité en ceux de Guise.

Ainsi furent d'un mesme père Isaac et Ismaël : cestuy-là bon, cestuy-cy mauvais. Et des deux jumeaux, Jacob esleu et Ésaü réprouvé.

« Ésaü (dit l'Escriture) fut un veneur, » aussi le fut le premier duc de Guise, le dernier son fils, et quelqu'un d'eux l'est encores : que pleust à Dieu qu'ils n'eussent chassé et couru sus qu'aux bestes sauvages et malfaisantes, et non pas aux hommes et gens de bien comme ils ont fait. Pourtant la maison de l'aisné florira, et au plaisir de Dieu prospérera, et les puisnés, comme gens engendrés à la dérobée, s'ils ne s'amendent, périront.

Je vous advise que je ne fus onques tant marry que quand au festin solennel que l'empereur à présent fit à Francfort, je vey que le duc de Lorraine (sans aucun respect qu'il a espousé une fille de France) fut tout le dernier assis à table après tous les princes et seigneurs de l'empire, et monsieur de Vaudemont, après tous les enfans de famille ; et que j'ouy dire là qu'en toutes séances et honneurs il est le dernier : pource, dient les Allemans, que son duché n'est que le rebut de l'ancienne Lorraine. Pour conclusion je dy qu'aimer les princes et haïr le cardinal, ce n'est qu'une mesme phrase et façon de parler. Je dy d'avantage qu'aimer monsieur de Lorraine (comme vrayement il est aimable pour l'alliance qu'il a de présent, et le sera tant qu'il se comportera en son devoir envers nous) et aimer monsieur le cardinal ensemble, sont choses incompatibles ; car qui peut aimer celuy qui a voulu ruiner celuy que nous aimons?

Voulez-vous une plus grande malice contre leur propre sang (et ne vous en diray plus) que celle-cy? Le duc René, leur père grand, avoit espousé une fille de Normandie de la maison de Harcourt (de ceste maison-là leur sont venus le duché d'Aumale, le marquisat d'Ellebeuf et tout ce qu'ils ont en France, excepté Ginville) ; du vivant d'elle il en espouse une autre de Gueldres , dont sont issus le duc Anthoine, le duc de Guise leur père et le feu cardinal leur oncle. Or nasquit (comme ils prétendent) le duc Anthoine, la première femme vivant encores, et laissa un fils duquel est venu M. de Lorraine à présent, qui estoit fort jeune (et croy) encores au berceau quand son père mourut. Lors (comme vefves et pupilles sont tousjours abayez des meschans) monsieur de Guise lève l'oreille comme si la porte luy estoit ouverte à usurper le duché, en faisant déclarer le duc Anthoine illégitime. Ce qu'il ne pouvoit faire , sinon ayant un pié dedans le duché , pourtant il fait tout ce qu'il peut pour parvenir à espouser la vefve du dernier duc. Elle, comme sage et advisée, et vrayement comme une mère naturelle voulant conserver son fils et son bien , aspiroit à en avoir la garde : parquoy elle tenoit ce monsieur l'Amoureux en quelque alaine , comme aussi de sa part il estimoit bien que ceste garde noble luy seroit une honneste et favorable entrée à s'emparer du duché.

Pourtant, s'il vous en souvient, ils partirent tous de Ginville en diligence incontinent après les nopces du marquis du Mayne , gaillars et bragars pour faire ceste vefve garde de son enfant. Mais si tost qu'elle eut ce qu'elle demandoit, elle leur donna du rosmarin, et s'en revindrent (comme l'on dict) sur traineboiau. Ayans failly à leur entreprinse contre leur cousin germain (car le feu duc de Lorraine et eux estoyent enfans des deux frères), ils jettèrent leurs filets sur les autres cousins du costé de la mère. Car le feu roy de Navarre et eux estoyent enfans, luy du frère et eux de la sœur, et par tous moyens tentèrent desbaucher le mariage accordé entre la royne de Navarre à présent, et le feu roy son mary. Mais comme une vefve qui avoit eu aucunement affaire d'eux , couvertement les mesprisa ; une fille de roy qui n'en avoit que faire, ouvertement les dédaigna : car (dit-elle au roy

Henry qui luy en parloit) : Voudriez-vous, monsieur, que celle qui me doit porter la queuë fust ma belle sœur, et que la fille de madame de Valentinois vint à me costoyer? parquoy le roy se sentant luy-mesme payé, ne luy en parla onques depuis : ainsi tournans leur rage contre le roy mesme, luy en firent payer l'amende.

Le feu duc de Ferrare avoit une fille qu'il aimoit mieux que sa femme ; car chacun a veu quel traitement il a fait de son vivant à ceste grande dame, fille du roy Loys, père du peuple ; ceux aussi qui entendent les affaires d'estat, et qui estoyent de ce temps-là, sçavent pourquoy on la refusa à tant de princes et grans seigneurs qui la demandoyent pour la mettre si bas qu'en Ferrare. Or avoit ce duc je ne sçay quelles parties de poudres, de boullets et munitions et autres semblables fatras qu'il avoit employés pour luy, et prétendoit les faire payer au roy, ce qu'il n'avoit peu faire du temps du roy François-le-Grand, qui sçavoit la pipperie qu'en cela luy avoit esé faicte. Pour le faire court, le duc baille des parties en mariage à sa fille, et le bon roy les paye. Hélas qu'il n'y a encores des ducs de Guise à marier pour espouser nos filles. Je feray des dettes de cinq ou six maisons de ceste ville que je cognois plus loyallement dues que celles du duc de Ferrare, un mariage riche au double de celuy de feu monsieur de Guise, pourveu qu'il trouve un payeur de dettes d'autruy. Mais comme Dieu est admirable en tous ses faits, il est advenu que le duc ne le duché de Lorraine n'ont point eu de plus fermes ne plus asseurés fondemens que ceux que le cardinal et le duc de Guise son frère avoyent jettés pour le ruiner. Car ayans rendu ceste duchesse de Lorraine infiniment odieuse au feu roy, ne cessèrent jamais que le roy sous ombre d'une protection (car aux plus insignes malices, c'est où ils ont tousjours eu plus beaux et plus spécieux prétextes) n'eust prins le duc en sa main, espérans bien qu'ayant un

roy favorable, le duché en sa main et le duc en la leur, le temps
les amèneroit au but qu'ils prétendoyent. Mais comme le
feu roy estoit d'une singulière et religieuse bonté, il print
l'enfant en sa garde, et bailla le duché en celle de l'oncle
comte de Vaudemont.

Par là se voyans par leurs propres ruses affinez, dressèrent
leurs embusches à persécuter le feu roy de Navarre de toutes les façons que vous avez veu, et qui considérera bien en
quel estat estoyent les affaires lors du décès du feu roy
François dernier décédé, il verra, comme en plain midy,
en quelle façon toutes leurs entreprinses se sont, comme par
une conspiration, tournées contre eux. Et puis faites ces
messieurs-là princes, faites-les vos cousins, faites-les vos
compagnons, servez-vous d'eux. Et vous voulez que nous en
fassions nos chefs et nos maistres : croyez-moy que si monsieur le cardinal n'avoit d'autres fols pour luy que ceux de
nostre ville, il seroit bientost unique de son train. »

AUTRES DEVISES.

Plusieurs autres propos furent tenus entr'eux estant jà
debout.

« Il n'est gloire ne noblesse (disoit un orfèvre), je le maintien, que d'estre chrestien, François et Parisien : cela est
estre les trois estats ensemble. Et comme le blanc est beauté
sans couleur, et l'eau la meilleure qui n'a aucune saveur ex-
terne : aussi cestuy-la est le vray chrestien, qui n'est ne de
Céphas, ne d'Apollon, ne d'autre que de Jésus-Christ. Il ne
faut estre chrestien à la grecque, à la romaine, à la réis-
tre, à la huguenotte, ne à la cardinalle : il le faut estre pur
et simple. Ainsi doit-il estre du François et Parisien, et
laisser là toutes ces qualités guisardes, et autres particulières
de qui que ce soit. J'aimerois autant ouïr dire un évesque

musnier, ou un maistre vallet, qu'un François Lorrain , ou Parisien guisard. »

« Retenez cela, dit un marchant de fer, des Parisiens, qu'ils sont très-humbles et très-obeissans subjets du roi , humbles serviteurs de ses princes , officiers et ministres , et au reste amis de tous ceux qui l'aiment et veullent bien à son royaume, ennemis de ses haineux et malveillans. Là-dessus estendez et y appliquez monsieur le cardinal : s'il est tel que vous avez ouy, il fera que sage de partir demain de bon matin sans sonnettes. Sinon qu'il choisisse comme il veut venir, en gentilhomme ou en cardinal. Car prince en France ne se dit point en son endroit. S'il vient en cardinal , qu'il apporte sa croix, et non pas la harquebouse d'un gendarme. S'il vient en gentilhomme, quelle fierté et outrecuidance est-ce à luy de desdaigner nostre gouverneur qui est l'authorité du roy? Nous ne pouvons accorder avec les huguenots, pource qu'ils servent Dieu d'une autre façon que nous : et vous voulez que j'aime cestuy-là qui mesprise celuy que pour l'amour du roy nous recevons tous. »

« Voulez-vous, dit un autre, que je vous die qu'il me semble de monsieur le cardinal? c'est à bon langage un mulet : car comme le mulet est engendré de l'asne et du cheval , et toutesfois n'est ne l'un ne l'autre : ainsi monsieur le cardinal qui se mesle de l'estat ecclésiastique et de la guerre, du prestre et du noble , ne se trouve l'un ne l'autre , mais qu'il tient plustost du roturier ; et comme le mulet est stérile et rend (à ce que l'on dit) les ânesses et les jumens stériles sur lesquelles il monte : aussi a-t-il gasté et perdu d'une estrange stérilité l'un et l'autre estat qu'il a manié. »

« Mais, dit un marchant de vins, il vient (ce dit-on) pour remuer mesnage. Je ne demande point quand il sera las de remuer, que pleust à Dieu de remuer son ame pour nous laisser en repos. Mais je dy qu'il y a des maladies où le re-

28.

muement est plus doloreux que le mal mesme. Il y a aussi des remuemens, je dy des amendemens qui ne valent pas le mal qu'il en faut endurer. Pour ceste cause, un Romain s'estant mis entre les mains d'un chirurgien pour guarir certaines déformités qu'il avoit aux jambes, après en avoir baillé l'une, et que sans vouloir estre lié il eût enduré patiemment d'un visage constant et asseuré sans remuer, gémir, souspirer, ne dire un seul mot, toutes les extrêmes angoisses de douleur qu'il estoit forcé de sentir pour les cauthères et incisions que l'on y fit, quand on voulut venir à l'autre jambe il la refusa. Et je ne sçay quel Grec, auquel une courtisane faisoit sa marchandise trop chère, sçeut bien dire qu'il n'achetoit pas un repentir si chèrement. Ainsi je 'e prie qu'il nous laisse jusques à ce qu'un meilleur remueur qui sache quand nous serons bien, entreprenne le remuement. Car s'il ne veut remuer que par les livres, qu'il laisse faire messieurs de Sorbonne qui n'ont point mangé d'aux comme luy, et que luy-mesme leur preste l'oreille, car il n'y en a point qui en ait plus de besoin, ne qui soit plus tumbé que luy-mesme. Comment donques est-ce qu'il relèveroit les autres? car si l'esquière n'est juste, comment est-ce qu'elle corrigera ce qui est tortu? S'il veut remuer par le cousteau, c'est à faire aux connestable et mareschaux de France. Pour l'honneur de Dieu qu'il se contente du remuement qu'il nous a fait, de peur que quelqu'un ne le remue luy-mesme. Nous ne souhaitons pas (quoy que vous ayez ouy) qu'on le tue : mais pour vray nous prions Dieu qu'il le vueille amender, ou nous en délivrer bientost. »

» Or ne se pouvoyent les uns ne les autres estancher de parler de ceste affaire, qui (comme une source apporte tousjours nouvelle eau) leur fournissoit nouveaux argumens de dire. Mais pour conclusion le sire de la maison voyant que mon hoste et les autres qui estoyent de de-là les ponts, ne vouloyent demourer à souper avec luy, remit l'affaire au dimanche prochain au jardin de mondit hoste, là où son cousin qui a demeuré neuf ou dix ans avec un de leurs oncles, docteur en théologie, et qui a eu grande fréquentation et familiarité avec feu monsieur nostre maistre Picard, duquel il faisoit merveilleusement grande estime, tant en doctrine qu'en bonne vie, nous mettra en peu de paroles quel estoit l'ancien estat de l'Église, comment il s'est peu à peu corrompu, qui en a empesché jusques à nostre temps la réformation, de quelles ruses et pipperies hypocrites monsieur le cardinal a déceu et trompé tout le monde, et comme enfin il nous a jettés aux troubles, luy défaillans toutes autres impostures. Et puis nous expliqua cinq prophéties de ce bon seigneur nostre maistre Picard, une de nostre maistre de Cornibus, une de nostre maistre Maillard, et deux de ce bon homme le Minible : toutes advenues aux mesmes termes qu'ils les ont prédittes et preschées. Et après luy chacun des marchans et bourgeois qui y estoyent au nombre de neuf ou dix de vostre ville (car je ne parle point des autres) donnèrent leur advis sur le fait de venir à un appointement et réformation, par où toute la terre cognoistra si en tout le monde y a de plus gens de bien, plus sages et mieux entendus au fait de la religion, que vostre ville en porte pour le jourd'hui, tout ainsi qu'en leur devis ci-dessus contenus l'on voit clairement reluire un devoir, une loyauté et fidélité grande envers leur roy, ses officiers et ministres : Un devoir, dy-je, et obéissance non pas forcée et contrainte comme aucuns envieux de leur renom et gloire ont voulu dire ; mais au contraire (ainsi que j'entens que vostre gouverneur mesme l'a plusieurs fois escrit et tesmoigné au roy) procédant d'un cœur vrayement françois, d'une cordialle et naturelle bienvueillance et d'une franchise de courage eslevée à l'honneur de Dieu, baignée en

l'amour de nostre prince, et entièrement dédiée au bien
public. Par laquelle obéissance la gloire mesme de monsieur
vostre gouverneur est rendue beaucoup plus illustre, plus
claire et brillante, que celles qui sont ternies et ensanglan-
tées de cruelles et criminelles exécutions : ce qui n'a esté en
nul endroit de son gouvernement.

Et comme ainsi soit que la vertu de bien obéir ait besoin
d'une nature généreuse aidée de bonne nourriture, aussi
bien que la vertu de bien commander, et que tout ainsi que
cestuy-là tient le premier lieu entre les hommes, qui sait
de luy-mesme conseiller les choses bonnes et profitables ;
après luy est estimé quiconques obéit à celuy qui donne bon
conseil : ainsi de ceste grande et vertueuse obéissance vo-
luntaire se peut juger quelles gens ce sont que les bourgeois
de Paris, dignes de commander à tous autres, qui a un
seul savent si vertueusement et gracieusement obéir.

Pourtant je prie tous les envieux de ceste grande et noble cité, lisans ce présent devis, que retournant à leur bon
sens et entendement, ils convertissent leur haine et envie
en vraye amour et dilection, et qu'ils n'ayent point de honte
d'apprendre d'elle, si par mesme moyen ils ne veullent avoir
honte que le soleil leur esclaire ; et comme l'obéissance est
la vertu propre de ceux qui la possèdent, aussi est-ce l'honneur des gouverneurs de la ville, le fruit et tesmoignage de
leur prudence, vertu et diligence. Ainsi est le fils la gloire
du père et le disciple de son maistre : au contraire, le vice
des chevaux s'attribue aux escuyers.

Pourquoy je vous ay bien voulu, seigneurs, addresser ce
mien recueil, afin que donnant par-là à connoistre à tous,
quelle est la vertu et obéissance de ceux de Paris, l'on y re-
cognut aussi les marques de vostre labeur, et que souvenant
aux uns et aux autres que ce n'est rien de bien commencer
qui ne continue, il vous demeure un vouloir et appétit d'y

persévérer et de rendre les effets encores meilleurs et plus excellens que la renommée, comme il sera aisé et facile de faire, séquestrant et jettant au loin de vous toute partialité, vous arrestant à la devise de vostre orfèvre, d'estre vrais chrestiens, bons François et sages Parisiens : ce que la grace de Dieu, implorée de cœur humble et dévot, vous fournira en abondance, comme je le supplie très-humblement qu'il vueille faire en nostre endroit, nous donnant un tel gouverneur, de si sages eschevins et de si humbles, honnestes et modestes habitans. Non pas que j'aye tant d'envie de sa largesse et libéralité envers vous, comme j'ay de regret (si ainsi les hommes peuvent parler) de sa chicheté envers nous (1).

(1) Cet écrit, que l'on peut considérer comme l'expression des sentiments qui animaient alors la bourgeoisie marchande de Paris, nous a paru compléter le tableau de ces temps de dissensions civiles, qui plus tard eurent de si déplorables résultats. Il est peu probable que les discours qu'il contient aient été réellement prononcés; mais nous pensons du moins que si, comme on le croit, c'est La Planche qui en est l'auteur, il aura puisé ses arguments et même les formes de son langage dans les habitudes de la bourgeoisie parisienne : et il est douteux que de nos jours on pût encore lui prêter avec vraisemblance autant de savoir, d'esprit et de bon sens.

TABLE DES MATIÈRES,

PAR ORDRE ALPHABÉTIQUE.

(Le chiffre romain indique le vol., le chiffre arabe indique la page.)

A.

C.

D.

<h1 style="text-align:center">E.</h1>

<h1 style="text-align:center">F.</h1>

29.

G.

J.

Jacques Stuard (Jacques V), roi d'Écosse, I, 189.
Jarnac, conseiller du roi de Navarre, I, 27, 28. — Essaie vainement d'animer le courage de son maître, 33.—Il le quitte pour s'attacher aux Guise, 34. — Il feint d'arrêter Bouchard, II, 42.
Jean, roi de France, I, 71.
Judet (Jean), I, 87.

L.

Lallemant, seigneur de Vouzé, dit aussi Marmagne, I, 111.
Lancelot, ministre évangélique, I, 204.
Langlois (Nicolas), I, 54.
Laubépin, I, 215. — Sa conduite à l'égard des protestants, 216. — Sa mort, 351, 352.
Léonor de Roye. Voy. Éléonore.
Lettres patentes contre le port d'armes, I, 84.
L'Hommet (Martin), imprimeur, I, 274.
Lignières (le capitaine), I, 119.
Limoges, ville, II, 4 et passim.
Liset (le président), I, 51, 285.
Loches, ville, I, 82. — Château de Loches, I, 251; II, 99.
Loi salique, I, 69.
Longueville (le duc de), I, 153.
Lopez de Gusman, I, 98.
Lorraine (cardinal de). Voy. Guise. — La maison de Lorraine issue de Charlemagne, I, 71. — Charles, duc de Lorraine, *ibid.*
Louis-le-Jeune, I, 260, 262.
Louis VIII, roi de France, I, 261, 262.
Louis (saint), I, 69.
Louis XI, roi de France, I, 71.
Lyon, ville, II, 2 et passim.
Lyon (du), conseiller, I, 274, 275.

M.

Maillard, I, 109.
Maillé-Brezé, I, 95.
Maligny aîné, I, 278.—Suit le prince de Condé en Béarn, 280.
Maligny jeune, II, 3. — Son entreprise sur Lyon, 4 et suiv.

N.

Nérac, ville, I, 282 et passim.
Nevers (le duc de), I, 112.
Noblesse, valet de chambre de Catherine de Médicis, I, 249.
Nocaze, I, 206.
Noizay, château près d'Amboise, I, 118 et passim.
Northumberland (le duc de), I, 189.
Nostradamus, I, 64.
Noyezan, I, 345.

O.

Oisel, I, 192.
Olivier (le chancelier) rappelé à la cour, I, 7. — Appuie les Guise dans leurs poursuites contre les protestants, 57. — Veut réformer la justice, 100. — Reproche aux Guise leur violence, 112. — Demande que l'on traite les réformés plus par douceur que par force, 115. — Interroge le baron de Castelnau, 155 et suiv. — Tombe malade et reçoit la visite du cardinal de Lorraine, 160.—Sa mort, 161.
Orléans, ville, I, 30, 71; II, 53 et passim.
Orthez (le vicomte d'), II, 116.
Othon-Henri, comte palatin, I, 83.

P.

Pachaut, II, 48.
Paix de Câteau-Cambresis, I, 2.
Palustre (Jean), I, 61.
Pardaillan, I, 131.
Paris, ville, I, 17, 30, 65, 88 et passim.
Paule-Émile, Italien, I, 261, 262.
Pépin, fils de Charles-Martel, I, 73.
Philippe Ier, roi de France, I, 69, 260.
Philippe-Auguste, I, 260, 262.
Philippe, dit Hurepel, frère du roi Louis VIII, I, 261.
Philippe II, roi d'Espagne, I, 42, 43, 44 et passim.
Picard (le), I, 158.
Picardie, I, 37. — Le gouvernement de cette province est donné au maréchal de Brissac, 58.
Pie IV, pape, convoque un concile général, II, 95.
Pignerol, abbaye, I, 272.
Pignon, I, 96.
Planche (Louis Regnier, sieur de la) est appelé auprès de la reine-mère, I, 283 et suiv.

Q.

R.

T.

V.

Y.

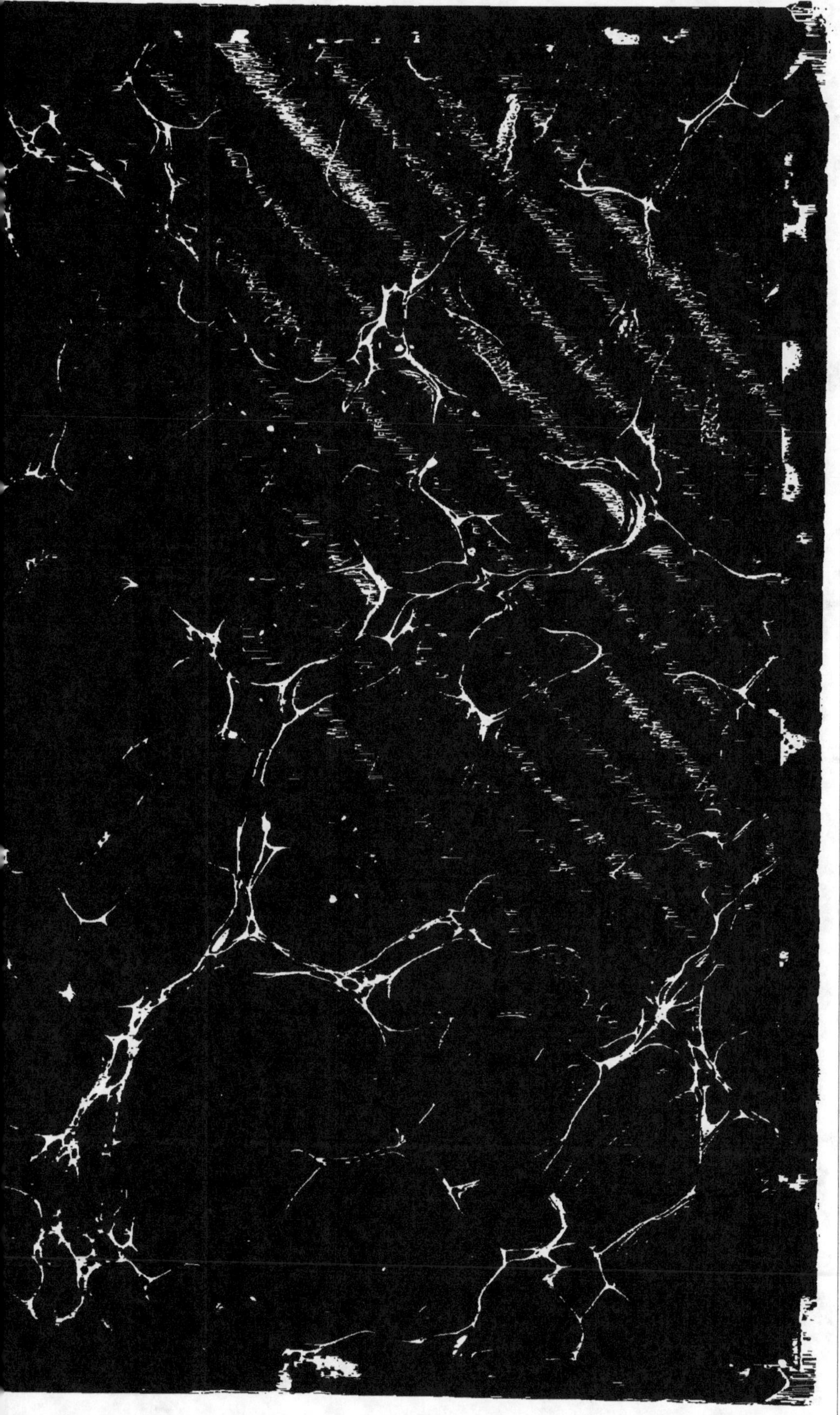

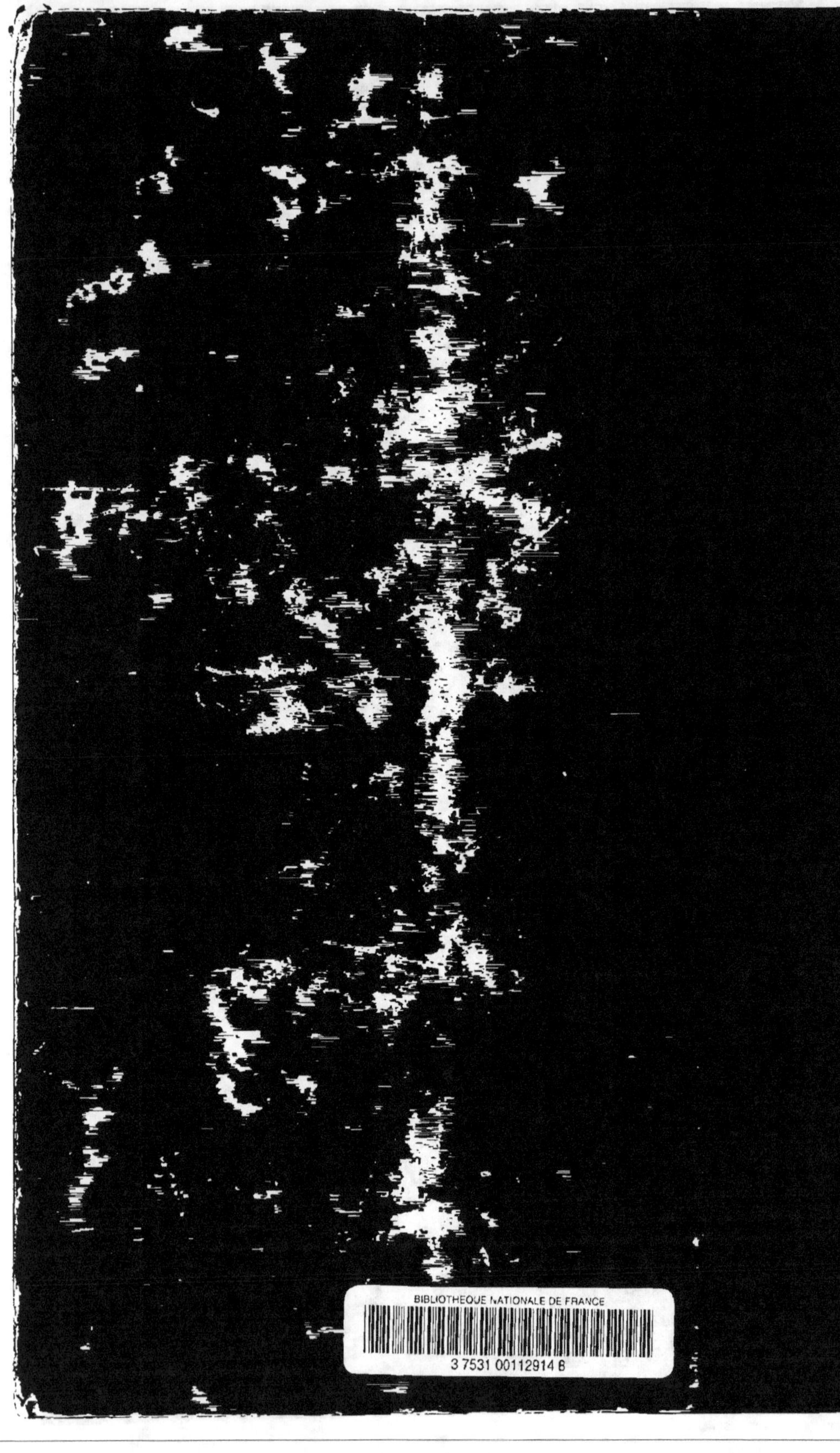